世界のなかの〈ポスト3.11〉

ヨーロッパと日本の対話

坪井秀人
シュテフィ・リヒター
マーティン・ロート
［編］

新曜社

世界のなかの〈ポスト3・11〉——目次

第三部 表象の可能性と不可能性

装幀――加藤光太郎

プロローグ

シュテフィ・リヒター

書物の序言というものにはいろいろな役割がある。学術論集の場合には、収録された論文がどのようなテーマのもとに「集められた」のかを導入として説明するのが慣例となっている。くわえて、それらの論文を内容的に連関させながら、それまで見えにくかったその共通点や相違点を明らかにする。言いかえれば、新しい知の付加ないし知の前進を記録する。しかし、本書のための私の序言は別の狙いをもっている。それは本書やそのもとになっているシンポジウムの収穫を相対化することである。本来ならその成果を一つ一つ紹介すべきところなのだろうが、そのかわりに私がここで考えてみたいのは、われわれ研究者（広く、今日の制度化された学問研究に従事する者）にとって、「3・11」という出来事、いや事件に相応しいアプローチがなぜとてつもなく難しいのかということである。また同時に考えてみたいのは、そのような相応しいアプローチがどのようなものでありうるのかということだが、その場合「3・11」の真に批判的な分析には従来の研究の自己批判も含まれる。

まず、本書が出来あがった経緯を振り返ってみることから始めてみたい。本書は「第二四回国際日本文化研究センター国際シンポジウム」から生まれたものである。このシンポジウムは、一九八七年に創立された国際日本文化研究センター（以下「日文研」）の三〇周年を記念して、私の所属するライプツィヒ大学東アジア研究所日本学科との共同企画として二〇一七年一一月にライプツィヒ大学構内を会場としておこなわれたものである。両機関に所属する研究者の外に、日本、ドイツ、フランス、スイス、カナダからの日本研究者たちの参加もあった。このことに関して二つのことが注目に値する。

まず第一に、日文研がその三〇周年を海外シンポジウムというかたちで祝うのに、よりにもよってライプツィヒ大学日本学科をパートナーに選んだという事実が驚きであった。そもそも日文研にとって、これはヨーロッパでおこなった最初の海外シンポジウムだった。我がライプツィヒは批判的カルチュラル・スタディーズを自認してきた日本学の牙城である。カルチュラル・スタディーズは、「文化」の本質主義的理解、すなわち「文化的アイデンティティ」の本質的な起源を諸主体が同一のナショナル共同体に属する点に見て、その結果、階級的差異やヒエラルヒーを見失ったり無視してしまうような理解を根本から批判する立場である。つまり、こうした本質主義的立場とちがって、批判的カルチュラル・スタディーズを目指す日本研究者は日本の近代化の道をあくまでグローバル化する資本主義世界の部分と見なす。つまり、この国の（内外の）植民地主義の歴史を抜きにしては理解できない道と見なすのである。

「文化」とは、「ハイカルチャー」であれ「ローカルチャー」であれ、このプロセスのなかではつねに社会的アイデンティティやヒエラルヒーを再生産する権力媒体であったし、今でも依然としてそうである。このような文化理解ないし日本理解は、日文研が少なくともその創立期に「旗印」としたものとは相容れない。そのイニシエーターや創立者は、当時この政府寄りの研究センターを、加速する国際化に合わせて日本的アイデンティティの歴史的根拠を模索し、それについての論議を国際サロンに供する必要から正当化したのであった。それは国内向きには、意味の喪失、統合の問題、未来への不安に刻印された現状において、指針となるイメージを提供するために重要な役割を果たし、海外向きには、日本を文化国家として紹介するものであった。

私自身は当時こうした考えを、日文研初代所長梅原猛の「縄文文化論」と謳われた日本論を例にとって批判したことがある（ベルント／リヒター 1991）。梅原によれば、日本文化の特異性は、その（宗教のような）不変面には縄文的なものが根強く残っているのに対し、（技術や政治制度のような）容易に変化する要素は主として弥生時代の産物の影響を受けているところにあるとされる。起源となる縄文文化に発する仕組みや理念（たとえば人間と自然ないし宇宙との「調和」）はすべて、弥生時代に始まった文明化以降は「外からの」侵入者によって摂取され、そのアイデンティティは本質的なところで保持されたという。このような「日本」と呼ばれた仕組みと理念は現代の学術とも両立しており、問題はただ、それを想起し、取りもどすことなのだという。だが「人間」は驕慢にも自然を制圧し、それを自分たちの目標のために利用できると思い上がった――。

二〇一一年の三重カタストロフィに関して、梅原はその考えを「原子」という自然現象に即して具体化した。すなわち、コントロールできないにもかかわらず、エネルギー源としての原子力を利用可能なものにしたため、それが福島第一原発事故のような「文明災」を惹き起こしたのだと梅原は言う。そして「東日本大震災でわれわれが思い知らされたのは、自然は「怒り」を持っているということです」（『週刊朝日』二〇一一年五月六日）と述べている。必要なのは、自然礼賛や古来伝わる太陽崇拝を想起することであり、その意味で、核の研究に巨額を注ぎ込むかわりに、太陽エネルギーの獲得に焦点を当てることであるとも言っている。

最後の結論には賛同できるとはいえ、災禍の原因を自然の怒りに見て、太陽崇拝を擁護する、このような論議はその論理において、かつての東京都知事・石原慎太郎の発言と似ている。石原は3・11の数日後、震災への日本国民の対応をどう評価するかというジャーナリストの質問に答えて、こう述べたのであった。「アメリカのアイデンティティは自由。フランスは自由と博愛と平等。日本はそんなものはない。我欲だよ。物欲、金銭欲」と指摘した上で、「我欲に縛られて政治もポピュリズムでやっている。それを（津波で）一気に押し流す必要がある。積年たまった日本人の心のあかを。〔…〕　被災者の方々はかわいそうですよ」（http://www.asahi.com/special/10005/TKY201103140356.html）。

もっとも、石原とちがって、梅原の方は同時に自分の後悔にも言及し、「しかし、後悔していることもあるんです。仕事上、電力会社の方にお世話になったこともあって、多少の遠慮があり、あまり強く言えなかったんですよ」とも述べている。このように彼が御用学者として、政治家、経産省の官僚、電力会社、原発製造元、建設会社、立地公共団体、学者、メディア企業から成る原子力ムラの一部を成していたことを告白し、そのコンテクストのなかに日文研の創立を位置づけたのである。この自己批判は敬意に値しよう。

注目すべき第二点は、タイトルの変化である。シンポジウムが「3・11後の日本研究」というタイトルで準備され、実行されたのに対して、本書のタイトルは『世界のなかの〈ポスト3・11〉——ヨーロッパと日本の対話』となっている。これはたんなる化粧直しというようなものではない。というのも、二つのタイトルはもともと互いに異なった内容を含んでいるからである。「3・11後の日本研究」は、三重カタストロフィのあと日本の文化や社会がどのように変化したのかについて考察をくわえ、それをめぐって論議することを告げているのに対し、この出版物の方のタイトルは、世界のなかの〈ポスト3・11〉情勢についての日本とヨーロッパとの対話を意味している。ライプツィヒでおこなわれたシンポジウムの最後に、告知されたテーマがそもそも個々の発表やパネルディスカッションで実際に論じられたのかについて激しい討論があったが、その答えは最後まではっきりしなかった。では、本書に収められた論文はどうだろうか。いったい、どの論文が実際に日欧の対話から見た「世界のなかの〈ポスト3・11〉」を視野に入れているのだろうか。

さらに重要な疑問は「ポスト3・11」という言い方である。そもそもこれはどういうことを言っているのか。「3・11」という言葉で何が意味されているのか。また接頭辞であれ接尾辞であれ、それと結びつけられた「ポスト」とは何なのか。

まずは「3・11」という表記について。シンポジウムでも本書でも目につくのは、英語で「Post *3.11* literature」または「Post *March 11* literature」と呼ばれるものが、日本語では普通「震災後文学」とか「震災文学」と呼ばれているという事実である。私の考えるところ、この相違はけっしてどうでもよいものではない。

というのも、「3・11」と「震災」という二つの表現は、簡単に同一視することができないからである。「3・11」には三つのカタストロフィがすべて込められているのに対して、「震災」は二〇一一年三月一一日に起こった津波をも含めた文字通りの「震災」だけを意味している。しかし、福島第一原発の大事故とそれに起因する放射能汚染はどうなるのか。その結果は空間的にも時間的にも「震災」や「津波」とは次元を異にするのではないのか。広く、この「人災」がますます隠蔽され、風化していくことを嘆く声があるが、われわれの震災についての語りも、かなりのところ核カタストロフィとその犠牲者たちを忘却することに加担していないのだろうか。

すでに一九九七年、地震学者の石橋克彦は「原発震災」という表現を使っている。彼はこの表現によって、日本は一九九〇年代から新たな地震活動期に入っていて大地震の可能性が非常に高まっており、原発とその立地地域が広い範囲にわたって破壊され、そこの住民が被曝する危険性も高まっていることを警告したのであった。この「原発震災」という言葉が、日常語はもとより、なぜわれわれの学術用語にならなかったのか。

いったい「ポスト3・11」とか「3・11後」とは何を意味しているのか。これらの表現はたんに時間経過の意味で使われているのか、それとも一つの切れ目、すなわち二〇一一年三月十一日以前と以後の断絶、ないしは「3・11」以前の日本と以後の日本との断絶を標示しているのか。このような切れ目についてはすでにカタストロフィのあった数日後に口にされていたが、当初から論議の的だった。その代表が二〇一一年三月十七日付けの『ニューヨーク・タイムズ』に載った批評家東浩紀の記事「For a Change, Proud to Be Japanese」である。

震災前の日本は、二〇年近く続く停滞に疲れ果て、未来の衰退に怯えるだけの臆病な国になっていた。国民は国家になにも期待しなくなり、世代間の相互扶助や地域共同体への信頼も崩れ始めていた。

しかし、ここで東のレトリックはより良き日本を希望するものに転調する。

ところが今回は状況が劇的に異なる。ぼくはいままで、日本人がここまで「公」のことばかりを考え、話題にし続けた光景を見たことがない。〔…〕いまや別人のように一丸となって大胆に国を守ろうとしている。つまり日本人は、日本の若い世代がよく使う表現を借りれば、震災後突然「キャラ」が変わったように見えるのである。〔…〕もし日本人がこれから、せめてこの災害の経験を活かして、新たな信頼で結ばれた社会をもういちど構築できるとするのならば、震災で失われた人命、土地、そして経済的な損失がもはや埋め合わせようがないのだとしても、日本社会には新たな可能性が見えてくるだろう。もちろん現実には日本人のほとんどは、状況が落ち着けば、またあっけなく元の優柔不断な人々に戻ってしまうにちがいない。しかしたとえそれでも、長いシニシズムのなかで麻痺していた自分たちのなかにもじつはそのような公共的で愛国的で《ママ》人格が存在していたのだという、その発見の経験だけは決して消えることがないはずだ。

(http://www.nytimes.com/2011/03/17/opinion/17azuma.html/　日本語版：http://d.hatena.ne.jp/hazuma/20110322 なお、この無題の日本語版は英語版より三分の一ほど長くなっている)

東はすぐ後でこのナイーヴで情緒的な楽観を自分でも相対化しているのだが、このような見方は大塚英志のような批評家によって厳しく批判された。大塚はこの高揚感を一八五〇年代中頃に起こった震災に際して流布したいわゆる「鯰絵」に表わされた呪術に比している。彼によれば、最初カタストロフィの原因たる「地震魚」だった鯰が最後は復興の象徴に突然変異したという。

安政大地震のときとそっくりです。安政の大地震では「鯰絵」がたくさん刷られて、当初鯰は地震の張本人として描かれたのに最後は復興の象徴になった。今度は「鯰絵」が出てこないと思ったら「ドジョウ」かよ、おいって。社会学で「脱呪術化」といいますが、今起きているのは再呪術化なのか、そもそも「脱」がまったくできていなかったのかといえば後者でしょう。（大塚・宮台 2012: 40）

大塚は一九二三年の関東大震災と今回とを比較して、彼の敬愛する民俗学者の柳田國男を持ち上げている。当時柳田は日本の民衆文化の研究に力を注いでいた。大塚によれば、当時の柳田の目標は、民俗学をアカデミックな学科として発展させ制度化することにはなかった。むしろ、それを一種の「震災後の思想」、すなわち民主制のベースとなる「近代的個人」からなる「選挙民」を育成するための「教育プログラム」と見なしていたという。大震災から二年経った一九二五年に普通選挙権が認められたが、柳田にとって当時の日本人はまだ一種の「魚の群れ」であり、自分の考えや言葉よりも「空気」に反応するポピュリズムに流される存在だった。

実際に普通選挙が昭和に入って行われると、有権者は柳田が想定した「自分のことばを持ち考える個人」ではなく、そこにあったのは「魚の群れ」のように考えなしで集団で動く、つまり「空気」にだけは敏感に反応する有権者の姿であった。〔…〕しかし柳田の考える「公民」は「公」をつくるために、まず「個人」でなくてはならないと考え、そして、記録し思考し交渉していく「ことば」を習得し、実践していって初めて可能である。つまり、とても面倒だ。しかし、その面倒さを回避し「魚の群れ」（土人）である限り、この地震のどさくさで一瞬「社会」や「公共」や「日本は一つ」と口走ったところで、そこに何かの可能性が見えるわけではない。〔…〕たかだか地震ごときで「変わる」思想など信じない。〔…〕ぼくはこの国や文学にとうに絶望しているし、今、ここにある思想や文学など何一つ信じないが、柳田の思想には本当は少しも絶望していない。（同書：300–305）

大塚の柳田評価はここでは彼の懐疑的ペシミズムと裏腹の関係にある。かつて柳田の民俗学による啓蒙の努力が実を結ばなかったように、今日もなお、群れつどうポピュリズムの精神が勝利をおさめ、（グラムシのいう意味で）ヘゲモニーを握っている。にもかかわらず、批判、コミュニケーション、そしてそれに見合った行動をいとわない少数派はこの「面倒」を継続していく以外に手はない。

> ぼくはこの国の現在に絶望しつつ、しかし、「教育」によってしか「近代」は達成されないとも信じている。それは特定のイデオロギーを啓蒙するのではなく、まして既にある「公」や「空気」に「群れ」として考えなしに従うことなく「自力で思考するための方法」を身につけるためのものであるべきで、そういう当たり前の実践は教育現場に〔…〕実はいくらでもある。〔…〕そういう場所に身を置くことが、今の僕の仕事だ。
> （同書：305–306）

この大塚の意見はまったくそのとおりだと思うが、彼の「反原発」デモに対する嫌悪は今日では説得力をもたないのではないだろうか。なぜなら、この何年間にもわたってずっとデモに参加してきた活動家たちは、日本およびその他の国々における「原子力帝国」（ロベルト・ユンク）の成立とその具体的な営為について啓蒙するという「面倒」な仕事を引き受け、しかもこの「原子力帝国」の物質的かつ精神的な仕組み（それはわれわれ自身の内部にもある）を克服する道を探っている人たちだからである。（たとえマージナルとはいえ）このようなすでに存在している啓蒙的批判、思考と行動という面倒な仕事を視野に入れ、それを可視化することは、とくにわれわれ研究者にとって簡単なことではない。というのも、批判的学問、また芸術や文学の本来の課題であるこの仕事は、たんにもともと見えていることを再現したり、物語ったりするのではなく、不可視なものを明るみにもたらすことだからである。

この課題は悲惨な結果をもたらした地震＝津波＝原発の三重のカタストロフィを考えると、いっそう緊急度を増してくる。その規模はきわめてドラスティックで、象徴的な言い方をすれば、カタストロフィが「それ以前」と「それ以後」を断絶するものと見なされ、物事の通常の流れ、すなわち当事者をはじめとする人々の毎日のルーティンや関心事を突き破ってしまう。その意味で、これは「事件」と表現した方がいいかもしれない。

スラヴォイ・ジジェクは「事件」を「奇跡の現世的ヴァージョン」とか「どんな安定したシェーマのなかにも潜んでいる新奇なものが突然立ち上がってくること」と表現している。ひとたびそれが生じると、その帰結はそれまで通用してきたリアリティでは充分に説明できなくなってしまう。「事件」とは、たんなる突然の支障、（大塚英志が批判したような）高揚感、あるいは急激に消尽してわれわれを再び「通常の物事の流れ」に帰還させるものではない。そうではなく、エクスタシーをともなったエネルギーの消尽後に「通常」の生が変化し、以前の「オーディナリー」（平常の状態）とはちがった新たな「オーディナリー」ないし「フレーム」が生まれるとき、事件は「真に」事件となるのである（Žižek 2014 参照）。

このような観点から見たとき、「3・11原発震災」は「事件」と見なされうるのか。あるいは、「ポスト3・11」のみならず「3・11」それ自体をも、どうしたらジジェクのいう意味での事件、しかも世界の中にある事件として考えることができるのか。これは日本およびそれを超えたグローバルな事件としてその意味を空間的に理解することにとどまらない。それはまた時間的に核時代の一瞬間としても捉えられなければならない。

さらにそれは、一九四五年以来現実に存在する核分裂から得られるエネルギーを応用する原爆と原発の相互依存関係を合わせて考えることでもある。というのも、じじつ総合テーマとしての「核」は、軍事利用される「悪い」エネルギーと「良い」エネルギーという不可分な分裂のパラドックスのなかで、これまでほとんどテーマとして取り上げられてこなかった。その研究となると、なおさらである。もっとも、この間にはそのような「恵み」と「祟り」を合わせて考察する著作が何冊か出ている。たとえば、吉見俊哉『夢の原子力』（ちくま新書、二〇一二年）、山本昭宏『核エネルギー言説の戦後史　一九四五―一九六〇』（人文書院、二〇一二年）、同『核と日本人』（中公新書、二〇一五年）などがそれである。ただ、この「分裂」がグローバルなコンテクストにおいて「戦後日本」全体に及ぼした根本的な影響の批判的研究は、これまでのところまだ今後に期待されるものの域を出ていない。

この複雑で骨の折れる、しかし緊急を要する課題に取り組む刺激的な出発点を提供しているのが、一見共通点が見えない次のような仕事であろう。

「3・11」以降に生まれた多数のメディア産物のなかで、地域名の福島はもはや漢字ではなく、「ふくしま」とか「フクシマ」のように、平仮名または片仮名で表記されるようになった。その代表的な例として、四ノ宮浩のドキュメンタリー映画『わすれない　ふくしま』（二〇一三年）、開沼博の社会学的アプローチ『「フクシマ」論――原子力ムラはなぜ生まれたのか』（青土社、二〇一一年）、最近出た小林恵の写真集『フクシマノート』（冬青社、二〇一八年）などを挙げることができるだろう。この表記はしかし重みのあるコノテーションを含んでおり、すでに広島・長崎への原爆投下の文脈で見られたものである。当時も核によって破壊された両都市をテーマにするとき、かなり早くから「ヒロシマ」や「ナガサキ」のようなカタカナ表記が使われている。

この一見他愛のない表記変換はさまざまに解釈が可能である。それは感情的な疎外感を表わし、両都市を漢字で表記された他の日本の都市のなかでトポグラフィ的にも異物として出現させるが、このことは「3・11」以後の「フクシマ」にも当てはまる。同時にこの変換はこれらのトポスのトランスナショナルな意味を含み、その核カタストロフィ以前の時代（漢字表記）と以後の時代（仮名表記）の区切りを標示する。しかもヒロシマ・ナガサキ（原爆）とフクシマ（原発）はそれぞれ一九四五年と二〇一一年の歴史認知を標示しているのみならず、戦後全体に一貫して影を落としている言説空間をも作り上げている。それらの表記はまた、現代にまで至る戦後期の形成を「核」という観点から新たに考究するための時間的な枠組みと見なすこともできる。

次のことを想起されたい。まず最初、この「核」の分裂は原子物理学の枠内でもっとも抽象的な仕方で理論的に論議され、そしてそれはすでに一九二〇年代の初めには文学者たちのファンタジーをも刺激した。たとえば、ハーバート・ジョージ・ウェルズは『解放された世界』（*The World Set Free*, 1914）を著し、そのなかで飛行機のような人類に貢献する発明を動かすことができると同時に、他方また武器にも適するような無尽蔵の新エネルギーのことを書いている。ちなみに、「原子爆弾」（atomic bomb）という言葉はこのウェルズに由来する。

ウラン、ラジウム、（のちにはプルトニウム）といった元素の原子核が分裂し、その際多大なエネルギーを放出するということが実験によって確かめられたのは、ようやく一九三八年から翌年にかけてのことであった。しかしこの時期は核分裂を制御可能な連鎖反応にして工業的技術的に実践利用しようという競争を推し進める軍事プランが出てきた時代でもある。文献やフィルムによる記憶はこの競争をのちにしばしば「ハイゼンベルク対オッペンハイマー」の競合として描いてきた。

歴史学はこの劇的なプロセスのはるかに広範な国際的でグローバルな性格をめぐって論議してきた。これは日本で言えば仁科芳雄や湯川秀樹のような専門家も入っていた物理学者の「科学コミュニティ」だけに当てはまることではない。大量に必要となるウラン鉱石の調達にも言えることで、ドイツの場合だったら、その鉱石は占領下にあったチェコから運ばれていた。第二次大戦が始まると、ベルギー、より正確にはベルギー領コンゴからも来る予定になっていた。しかし、ベルギーの植民地管理局の責任者は高品質のウラン鉱石をアメリカのニューヨークへ送った。アメリカが一九四二年にロスアラモスの「マンハッタン計画」のためにそれをベルギーから買い取ったからである。

そこにはグレートベア湖の西岸のデイリネー地区にあったエルドラド鉱山からデネ族が採掘したカナダ産ウラ

ンも運びこまれていた（Salverson 2016 参照）。そして一九四五年の夏に核エネルギーのもつ強烈な効果を、何十万人もの人間を殺傷する原爆に換える際にも、さまざまな役割を担った一連の人々がそれに参加したのであった（ドキュメンタリー映画『The Village of Widows』は何も知らされないままウランとラジウムに被曝したデネ族の歴史を取りあげたもので、彼らの多くは亡くなったが、その子孫が一九九八年に広島に代表を送り、その被爆者とその子孫の前で、かつての原爆製造に加担したことを陳謝した〔https://www.youtube.com/watch?v=GSReqj1JX-c〕）。

一九四五年の夏、「原爆」はとうとう完成したが、これこそまさにジジェクのいう事件にほかならない。なぜなら、それは社会総体を巻き込む核時代の事実上の始まりを告げるものだったからである。

一九五〇年代以降、核は象徴的にも「平和利用」と「軍事的脅威」の二つに分裂した。このような分裂は二つの原爆都市（と第五福竜丸事件）を抱える日本にとって、明らかに人々を納得させることがとりわけて難しいパラドックスであった。じじつフクシマ後も繰り返し、なぜよりにもよって地震が起こる危険度の高い環太平洋火山帯の一部にあって原爆体験も持つ日本が原発大国となりえたのかと問われてきたし、現在でも問われつづけている。しかし、まさにこの問いこそが、原爆＝原発ディコトミーの結果なのであり、われわれはそれを克服する道を探して、そのディコトミーの成立とヘゲモニー形成を究明していかなければならない。

このプロセスにおいてはまた、学問研究という近代の制度もそのタコツボ化した学科ともども自己批判的に自らの役割を反省しなければならない。それらの学科もまた核装置の渦の中で自分たちの領分を果たしてきたのだから。今日の学問研究は自らが核時代の現実から逃れられないということを認識し、そこから新たな思考と行動の可能性を先取りしなければならない。そしてその可能性は「現状維持」という現在の閉鎖性を打ち破るものでなければならない。というのも、そのような現在は、たんに過去を反復し、それを一見永続的に変化しているようでありながら、そのじつ同じところにとどまっているような未来に向けて継続しているにすぎないからである。

この問いは、さらにこれまで同じく問題にされてこなかった次の問いとも連動する。すなわち、現実に原爆で破壊された都市である広島と長崎が、どのようにして新しい「戦後日本」の抽象的な記憶のトポスとしての「ヒロシマ」と「ナガサキ」に変身を遂げていったのかという問いである。さらにこの「犠牲国としての日本」というナショナルな自己犠牲化が、どのようにして新たな「戦後日本」に「American Way of Life」の繁栄を約束するようなナショナルな平和任務の表明とつながりえたのか。しかも、「原子力の平和利用」を「原爆の被災者だからこそ、原子力の平和利用を特権的に推進する権利が日本人にある」（絓 2012: 23）というような奇妙な論理で押し通していくことができたのはなぜか。この「原爆」（負のエネルギー）と「原発」（正のエネルギー）のイデオロギー的股裂き体制を担っていったのは強力な排除、差別、および同一化のメカニズムであった。それは原爆、原発どちらにも言えることである。

たとえば、原爆の方の観点からは、世界で「唯一の被爆国家／民族」という神話が戦後どのようにしてベネディクト・アンダーソンのいうような想像された「単一民族」としての「日本」の再構成につながったのかを調べてみることができる。その際にまた、どのようにして広島・長崎の現実の被爆者たちが徐々に社会や認知の端に追いやられ、それどころかスティグマ化されたのか。このことは「フクシマ」でも繰り返されているように見える。さらにはまた、ニュー・メキシコ、ネヴァダ、ビキニ、カザフスタン、その他世界中で二千回以上もおこなわれている核実験についても、これまでほんのわずかの研究しかない。

原発に関しては、原発（電力会社、建設会社などを含む）と家電製品化およびそれにともなう日本の中流社会化、とりわけ一九七〇年代から八〇年代にかけての一億総中流化との関連が分析される必要がある。ここでもまたメダルの表裏として、堀江邦夫の『原発ジプシー』が明らかにしたような日本（およびその他の原発国）における非正規の原発労働（者）の差別やスティグマ化が問題となる（堀江 2011; 堀江・水木 2011）。学問研究では、このような原発に不可欠な労働分野についてはニ〇一一年まではほとんど手が付けられることはなかった。これを問題にしたジャーナリスト、（ポピュラー）芸術家、文学者たちが原子力ムラから干渉を受けることもけっして稀ではなかった（Richter 2019）。

原発というコンテクストでの差別やスティグマ化をグローバルでトランスナショナルな次元から究明することもほとんどなされていない。いかなる原発も必要量の核燃料なしには稼働しないが、その生産にはウラン採鉱とイエローケーキへの加工という仕事がともなう。すでに前に述べたように、これらの危険な「フロント・エンド」の労働も多くは周縁に置かれた低開発地域の労働者たちによって担われているわけだが、彼らの受ける被曝について、人々は目を塞いで沈黙しようとしている。そして核廃棄物処理のような「バック・エンド」問題は世界中のどこでも解決されていないが、日本ではとくにそうである。「日本は文字通り核燃料と放射性廃棄物で溢れかえっている」のである（Berndt 2012: 49; Berndt 2018: 170）。

以上で、自分の立場から「原発震災」という事件への相応しいアプローチがどのようなものでありうるかについての私の考察を終える。本書に収められたテクストはいずれも社会や文化をそれぞれ自分の専門のやり方で捉えようとする貴重な研究であり、必要なものであるが、『世界のなかの〈ポスト3・11〉』というタイトルに応えるには依然として不充分である。それはなおわれわれにとっての今後の大きな課題となる。そこで最後に、二〇一一年ベルリンの展示会に際してインタヴューに答えた画家イケムラレイコの言葉を引用しておこう。

慌てない慌てない。〔…〕フクシマは「テーマ」なんかじゃない。〔…〕問題は、この事件が多くの人たちにとって、自分や他人の仕事の見方を変えてしまったということだ。そしてそのことを私は受け入れるつもりだ。

（小林敏明訳）

参考文献

東浩紀 http://www.nytimes.com/2011/03/17/opinion/17azuma.html ／ http://d.hatena.ne.jp/hazuma/20110322

ベルント、ジャクリーヌ／シュテフィ・リヒター（1991）「「国際日本文化研究センター」―日本学研究者への挑戦」『歴史評論』一二月

Berndt, Enno（2012）"Im strahlenden Schatten der Macht — Zur Politischen Ökonomie der nuklearen Katastrophe von Fukushima," in Richter, Steffi/Gebhardt, Lisette（eds.）, *Japan nach 'Fukushima'. Ein System in der Krise*, Leipzig: Leipziger Universitätsverlag

Berndt, Enno（2018）J-Economy, J-Corporation and J-Power since 1990. From Mutual Gain to Neoliberal Redistribution. Venezia Edizioni Ca' Foscari - Digital Publishing https://edizionicafoscari.unive.it/media/pdf/books/978-88-6969-277-2/978-88-6969-277-2_KUBDI0Z.pdf

堀江邦夫（2011）『原発ジプシー――被曝下請け労働者の記録』増補改訂版、現代書館

堀江邦夫・水木しげる（2011）『福島原発の闇――原発下請け労働者の現実』朝日新聞出版

大塚英志・宮台真司（2012）『愚民社会』太田出版

Richter, Steffi（2019）"Genpatsu Gipsy – AKW-Zigeuner: Geschichten auf dem Weg zu einer ungeschriebenen Geschichte," in: Anke Scherer, Katja Schmidtpott（Hg.）, *Quellen zur japanischen Geschichte in deutscher Übersetzung*, MOAG（Mitteilungen der Gesellschaft für Natur- und Völkerkunde Ostasiens e.V.）, vol. 148（出版予定）

Salverson, Julie（2016）*Lines of Flight: An Atomic Memoir*, Wolsak and Wynn Publishers Limited

絓 秀実（2012）『反原発の思想史――冷戦からフクシマへ』筑摩書房

Žižek, Slavoj（2014）*Was ist ein Ereignis?* Frankfurt/M.: Fischer-Verlag

3・11と日本の「文化」

柄谷行人

1

私は国際日本文化研究センターにいる友人たちに、ライプツィヒで開かれる会議で、二〇一一年三月十一日フクシマ震災以後の日本の状況について話すように頼まれそれを引き受けました。というのも、私はこの震災の数か月前にライプツィヒで開かれた会議に出席していたので、フクシマの問題についてこの場に立ち戻って再考することも縁かもしれない、と思ったのです。が、そのあとまもなく、私はその決断を後悔しました。それは次のような理由からです。

しばしば指摘されているように、フクシマの震災以後の日本社会にかなりの変化があったことは確かです。たとえば、反原発運動が起こった。私が広範な市民のデモを見たのは、三〇年ぶりです。それまで日本では、市民のデモは事実上消滅していました。一九七〇年代初めに、過激化した新左翼の武装デモが普通の市民を遠ざけてしまったからです。市民の大きなデモが起こったのは、私が大学に入った一九六〇年、安保闘争があって以来、初めてです。だから、これは特筆すべき変化にはちがいない。しかし、私はわざわざドイツに来て、そのことを誇らしげに伝える気にはなれません。なぜなら、ドイツではそんなことは別に特別ではないからです。

しかも、日本では、フクシマの事故以来、原子力発電を廃止する市民の草の根の運動が高まったとはいえ、それは原子力発電の廃止にはつながらなかったのです。それは一時全面的に停止しましたが、各所で再稼働がなされた。私は反原発の運動に参加してきたし、今も参加していますが、すでに人々は危機感を喪失してしまったといわざるを得ません。当初、フクシマの震災は日本人に、ヒロシマやナガサキを想起させたといえます。しかし、間もなくそれを忘れてしまったように見えるのです。人々は原発を廃止するどころか、それを海外に輸出しようとする安倍首相らの政策を支持しているように見えます。

したがって、私はこのことを日本の外で、とりわけドイツで、話す気になれません。原発事故もなく地震の恐れもないのに、フクシマの後、原発の廃棄を声明したドイツで、私に何がいえるでしょうか。私がいえるのは、次のようなことだけです。いや、あなた方は偉い、われわれはあなた方から学び、あとに続いてやりたい、など、など。私がこの会議に出席するのをためらい始めたのは、こうしたことを考えたからです。しかし、断るにはもう遅すぎた。

そこで私は、3・11以後日本で起こっていることに関して、ドイツで話すのに値する何かがあるかどうか自問し始めました。一つあると、私は思った。それは、第二次大戦後の日本国憲法、特に、その九条です。先ずそれを読みあげます。

> 日本国民は、正義と秩序を基調とする国際平和を誠実に希求し、国権の発動たる戦争と、武力による威嚇又は武力の行使は、国際紛争を解決する手段としては、永久にこれを放棄する。前項の目的を達するため、陸海空軍その他の戦力は、これを保持しない。国の交戦権は、これを認めない。
>
> (Aspiring sincerely to an international peace based on justice and order, the Japanese people forever renounce war as a sovereign right of the nation and the threat or use of force as means of settling international disputes. In order to accomplish the aim of the preceding paragraph, land, sea, and air forces,

as well as other war potential, will never be maintained. The right of belligerency of the state will not be recognized.)

皆さんは、私が読んだのは日本語原文の英訳だと思われるでしょうが、実は、日本語版は、英語で書かれた原文の日本語訳なのです。日本語に通じている人であれば、その文章が珍奇で不自然なものだと思われるはずです。実は、ここに、この憲法成立の秘密が示されているといってもいいのです。

ともあれ、第一に私がいいたいのは、憲法九条がさまざまな点で驚くべきものだということです。海外では、戦後日本の憲法は平和憲法として多少知られているだろうとは思います。が、それを実際に読んだ人は極めて少ないし、読んだらきっと驚くだろうと思います。たとえば、私は今年米国のカリフォルニア大学ロサンジェルス校でこの問題について講演したのですが、この条文を資料として配付したら、アメリカ人の活動家たちが仰天したのです。そして、何よりも、それがもともとアメリカ人の将校らによって書かれたということに。

皆さんも、この九条にある極端な平和主義に驚かれるでしょう。しかし、さらに驚くべきなのは、憲法九条が実行されていないということです。たとえば、日本には軍事力および予算の規模からみて世界の上位にランクされる「自衛隊」があります。それは海外にも派遣されている。のみならず、日本によって財政的に支援された米国の軍事基地が日本中に一三四箇所ある。実際、アメリカはベトナム戦争でもアフガニスタン戦争でもそれらを拠点にしたのです。この憲法九条の下で、どうしてそのようなことが可能なのでしょうか。もちろん、不可能のはずです。

では、なぜこのような憲法があるのか。理由は簡単です。日本の政府はどうしても憲法を変えることができなかった。だから、彼らは、憲法に合致するように、現実ではなく言葉を変えたのです。たとえば、「国際紛争を解決する手段としての武力の行使」を否定する九条の下では、軍隊の存在は許容されない。そこで、軍隊は「自衛隊」と名づけられた。日本語では、自衛隊は軍隊ではない。そして、兵士は隊員と呼ばれます。これは英語ではpersonnel（職員）です。つまり、彼らは法律上、警察ないしは消防隊のようなものと見なされているのです。

しかし、現行憲法があるかぎり、どんな「解釈」も日本における自衛隊の存在を法的に正当化することはできません。論理的に考えれば、次の選択しかないはずです。自衛隊を廃止するか、憲法九条を廃止するか。これが通常の論理です。しかし、実行もしない憲法を保持しつつ、自衛隊をますます強化しその活動を広げ、それを正当化するために憲法の解釈をねじ曲げる。それがここ七〇年間続いてきたのです。

しかし、たとえ国連のための平和維持活動という名目によってであれ、自衛隊を海外の戦場に送ることには無理があります。実際に自衛隊を、隊員の生命を賭けて戦場に送るのですから。もし日本が本当に戦争に参加したいのであれば、九条の解釈を無理に変えるのではなく、九条そのものを変えなければならない、ということは明白です。もしそれが人々の望むことであるならば、誰もそれをとめられない。日本の保守層は長い間憲法改定を切望してきたのですが、誰も実行できなかった。それは、もし彼らが選挙の期間中に憲法の改定を口にしたとすれば、選挙に大敗するに決まっているからです。国民投票となれば、なおさらです。

実際、自由民主党は何度か改憲案を発表したことがあるのですが、選挙になるとそれを引っ込めてしまった。憲法改定をおおっぴらに唱えた政治家がいないわけではないが、選挙になると沈黙してしまう。今述べたように、その理由は単純です。もしそれを選挙の争点にしたら、壊滅的な結果に終るとわかっているからです。たとえば、現在の安倍晋三首相は、憲法を改定する意志を表明した最初の首相だということになっています。しかし、実際には、彼も九条を変えるとはいわない。彼が提案したのは、九条の中に、自衛隊を公認する旨の一行を加えることです。要するに、これは「加憲」であって改憲ではない、というごまかしです。しかし、そのような案でさえ、党内の議論にとどめ、世論の動向を見計らっている状態です。

しかし、安倍首相は、なぜ憲法九条を変えることができないのか、わかっていないと思います。世論を操作すれば、いずれ憲法改定できるだろうと考えているのでしょう。日本の保守派は、この憲法が発布された時点から、七〇年間ずっとそう考えてきたのです。安倍首相はそれを実行することが自分の歴史的使命だと考えているようです。その点で、彼は、今年になって、北朝鮮が核実験やミサイルを行ったことを、脅威を感じたふりをしつつ密かに歓迎したでしょう。

ところで他方の護憲派は、なぜ人々が憲法九条への支持を維持しているのかを理解しているでしょうか。彼らは、九条が日本に残っているのは、護憲派が人々を啓蒙する活動をずっと続けてきたからだと考えている。しかし、現在の趨勢が続くなら、人々は改憲を支持するにいたるのではないか、と懸念し怯えています。私は、実は彼らも憲法九条が残っている理由を知らない、あるいは考えたことがないのだと思います。

私がこの問題を考えるようになったのは、一九九一年湾岸戦争で、日本が国連決議にもとづく国際貢献という大義名分によって、自衛隊を平和維持のために湾岸に派遣した時点からです。当然、それをめぐって、憲法九条に関する激しい論議がおこった。それは、法的な正当性をめぐる議論でした。しかし、私が考えたのは、そのような法律問題ではなかった。なぜ、日本人が憲法九条を保持するのか、という問題です。もちろん、護憲派はこういうでしょう。それは日本人が戦争で苦い経験をし、それに対する深い反省があるからだ、と。では、それなら、なぜ彼らは啓蒙活動を続けねばならないと思うのでしょうか。なぜ人々の気が変わってしまうと怯えるのか。

私が気づいたのは、日本人において、「憲法九条」は、意識的な反省、合理的な反省にもとづくものではない、ということです。それはむしろ、「無意識」のものだ。韓国や中国に行ったとき、私は何度か、ジャーナリストから、なぜ日本人は戦争に対する反省が足りないのかと尋ねられました。たとえば、ドイツと比べて。しかし、意識的な反省があるドイツには、憲法九条のようなものはありません。しかも、戦後ドイツには徴兵制もあったのです。二〇一一年に廃止されたとはいえ。

確かに日本には、ドイツにあるような意識的・合理的な反省はありません。しかしそれなら、日本に憲法九条があることを、そして、実行してもいないのにそれを廃棄しないでいることを、どう説明すべきでしょうか。もし反省がまったくないなら、そんなことはありえない。だから、反省はないわけではないのです。しかし、それが意識的に表明されることはない。私は今日、そのことについて話したいと思います。ある意味で、これは日本の「文化」にかかわる問題です。３・11以後の日本の状況に関しても同じことがいえる、と私は考えています。

2

先ず、憲法九条が戦後日本でいかにして成立したかについて説明しておきたいと思います。九条はパリ不戦条約（一九二八年）に、あるいはもっと遡ればカントの『永遠平和のために』の理念にもとづいてます。そして、戦後日本にもこれらの影響を受けた人たちがいました。しかし、この理念が憲法において結実したのは、それが米占領軍によって提起され、また押しつけられたからです。これは否定できない事実です。憲法の改定を主張する保守派のイデオローグ――そして彼らは親米派なのですが――が、つねに口にしてきたとおりです。しかし、彼らが見ようとしないのは、つぎの事実です。米国は朝鮮戦争の開始とともに、日本に派兵させるために改憲を要求した。つまり、この段階では、すでに米国の側に憲法九条を維持する意志がなかったのです。この要求に対して、当時の首相、吉田茂は拒絶した。その意味では、憲法九条は日本によって自発的に選択されたというべきです。

吉田首相は保守派であり親米でしたが、この時には、米国の要求に対抗するため、社会党に再軍備反対運動をするように要請することさえした。では、なぜ彼は憲法九条を守ろうとしたのか。これは、日本の経済的復興を優先させようとしたからだといわれています。しかし、私はこう思う。彼は、もし改憲を唱えたら、自らの政権のみならず政党まで崩壊してしまう、さらに、革命になってしまうかもしれない、と判断したのです。彼は改憲のかわりに、警察予備隊、つぎに、その延長としての自衛隊を作ることを承認し、そして国内的には、それは九条に抵触しない、と釈明した。憲法を変えるかわりに、その解釈を変えるというやり方は、このときから始まっているのです。

日本は一九五一年サンフランシスコの講和会議のあと、独立しました。しかし、その後も憲法九条は廃棄されなかった。どんな議会政党もそんなことを提唱しなかった。もしそうすれば、選挙で大敗するにきまっていたからです。しかし、朝鮮戦争以来、日本は米国の軍事基地であった。ベトナム戦争でも同様です。憲法九条があるといっても、これが実情なのです。にもかかわらず、日本人は憲法九条を廃棄しなかった。ただその解釈を変えたのです。

それ以後の自民党政権も、同様にやってきました。選挙では改憲を唱えることはしない。しかし、いつか改憲できるときが来ると彼らは信じていたのです。なぜなら、この憲法は国民が自発的に作ったものではないと考えていたからです。そして、日本が経済的な大国となった時点では、憲法を変えるべきだし、変えられるだろう、と。しかし、彼らが考えたようにはならなかった。憲法九条は、日本人によって長く支持されてきたのです。

では、なぜそうのか。保守派は、それは国民の多くが、いわば左翼知識人に洗脳されているからだ、と考えました。しかし、これは端的に間違いです。左翼はもともと憲法九条に賛成ではなかった。革命によって真の人民軍を作ろう、というのが共産党の考えであったから。その点では、のちの新左翼も同じです。たとえば、「赤軍派」がいたわけです。しかし、その時点では具体的に憲法九条が争点になるような事態は存在しなかった、といえます。それが初めて大きな争点となったのは、一九九一年湾岸戦争で自衛隊を派遣する問題が生じたときです。左翼が憲法九条を支持するようになったのはこの頃ですから、かなりあとなのです。

にもかかわらず、保守派は、日本人が憲法九条にこだわるのは、左翼のキャンペーンがあるからだと考えている。そうでないと、日本人のこだわりを理解できないからです。では、護憲派勢力のほうはどうか。先に述べたように私は、彼らも事態を理解しているとは思いません。彼らはこう考える。第二次大戦後、日本人が戦争抛棄の憲法を支持したのは、悲惨な戦争の現実を経験したからだ、そして、戦争および近隣諸国に対して行なったことに対する反省・謝罪の気持があるからだ、と。また、憲法九条が維持されてきたのは、人々にそのような気持を維持し育成するような啓蒙運動が続けられてきたからだ、と。

しかし、私はそのような見方は正しくないと思います。日本人は別にそのような意識的な反省によって憲法九条を創ったのではない。事実は、占領軍によっておしつけられたのです。が、その後に、九条を支持するようになったことも事実です。それは、知識人の啓蒙によってではない。もしそうであれば、長く続かなかったでしょう。また、戦争の拒否が人々の体験によるのであれば、時が経ち、また世代が交代するにつれて、変わってしまうでしょう。ところが、憲法九条に関しては、少しもそうなっていない。また、現在、進歩派知識人の影響力が相対的に弱まってしまったにもかかわらず、国民の間で、憲法九条、すなわち戦争抛棄への支持は、少しも弱まっていないのです。

したがって、これは意識的な反省の次元の問題ではないというべきです。つまり、無意識の次元である。それについて考えようとするとき、私はフロイトの理論を参照するほかありません。といっても、それは、エディプス・コンプレクスの概念に代表される前期フロイトの理論ではなく、後期フロイトの理論、すなわち、「死の欲動」にもとづく理論です。後期フロイトは、ある意味で、「戦後」の思想家だといってもいいでしょう。だから、それは特に、日本の「戦後」におこったことを見る場合、示唆的です。

フロイトは第一次大戦の際、最初は、オーストリア帝国の参戦を支持していました。戦争が長期化すると、彼も戦争に反対するようになったのですが、それでも、こういうことを書いた。《戦争はわれわれから、より後期に形成された文化的層をはぎとり、われわれのなかにある原始人を再び出現させる。戦争はわれわれを再び、自己の死を信じないところの英雄たらしめようとし、見知らぬ者に敵のレッテルを張る》（「戦争と死に関する時評」

『フロイト著作集5』人文書院、四一九頁)。彼の考えでは、戦争における野蛮さは、ふだんは抑圧されていた「感情生活」が、国家そのものがその抑制を解き放ったために露出したものにすぎない。したがって、《われわれは、この盲目性が、興奮が醒めると同時に消えさるのを希望することができるのだ》(同前、四〇八頁)。

ここに、快感原則と現実原則の二元性にもとづく前期フロイトの考えが示されています。ところが、彼はこのような考えを修正しなければならない目にあった。それは、第一次大戦後に、戦争神経症の患者たちに出会ったことです。彼らの場合、戦後に、戦争は次第に「消えさる」どころではなかった。毎夜戦争の悪夢を見て飛び起きていたのだから。フロイトは、このとき、現実原則と快感原則という二元的枠組では説明できない事柄に気づいたのです。彼はそこから次のようにいう。《反復強迫の仮定を正当づける余地は充分にあり、反復強迫は快感原則をしのいで、より以上に根源的、一次的、かつ衝動的であるように思われる》(「快感原則の彼岸」一九二〇年、『フロイト著作集6』人文書院、一六三頁)。

ここでフロイトは、反復強迫をもたらす「死の欲動」という概念を導入しました。その場合、彼が強調したのは、死の欲動が能動的な役割を果たすという側面です。戦争神経症における反復強迫は、たんにショックの名残ではなく、それをくり返すことでショックを乗り越える積極的な活動なのです。

このことは、フロイトが「自我とエス」(一九二三年)で超自我という概念を提起したことにつながっています。それに該当する概念は初期からあった。たとえば、『夢判断』(一九〇〇年)における、夢の「検閲官」です。それは、親を通して子供に内面化される社会的な規範のようなものです。それは現実原則をあらわしている。しかし、「自我とエス」という論文で明確にされた「超自我」は、それとは似て非なるものです。「検閲官」が他律的であるのに対して、超自我はいわば自律的、自己規制的なのです。死の欲動の導入によって、フロイトは、時に、検閲官=現実原則さえ越えるような「自律性」の根拠を見出したのです。たとえば、彼はユーモアに超自我の働きを見出した。さらに彼は、超自我が個人だけでなく集団にもあると考えました。

このような考えの転回は、狭義の精神分析理論でよりも、彼の「文化」論において示されています。というのも、文化は集団における超自我の問題だからです。この意味で、後期フロイトの考えを典型的に示すのは、『文化への不満』（一九三〇年）です。それまで、彼にとって、文化は快感原則を制限する現実原則を意味するものでした。そして彼はこう考えていた。そのような抑圧的な文化は必要であるが、時にはそれから解放される必要もある。だから、戦争もやむをえない、と。が、このとき、フロイトは『文化への不満』では、〝文化〟をむしろ積極的な役割を果たすものとして肯定したのです。それは、彼が文化＝超自我という見方を抱くようになったことを意味します。

人間には死の欲動があり、それが外に向けられると攻撃欲動となる。超自我は、攻撃欲動が内部に向かうことによって形成される。したがって、超自我は親や世間と違って、内部から来るものです。攻撃欲動は、現実原則あるいは社会的規範によっては抑えることはできない。したがって、戦争が不可避的に生じます。では、それはどのように抑えられるのか。フロイトがこのとき認識したのは、自然、すなわち外に向けられた死の欲動を抑えることができるのは、文化、すなわち内に向けられた攻撃欲動だけだ、ということです。すなわち、自然を抑えるのは自然だけだ、ということです。

ここで、私はあらためて、戦後日本に起こったことを考えてみたいと思います。私は、フロイトが死の欲動や超自我について考えるようになったのは、戦争期ではなく、戦後に、戦争神経症患者に出会って以後だと述べました。このことに照らして、私は、戦後日本の憲法九条を、日本人の「無意識」としてみるべきだ、と思うのです。それは、意識のレベルの問題ではありません。たとえば、フロイトは、強迫神経症において、患者は罪責感で苦しんでいるようにみえるが、意識のレベルで起きていることではないということを指摘しました。彼はそれを「無意識的罪悪感」と呼んだ。

日本人が憲法九条にこだわるのは、それと同じです。それは一種の強迫神経症であり、「無意識的罪悪感」を示すものです。憲法九条には強い倫理的な動機があります。しかし、それは意識的あるいは自発的に出てきたものではない。そのような問題に関して、フロイトはこう述べています。《人は通常、倫理的な要求が最初にあり、欲動の断念がその結果として生まれると考えがちである。しかし、それでは、倫理性の由来が不明なままである。実際には、その反対に進行するように思われる。最初の欲動の断念は、外部の力によって強制されたものであり、欲動の断念が初めて倫理性を生み出し、これが良心というかたちで表現され、欲動の断念をさらに求めるのである》(「マゾヒズムの経済的問題」一九二四年、岩波版『フロイト全集』一八巻、三〇〇頁)。

フロイトのこの見方は、憲法九条が外部の力、すなわち、占領軍の指令によって生まれたにもかかわらず、日本人の無意識に深く定着した過程を見事に説明するものです。先ず外部の力による戦争(攻撃性)の断念があり、それが良心を生みだし、さらに、それが戦争の断念をいっそう求めることになったのです。つまり、憲法九条は自発的な意志によってできたのではなく、外部から押しつけられたものだが、だからこそ、それはその後に、深く定着した。

「戦後」のフロイトは、それ以前のフロイトとは違っています。それ以前のフロイトは「文化」に対して、批判的でした。彼はそれを、社会的な規範でしかないとし、現実原則として承認するものの、積極的に評価しなかったのです。しかるに、先に述べたように、彼は第一次大戦後に、超自我としての「文化」を肯定するようになった。具体的にいえば、彼はアインシュタインとともに、平和活動に乗り出したのです。これは、第一次大戦以前のフロイトにはありえなかった行動です。

3

以上、私が述べたのは、戦後の日本人にとって、憲法九条は「超自我」としてあったということです。憲法九条は、日本の「文化」なのです。そして、私が最後に話したいのは、その問題です。何しろ、私は京都の「国際日本文化研究センター」という日本の「文化」を専門とする機関に依頼されてここに来たのですから。

ここまで、私は憲法九条の無意識を、第二次大戦における経験から説明しようとしてきました。しかし、つぎに私が言いたいのは、憲法九条の無意識の根底に、かつて徳川時代にあり、明治維新以後は抑圧されたような存在の仕方、あるいは「文化」が潜んでいるということです。

戦後憲法は、明治憲法に基づいてそれに変更を加えたものであるとみなされています。事実、戦後憲法は、明治憲法に則って帝国議会で議決されたものです。さらに、戦後憲法の特性はいつも明治憲法との比較で語られます。しかし、戦後憲法の特性を見るためには、明治憲法ではなくそれ以前の徳川の憲法と比較すべきなのです。この場合、「憲法」とは、成文法の憲法を意味するのではなく、国制（国体）を意味します。それは、たとえば、アリストテレスがいう「アテネの国制」（Ἀθηναίων πολιτεία）のようなものです。

その意味での憲法（国制）が徳川時代にもありました。しかも、そこに、戦後憲法の一条と九条に対応するものを、それぞれ見いだせるのです。先ず第一条についていえば、徳川の憲法でも、天皇は「象徴」としてあったといえます。九条に関していえば、徳川の憲法にも完全な戦争放棄がありました。国内的かつ対外的に。そして、徳川の国制もまた「戦後」の体制としてあったのです。

徳川家康以前には、十四世紀以来、全国的な戦国時代が長く続いていました。その時期の最後に登場し、ひとまず集権的な国家体制を作ったのが、豊臣秀吉です。しかし、彼は戦争をそこで終わらせず、明帝国征服を企て、先ず朝鮮侵攻を開始した。そしてそれに敗北した。その後に権力を握ったのが、徳川家康です。家康は、秀吉の地位を受け継ぐとともに、秀吉の行なったことの後始末をしなければならなかった。いいかえれば、家康がなすべきことは、国内的には「戦国時代」を完全に終わらせることであり、国際的には、秀吉による戦争の「戦後処理」を行なうことです。

奇妙なことですが、徳川の国制は第二次大戦後の日本の国制と類似する点があります。詳しくいうと、徳川がおこなったのは、第一に、全般的な非軍事化です。武力によってではなく、儒学にもとづく法と礼による統治を目指したのです。徳川幕府を含めて、武器の開発が全面的に禁止された。そして、すべての身分の者が武装を禁じられた。武士だけは帯刀する権利を与えられたのですが、実際に刀を抜くことはほとんどなかったので、刀は武士の「象徴」にすぎなかった。すでに戦国時代において、鉄砲・大砲が中心で、刀は主要な武器ではなかったのですが。

かくして、徳川時代に、武士は実質的に官吏となりました。だから、彼らは学問をせねばならなくなった。その学問は、幕府公認の儒学（朱子学）です。徳川以前には学問どころか、平仮名以外に読み書きのできるような武士はめったにいなかったのです。しかし、その一方で、「武士道」が説かれるようになった。武士がもはや戦士ではなくなったがゆえに、観念的にそれを取り戻そうとしたものが武士道なのです。

第二に、徳川は「尊皇」体制を創った。これは、天皇を象徴として敬うが、実際の政治権力とは無縁にするものです。家康以前にも、すべての政治的権力者は天皇を担いで権力を得ようとしました。彼らがそうしたのは、もし天皇を否定したり無視したりしたら、他の者が天皇を担ぐに決まっているからです。しかし、徳川が「尊皇」を唱えたのは、一時的な方便ではなく、天皇を徳川幕府のシステムの中に位置づけるためであった。その意味で、徳川は、いわば天皇を、「国家と国民統一の象徴」（憲法一条）として位置づけた、ということができます。

第三に、徳川幕府の外交政策。通常それは、鎖国政策とみなされているのですが、そうではない。明・朝鮮との交易があったし、オランダとの交易もあったからです。徳川幕府が特に力を入れたのは、秀吉の侵攻によって破壊された朝鮮との関係の修復です。その一つとして、朝鮮通信使の制度があります。徳川の将軍の交代のたびに、彼らが日本にやってきて、朝鮮の学術・文化を日本人に伝えた。当然ながら、朝鮮王朝の背後には明がいました。ゆえに、徳川の政策は、東アジアの国際的秩序を確立するものでした。以上が、「徳川の平和」（Pax

Tokugawana）をもたらしたのです。その意味で、徳川の国制はまさに「戦後」の国制であり、そこに最初の「戦後憲法」があるといってもよい。

すでに述べたとおり、第二次大戦後の戦後憲法は通常、明治の帝国憲法と比較されます。しかし、戦後憲法の柱というべき二つの条目、すなわち、象徴天皇をいう一条と、戦争放棄をいう九条は、明治憲法にはありません。が、それは日本史においてまったく新しいものだとはいえない。ある意味で、それは、徳川の憲法の回帰だといえます。重要なのは、人々がそのことをまったく意識していなかったことです。むろん、今も意識していません。

徳川時代の日本人は二五〇年ほど、列島の中で平和にくらしていました。それは秀吉の朝鮮侵攻を頂点とする、四〇〇年に及ぶ戦乱のあとのことです。が、「黒船」（アメリカの軍艦）の到来以後、日本人はいわば徳川の憲法を否定した。身分社会を否定し、文明開化を目指したのです。それをひとまず実現したのが明治維新です。したがって、明治の体制は徳川の憲法を否定するものであった。そのことは、明治四年に公布された二つの政策に示されています。第一に、義務教育令。これは封建社会の身分制を一掃し、新たなイデオロギーを注入すること、そして、産業資本主義に適合する労働者を養成することを目指すものです。第二に、徴兵令。これは、それまで戦争と縁のなかった身分の者を兵士として動員するものです。明治において人々の考え方を根本的に変えたのは、この二つだといっても誇張ではありません。

たとえば、「日本人は武士だ」というような考えが出てきたのは、徴兵制以後です。新渡戸稲造は、西洋の騎士道とパラレルなものとして、英文で『武士道』を書いた。しかし、実は騎士道も同様なのですが、武士道は、武士が戦争をしなくなったときに、そして剣や弓矢が「象徴」でしかなくなったときに成立したものにすぎません。そもそも徳川時代では、農民や町人が自分は武士だなどということは許されなかったし、いうはずもなかった。明治維新の後、武士道が説かれたのはむしろ、それまで武士でなかった国民を徴兵するためです。そして、新たな義務教育をとおして「日本人は武士だ」ということが、子供たちにすり込まれた。

以上に関連して、明治時代に起こった国制の変化として、二つのことが言えます。一つは、徳川時代ではたんに「象徴」として存在し、主に祭祀に従事していた天皇が、軍の統帥権をもつ大元帥となったことです。もう一つは、徳川時代には、秀吉は当然、まったく否定的に見られていたのですが、明治時代では逆に、徳川家康が否定されて、秀吉が賞賛されるようになった、ということです。そして、その風潮が決定的になるのは、一八九四年、日清戦争の時点です。この戦争は事実上、日本国家が朝鮮半島の支配を図るためのものであった。ゆえに、朝鮮征伐を企てた秀吉が英雄視されたのです。

日清戦争（一八九四年）が起こったのは、徴兵令から二一年の後です。そして、この戦争では、それを支援する熱狂的な昂揚があった。しかし、その後に、反戦運動が始まったのです。その代表的な例は、キリスト教徒の内村鑑三です。彼は日清戦争の際に英文で「日清戦争の義」を論じた。彼がいうのはつぎのようなことです。私は永久の平和を求めて戦う者であり、私が目的とするのは、中国に自国の任務を認識させて、日中が協力して東洋の改革を推進することだ、と。内村はそこに日清戦争の「義」を認めたのですが、その後まもなく、それが帝国主義戦争であったことに気づいて自己批判し、次の日露戦争に際しては、新聞『万朝報』でアナキスト幸徳秋水と一緒に非戦を唱えたのです。

これらの反戦思想は、キリスト教であれ、カントであれ、社会主義であれ、明らかに西洋からくるものです。しかし、私が今注目したいのは、別の所から来た反戦思想です。日露戦争の際に、歌人与謝野晶子は、「あゝ弟よ、君を泣く、君死にたまふことなかれ」と歌った。一口でいうと、彼女の歌は、「弟」よ、死ぬな、君は堺の商人《あきびと》の子なのだ、戦《いくさ》で死ぬなどという「獣の道」は、商家の「おきて」にない、というのです。

一見すると、与謝野は徳川以来の商家の家柄を自慢しているように見えますが、徳川体制において、商人は「士農工商」という身分の最下位に位置づけられていたことを忘れてはならない。彼女の歌は、徳川時代には戦争と無縁であった町人や農民が、今や戦争で人を殺し死ぬことになったということを、暗黙裏に批判しているのです。このような戦争忌避の態度は明らかに、キリスト教やアナーキズムとは違うところから来ています。私の考えでは、それは「徳川の憲法」とつながるものです。そして、彼女は、徳川の憲法によって、明治の憲法を批判した、最初の、そして、唯一の人です。

与謝野晶子のこの歌は、当時から非常に人気があったのですが、一九三〇年代には事実上、禁止されていました。戦後には再び賞賛されるようになったのですが、たんにヒューマニズムの観点からです。そして、この歌に「徳川の憲法」が回帰していることには、誰も気づかなかったと思います。たぶん与謝野自身も気づいていなかったでしょう。一般に、人々は、明治以後、徳川時代を古い否定すべき社会として見ることに慣れていました。憲法九条に関しても、人々はそれを、明治憲法の改定として、つまり、その近代化したヴァージョンとしてしか見ていません。だから、それが、徳川の憲法の回帰だとは夢にも思わない。つまり、そのことに「無意識」である。それは、九条に関する「無意識」とつながっています。

このような意味で、私は、憲法九条は、徳川憲法の〝意識せざる回復〟だと思います。それは別に、徳川の体制が望ましいという意味ではないし、あるいは、そこに普遍的なものがあったということでもありません。九条を支える普遍的な要素は、カントが示したような理念、もっと遡っていえば、アウグスティヌスの『神の国』から来るものです。しかし、私にとって、謎は、なぜそのような普遍的理念が、ほかならぬ日本に実現されたのか、ということにあります。それは、侵略的戦争を行ない敗れてアメリカに占領された国、日本に到来した。しかも、その占領軍の強制によって憲法九条が作られ、その後彼らが撤回したにもかかわらず、執拗に日本に残ったのです。

現在、そして、今後において、保守陣営は、さまざまな口実の下に、日本を戦争に参加するように掻き立てるだろう、と思います。それは一時的に成功するかもしれない。私は、遅かれ早かれ、それが致命的な戦争に帰結するだろう、そして、人々は再び九条を呼び戻すことになるだろう、と思います。日本人は九条と永遠につながれている。その意味で、九条は日本の「文化」です。それゆえに、私は日本の未来に関して、悲観的であると同時に楽観的なのです。

第一部　〈ポスト3・11〉と精神世界

死者と神の行方——文明史のなかでみる〈ポスト3・11〉

佐藤弘夫

1　3・11が問いかけるもの

過激なナショナリズムや宗教原理主義の高揚にみられるように、いま世界中で近代化の矛盾が一気に噴き出している。科学技術と生産力の発展によって、かつてないほど多くの人々が情報や物質面での恩恵を受けられるようになった。反面、そこから疎外された人間との間に生じる差別や不公平はますます拡大しつつある。また、医療技術の進歩は日本に世界一の長寿社会をもたらしたが、長い老後をいかに充実したものとするかという問いに対する解答までは用意してくれなかった。晩年にどのような生活を送るべきか、超高齢化社会のもとでだれが介護を担当するのか、そしてだれもが避けることのできない死の瞬間をいかにして迎えるのか。私たちはこれらの難問を抱えて、まだ暗中模索を続けている段階なのである。

二〇一一年三月十一日の東日本大震災とそれに続く原子力発電所の事故も、現代社会のあり方を根底から問い直す出来事だった。本稿では日本列島を襲ったこの原発事故を考察の端緒として、古代以来の長いスパンのなかで、「世界」の構成員として人間のみが突出する近代の異形性を浮き彫りにするとともに、より豊かな生を可能にする融和と共存の新時代構築に向けて、今日その不要論が喧しい人文学が果たしうる可能性について考えてみたい。(1)

2　崩壊した原発

東日本を襲った大地震と大津波は、一瞬にして二万人近い人々の生命を奪い去った。それに続く福島第一原子力発電所の事故によって、膨大な数の人々が生まれ育った故郷を失った。木々や家々をなぎ倒し、あらゆるものを巻き込んで押し寄せる巨大な渦は、インターネットを通じてリアルタイムで世界中に拡散した。原発の建屋が吹き飛び、ヘリコプターが原子炉に冷却水を注入する様子と、汚染地域から避難する人々の動きが、メディアによって刻々報じられ、国境をこえて大きな衝撃を与えた（図1）。

図1　福島第一原子力発電所（2016年10月17日撮影）

しかし、大量死をもたらす自然災害という点からいえば、これは日本人と人類が経験した最初の惨事ではなかった。人類の長い歴史のなかで、たくさんの人々の命を奪い去る出来事は絶え間なく出来した。

例えば戦争である。およそ人類の歴史が始まって以来、争いのない社会は存在しなかった。戦争によって想像を絶する数の人々が命を落とした。近代に入ると、武器の進化によって戦死者の数は増加の一途を辿った。その行き着く先が一千万単位の死者を出した、二十世紀の前半に起こった二つの世界大戦だったのである。

自然災害も甚大な被害をもたらした。日本列島をみても、災害のない年の方が稀だった。洪水や干ばつが飢饉を引き起こし、疫病、噴火、地震が容赦なく人々の命と財産を奪った。日本列島の歴史はこうした自然災害との絶え間ない戦いの歴史だった。にもかかわらず、３・11がもたらした災禍は、その影響力においてそれ以前とは明らかに質を異にするものだった。

いまを遡ること数百年の昔、ヨーロッパから「近代化」という波が起こり、瞬く間に世界中に広がった。宗教の支配する中世に対し、近代に生まれた啓蒙思想をはじめとする諸思想は、神の前にひざまずいていた人間にスポットライトを当て、この世の主役としてその主体性を引き出し、尊厳性を向上させることを目指した。人間が本質的に理性的な存在であることを前提として、その可能性を開花させることによって人類の進化を促進し、その果てに理想社会が実現することを夢見たのである。

その後も、戦争や殺し合いなど、人類に対する過酷な試練はやむことがなかった。しかし、大方の人々は、そうした出来事は一過性のものであり、その先にユートピアが実現することを信じて疑わなかった。英知の進歩によって、人類には必ずやその愚かさをみずからの力で克服できる日が訪れる、という信念が揺らぐことはなかったのである。

そうした近代化に対する信頼に根源的な次元でヒビが入り始めるのは、二十世紀も後半に入ってからのことだった。日本についていえば、一九七〇年代がその時期に当たる。

それに先立つ五〇年代から六〇年代は、戦後復興のピークを迎える時代だった。私はその頃幼少の時代を過ごしたが、見る間に家の中に電化製品が増え、生活が豊かになっていった。モノに即して、社会の進化を実感できたときだった。

そうした状況は徐々に変化をみせ始める。環境汚染が深刻化して、人々の健康を蝕み始める。近代化・文明化にともなう利点よりも、弊害の方が目立つようになる。「進歩」への疑念が膨らんでいくのである。

だが、近代化のもたらす副作用が深刻化するにもかかわらず、人類が科学技術に対する信頼の念を完全に放棄することはなかった。一部の地域で環境汚染が人や動物の生命を奪う段階にまで進んでも、私たちは膨大なエネルギー消費の上に成り立つ豊かな生活を手放そうとはしなかった。超大国によって人類を何度も滅ぼしうる量の核兵器が蓄積されても、一般人にとっては文明の消滅はまだどこかよそごとだった。

そうしたなかで、３・11の原発事故を通じて、私たちは人類がみずからを滅ぼしうるだけの力を得たことを、生々しい痛みを伴って実感するに至った。文明の進歩が理想社会をもたらすという幻想に最終的な終止符を打つことになった点において、この事故のもつ意義は計り知れないほど大きいものがあったのである。

3　理性の進化という神話

科学技術の進歩に向けられた疑念は、私たち自身の人間観にも大きく影を落とした。文明化にともなう理性の進化に対する期待と信頼が、憎悪が際限なく増長する現実の前に挫折を強いられていくのである。

一九六〇年代を通じて盛り上がりをみせた大衆的な政治の革新運動は、七〇年安保を分水嶺として急激に勢いを失った。左翼的な政治運動の挫折は、戦後民主主義の理念と活動を支えてきた近代主義やマルクス主義から人々の離反を招いた。目の前に立ちはだかる歴史的障壁を克服し、最終的には差別と困窮のない輝かしい未来社会の実現を目指すこれらの思想は、人種や民族を超えた普遍的な価値と規範の存在を信じ、その実現を目指すものだった。その「普遍」がいかに欧米的な価値観に基づくものであろうとも、現実に存在する差別や搾取に対して、一時期紛れもなく厳しい批判の論理としての役割を果たした。

しかし、成長神話の崩壊と「進歩」に対する疑念がわき起こるなかで、近代主義はしだいに冷ややかな視線にさらされるようになった。思想世界でも、変革主体としての個々の人間に光をあてる実存主義に代わって、歴史のもつストーリー性を否定し、実践とは距離を置きつつ世界を全体性において客観的に分析しようとする構造主義が影響力をもち始めるのである。

同様の傾向性は個々の学問分野でも顕著にみられるようになった。歴史学の世界では、戦後一世を風靡した

「歴史の法則」や「国家」といった大仰なテーマはしだいに姿を消した。研究者の関心は、そうした既存のテーマから抜け落ちていた、文明の周辺地域や心性、生活といった部分に向けられるようになった。希求すべき理想像としての近代が解体され、いかなる進歩の神話をも拒否する「ポストモダン」の時代の到来が叫ばれるのである。

　普遍的な理想を掲げた政治運動の敗退に追い打ちをかけたのは、過激で独善的な差別主義とナショナリズムの勃興だった。世界中で、移民や少数民族に対する迫害が表面化するようになった。お互いに顔を見たことのない人々が、民族や国籍や宗教が違うだけで憎しみ合い、罵り合う行為が日常化していくのである。

　日本において普遍主義や進歩史観に対する批判が目立つようになるのは、いわゆる「バブル経済」が弾けた一九九〇年代のことだった。国境なき時代の到来と長期にわたる不況のなかで、寄る辺なき不安にさいなまれた人々は、新たな心のよりどころとして「日本」へと向かい始めた。スポーツや音楽や芸術などの分野で、浅田彰が「Ｊ回帰」とよんだ草の根ナショナリズムともいうべき現象が、生起するのである[2]。

　Ｊ回帰と時を同じくして強まった、日本の戦後思想を根底から見直し、日本人としての自信と責任を取り戻そうとする動きは、やがて新しいステージに突入する。古き良き伝統の顕彰を超えて、ヘイトスピーチのように、一部の人々の間で愛国心の暴走ともいうべき現象が起こった。それはインターネットの仮想空間において特に顕著だった。グロテスクな姿をしたウルトラ・ナショナリズム（超国家主義）がその姿を露わにしてくるのである。

　環境問題にせよ原発問題にせよ、またナショナリズムの問題にせよ、今日私たちが直面している社会的課題の困難さは、それが文明の未発達から生じるのではなく、文明の成熟にともなって浮上した点にある。近代化の進展によってすべての課題が解決するというストーリーが描けないところに、この問題の深刻さがあるのである。

　それらの問題が文明化の深まりのなかで肥大化したものであるとすれば、その病状診断を行って対応策を考えようとする場合、近代という枠組みのなかでそれを行うには限界がある。むしろ近代を超える長い射程のなかで、こうした問題を生み出す近代という時代の異形性を浮かび上がらせるという方法が求められている。

近年、国民国家批判が盛んである。しかし、ナショナリズムや排外主義をはじめとする現代の諸問題の原因をすべて国民国家に押し付けて、その解体を叫ぶような論調に対しては、わたしは強い違和感を覚える。また、今日の国民国家批判が近代という時代の内部で行われているため、根源的な批判となりえていないと考えている。いま求められているのは近代そのものを相対化しうるような視座の確立である。百年単位、千年単位で人類の智慧を蓄積してきた人文科学が、この問題に対して発言する資格を有するとすれば、その根拠はまさにこの点にあるのである。

改めて、問おう。私たちが生を享けたこの現代社会は、仮想空間に憎しみが充満するいまの現実は、長い人類史のなかで客観的にどのように位置付けられるものなのであろうか。

この壮大で難解な課題に対する解答は容易ではない。その解決に向けての旅路は、長く根気のいる航海となるであろう。私たちは、さしあたって東北の片隅で続けられている小さな風習に目を向けることから、思索の旅の一歩を踏み出すことにしよう。

4　死者と対話する人々

山形県の鶴岡市の南西に位置する三森山《みつもりやま》は、標高百メートルを少し超えるほどの、東北のどこにでもみられるごくありふれた里山である。地元では「清水のもり」とよばれているこの山には、長く伝えられている「モリ供養」とよばれる死者供養の行事がある(3)(図2、3)。

普段は立ち入ることがタブー視されているこの三森山は、八月二十二・二十三の二日間だけまったく違う表情をみせる。この日は早朝から、急な坂道をたどって、たくさんの人々が山頂を目指す。山上には尾根道に沿って、姥堂、閻魔堂、大日堂、観音堂、地蔵堂、仲堂（勢至堂）、阿弥陀堂という名称のついた小さなお堂が点在している。人々は思い思いにこれらの堂舎を巡拝し、供物を捧げて回るのである。

人々が山に登る目的は、先に逝った親族縁者の供養だった。この山に来ると、懐かしい故人と似た人物に会えるという伝承がある。山上のそれぞれのお堂には麓の寺院から来た僧侶や地元の世話人がいて、塔婆に故人の戒名と命日を書いてもらうことができる。参詣者は身近な物故者の思い出を胸に抱きながらこの山を訪れ、その面影を追って山道を登り、安らかな後生を願ってさまざまな供養を行うのである。

晩夏の三森山は二日間だけ、亡くなった人物の霊が籠る山となる。そのとき現世と他界を結ぶ扉が開き、生者が死者とがじかに触れ合って、故人の実在を感じ取ることができると信じられているのである。庄内地方には、三森山以外にもモリ供養が行われる複数の山がある。

図２　三森山遠望

図３　モリ供養

この列島上には三森山のように、そこに行けば確実に故人と会うことができる約束の地がいまも無数に存在する。その代表が墓地だった。彼岸やお盆など折々に、人々は花や食物を携えて縁者の墓を訪れた。墓石を清めて香を焚き、供物を捧げて日ごろの無沙汰を詫び、死者と懇《ねんご》ろな会話を交わした。墓参の風習は、列島の四季の光景のなかにすっかり溶け込んでいた。

墓参は長く継続した。この世に残された者たちとの長期間の交渉のなかで、死者は生前身につけていた生々しい欲望や怨念の衣を一枚ずつ削ぎ落とし、神に近い存在＝「ご先祖」へと徐々に上昇を遂げていった。そして、三〇年、五〇年という長い時間を経て、死者を知る人物が誰もいなくなるとき、固有名詞を失って祖先という集合体に溶け込んでしまうのである。この列島では、幽明の境を超えた生者と死者の緊密な交流の伝統があった。

こうした長期間にわたる生者と死者の交渉が始まるのは、江戸時代に入ってからのことだった。それ以前の中世といわれる時代には、現世とは別の理想世界（浄土）にいて人々を救済してくれるという仏に対する強いリアリティが共有されていた。大方の人々の目標は、死後それらの仏の力によって浄土に往生することだった。救われた死者はもはやこの世には存在しなかった。墓場に留まるのは、まだ救済されない死者、悪道に堕ちた死者だけだったのである[4]。

死者の人格と死体を結びつける発想は、人間にとって普遍的なものと推定される。遺骸や遺骨に亡き人をしのぶこともまた、時代や人種を超えた現象である。中世人もおりにふれ故人を思い出し、その墓地に即して死者を懐かしむ機会があったに違いない。

だが、日本の中世はまだ社会が流動する時代だった。たとえある場所に家を構え、土地を耕作していたとしても、その生活がいつまで続くかはまったくわからなかった。死者のために墓をこしらえたとしても、世代を超えてそれをケアできる客観的な状況はまだ存在しなかった。死後に行くべき地として遠い理想世界を設定し、故人のケアを仏に委ねざるをえなかったのはそのためだった。

しかし、現実社会で進行する世俗化の影響を受けて、十四世紀から他界浄土のイメージがしだいに薄らぎ始める。大方の人々が、不可視の浄土のリアリティを感じ取ることができない時代が到来するのである。人はいかに素晴らしいと力説されても、遠い浄土に魅力を感じなくなっていった。それよりも、死後も懐かしいこの国土に留まって、親族縁者と交流し続けることを望むようになった。死者が彼岸に飛び立つことなく、いつまでもこの世に留まる時代が到来するのである。

大方の人々が、死者と生者がと同じ空間を共有していると考える近世になると、どのようにして両者の平和共存を図るかが大きな課題になった。まず試みられたことは、生者の領域と死者の領域の分節化だった。死者の領域として割り当てられたもっとも代表的な場所が墓地だった。両墓制《りょうぼせい》における詣《まい》り墓や仏壇もそれに類する領域と考えられた。

図４　戒名の刻まれた江戸時代の墓標（宮城県）

生者は、限られた狭い場所に押し込められた死者が寂しい思いをしなくて済むように、定期的に死者の元を訪れることを求められた。死者が読経の声を聞いて安らかな心で憩うことができるように、墓地の傍らには寺院が建立された。墓地とワンセットになった大量の寺院の創建が、近世という時代の特色だった(5)。死者はそうした生者の心遣いに感謝しながら、さまよい出ることなく墓地での安らかな眠りを楽しむのである。

逆に生者がケアを怠ったとき、死者は墓に留まっている義務はなかった。供養されない死者、不幸な死者の越境が開始された。死者の復讐は死者の宗教的な救済によってではなく、対象となる人物に対する報復の完遂によって幕を閉じた。それが近世の幽霊発生の代表的なパターンだった(6)。

存在感を喪失した他界の仏には、もはや一瞬のうちに死者を彼岸に連れ去る力はなかった。死者を浄土へと掬い取ってくれる超越的な仏の姿が消えた近世以降、死者をケアする主役は遺族だった。親族・縁者が長い時間をかけて死者を供養し、ご先祖となるまで見守り続けなければならなかった。その前提となるのが死者の「記憶」だった。死者は絶対に忘れ去られてはいけないのである。

墓に墓石が立てられ戒名が刻まれたのはそのためだった（図4）。あわせて、故人を想起するためのさまざまな記憶装置が開発された。三森山のモリ供養もそうした流れのなかで、庄内固有の記憶装置として、江戸時代以降に始まった風習だったと推測されるのである。

モリ供養は、死者は身近な場所に留まるという太古以来のわが国固有の死生観にもとづくものとする説が、今日学界では常識として受け入れられている。[7] こうした理解が、柳田國男の示した、死者は山に帰るという説を下敷きにしたものであることは明白である。[8] しかし、わたしはそうした見解には与しない。中世まで遡れば、死者は遠い世界に旅立つことが理想視されていた。この世に残る死者、墓場に住む死者は不幸な存在だった。死者がいつまでもこの世に留まるようになるのは、近世に入ってからのことだったのである。

5　忘却される死者

長い歴史をもつ庄内の「モリ供養」であるが、参詣者は年々少なくなっている。かつて三森山では山に登る人々が長蛇の列をなしたという。だが、最近では祭礼の日でも閉じたままになっているお堂がある。その背景には、常連の登拝者の高齢化がある。迎える側でも集落の過疎化が進み、山上でお堂を開く労力を確保することが難しくなっているという。三森山は、いま急速に生者を吸引する力を失いつつある。

それは三森山だけの現象ではない。日本列島では、お盆の時期になれば多くの人々が大挙してふるさとに向かい、先祖の墓に詣でては故人との対話を試みている。しかし、その一方で、家や共同体といった枠組みで死者を長期にわたって記憶し供養する体制の解体が、着実に進行している。家の墓を維持することが困難なケースが増え、無縁墓とよばれる訪れる人の絶えた墓が、墓地のここかしこに見受けられる。忘却される死者、供養されない死者が大量に生まれつつある。今日流行語となっている「墓じまい」も、それと密接に関わる現象である。

こうした社会的動向の背景にあるのは、伝統的な家制度の変容である。人口の都市流入にともなって、数世代が傍系親族を含めて同居するかつての大家族は解体し、夫婦とその子供からなる単婚小家族が世帯の単位となった。生活の形態が多様化して、生涯を通じて未婚を通す男女が増え、死後を弔ってくれる親族をもたない人間が大量に出現している。世代を超えて家の墓を守り続けるという風習を、もはや多くの人々が維持できない時代となったのである。

既存の死者供養のスタイルが廃れていくなかで、新たな葬送儀礼が生まれている。[9] 例えば自然葬である。この名称は、一九九一年に安田睦彦氏によって立ち上げられた「葬送の自由をすすめる会」の活動によって社会的な認知をえるようになった。[10] 遺骨をパウダー状態にして、山や海に散布するものである。

自然葬に加えて、近年注目されているものに樹木葬がある（図5）。これは山林に遺骨を埋めて記念の植樹を行うという形を取るものである。この葬法は、おりからの里山保全や自然回帰の流れに乗って人々の支持をえるようになった。

これらの葬送儀礼が定着していく背景には、家と社会のあり方の変化に加えて、山林を切り裂き、自然を破壊して大規模な墓地を開発することに対する批判意識があった。ひたすら経済成長のみを追い求め

図5　樹木葬の山（岩手県）

る姿勢に疑問の声が上がるなかで、死後みずからも自然に帰り、それと一体化したいという人々の願望が顕在化してきたのである。

自然葬や樹木葬では、自身の存在を長く記録に残そうとする指向性はきわめて弱い。散骨の場合、その行為が終了した段階で死者の本籍地はこの世に存在しなくなる。そこでは骨を死者の依り代と捉える発想は皆無である。樹木葬の場合も、埋葬地点に小さな木製の標識を立てるだけであり、死者の名がいつまでも残ることはない。

これはきわめて重要な問題を孕んでいる。可視化された儀礼だけではなく、その背後にある世界観と死生観そのものが、今日大きな変容の過程にあると推測されるのである。十六世紀から今日まで続いてきた、墓地などの特定のスポットを媒介とする死者との交渉という常識が、いま転換期にさしかかっている。死者は再び墓地から離脱しつつある。

墓にいないとすれば、死者はどこに向かっているのであろうか。この点に関連して興味深い現象は、近年見受けられるようになった故人の写真を部屋に飾るという形態である。従来のように、仏壇を構えて位牌などとともに写真を安置するのではなく、宗教色を排した形で、室内装飾の一環のようにして写真を置き、花などを手向けるのである。

いま注目されているもう一つの死者供養の作法に、手元供養とよばれるものがある。これは遺骨を陶土やガラスと一緒に焼き上げ、ペンダントや置物にして身につけたり身近に置いたりする形式である。ここでも宗教色はほとんどみられない。

この両者に共通するのは、死者が永遠に記憶に留められることを前提にしていない点である。写真にせよ手元供養にせよ、故人と供養者との関係は個人的なレベルに留まっている。供養者がこの世を去って被供養者と同じ世界に行ってしまえば、もはやこの世に故人を記憶する人間は存在しない。墓石に戒名を刻むという従来の方法とは、根本的にコンセプトを異にしているのである。

自然葬や樹木葬を選択する人々の多くは、次世代の後継者をもっていなかった。それらの人々は自身の永続する供養を望むべくもなかった。せめて配偶者や知人がささやかな遺品を身近に置き、折に触れて自分を思い起こしてくれることを望んだ。

知っている人を記憶できればいい、知っている人に記憶されればそれでいい、という意識がその根底にある。これは死者と生者の関係の個人化にほかならない。かつてのように生者と死者の関係は家を媒介とした関係、社会的な関係ではなくなり、なんらかのつながりをもつ個人同士の一対一の関係へと変化してしまっている。自分を記憶する周囲の人々がだれもいなくなったとき、自然と一体化してこの地球の片隅に存在し続けるというイメージで、死が捉えられることになったのである。

死者は骨や墓といった形あるものから解放され、自身を想起する人物がいれば、自在にそこに出現することが可能になった。二〇〇三年ごろに、「千の風になって」という歌が大流行したことがあった。そこでは死者が、自分はお墓のなかにいない、だからその前で泣かないで欲しいと語っている。死後に「千の風」になって、高い空の上からこの世界を眺めるというイメージは、おりしも進行していた死生観の転換のなかで人々の心を捉え、広く受け入れられることになったと考えられるのである。

写真や遺骨のペンダントは死者の依り代ではなく、記憶を呼び覚ます装置だった。死者は、ここ、そこと指し示すことのできるような具体的な場所にいるのではない。コンピュータを起動してアプリを立ち上げると初音ミクが登場するように、バーチャルな空間にいるバーチャルなキャラクターだった。遺品はその起動のためのスイッチなのである。

6　失われた死後のストーリー

死者と生者との関係は個人的なつながりとなり、死者がこの世での定住の地をなくしてしまう時代が到来した。死者を長期間にわたって記憶する装置は意味を失い、死者は縁者が思い起こした時だけ記憶のなかに蘇る存在となった。

こうした方向性は家制度の解体という社会構造の劇的な変貌にともなう必然的な現象であり、いかにしてもその流れを押しとどめることは不可能である。しかし、そこで留意すべきことは、伝統儀礼の衰退にともなって、日本人が長年にわたって共有してきた生と死のストーリーが急速に説得力を失い始めている点である。

今日私たちは、「何時何分御臨終」という言葉に示されるように、生と死のあいだに明確な一線を引くことができると考えている。しかし、私たちが常識と思っているこうした死の理解は、人類の長い歴史のなかでみれば、近現代に特徴的なきわめて特殊な感覚だった。

前近代の社会では生と死のあいだに、時間的にも空間的にも、ある幅をもった中間領域を認めることが普通だった。その領域の幅は時代と地域によって違ったが、時間でいえば数日から一〇日ぐらいの間に設定されていた。呼吸が停止しても、即座に死と認定されることはなかった。その人は亡くなったのではない。生と死のあいだに横たわる境界をさまよっていると考えられたのである。

前近代の社会では、生と死が交わる領域は呼吸が停止してからの限られた期間だけではなかった。生前から死後の世界へ向かう助走ともいうべき諸儀礼が営まれる一方、死が確定して以降も、長期にわたって追善供養が続けられた。それは死者がこの世から立ち去ると考えられていた中世でも例外ではなかった。生と死のあいだに一定の幅があるだけではなく、その前後に生者の世界と死者の世界が重なり合う長い期間があるというのが、前近代の人々の一般的な感覚だったのである。

　こうした前近代の死生観と対比したとき、近代が、生と死のあいだに厳密で越えられない一線を引くことによって、生者の世界から死を完全に締め出そうとする時代であることがみえてくる。もっとも多くの人々が病院で命を落とす現代であっても、死者の出口は人目につかない場所に別に設けられている。

　いったん人が死の世界に足を踏み入れてしまえば、慌ただしい形式的な葬儀を済ませて、親族はすぐさま日常生活に戻らなければならなかった。別世界の住人であるがゆえに、死者はもはや対等の会話の相手ではなく、一方的な追憶と供養の対象にすぎないのである。

　かつて人々は死後も縁者と長い交流を継続した。季節の死者供養や墓参は、死者のためだけのものではなかった。墓参の際に高台に設けられた墓地から麓に広がる故郷の景色を眺めたとき、私たちは無意識のうちに死者の眼差しで下界を眺めている。それは、自分自身もいつかは墓のなかから子孫の行く末を見守り、お盆には懐かしい家に帰ってくつろぐことができるという感覚の共有にほかならなかった。死後も縁者と交歓できるという安心感が社会のすみずみまで行き渡ることによって、人は死の恐怖を乗り越えることが可能となった。そこでは死はすべての終焉ではなく、生者と死者との新しい関係の始まりだった。

　しかし、近代では、人間の生はこの世だけで完結するものであり、ひとたび死の世界に足を踏み入れてしまえば二度とわが家に帰ることはできない。死はどこまでも暗い孤独の世界だった。死が未知の暗黒世界であるゆえに、近代人は生死の一線を越えることを極度に恐れるようになった。いまの日本人が生の質を問うことなく、一分一秒でも長い命の継続を至上視する背景には、こうした近代固有の死生観があるのである。

7　分割される「無主の地」

私たちが通常「世界」や「社会」という表現を使用するとき、その構成員としてイメージするのは当然のことながら人間である。しかし、時代を近代以前にまで遡ったとき、死者（ご先祖様）もまた、私たちとともにこの世界の構成者だった。かつて人々は死者の眼差しを感じ、先祖と交流しながら日々の生活を営んでいた。

この世界を分かち合っていたのは死者だけではない。いまだかつて地球上に宗教をもたない時代と民族は存在しなかった。人間を超えた超越的存在（カミ）もまた、この社会の不可欠の構成員だった。その是非はさておき、人間とはその本質においてカミを必要とする存在なのである。

カミは個人的な信仰のレベルで受容されていただけではない。前近代社会では、共同体の営みを円滑に進める上でもカミは欠くべからざる存在だった。葬送儀礼や定期的に行われる法会・祭祀は、参加者の人間関係を再確認し、そのつながりを強化する役割を担った。

自分たちの周囲を振り返ってみればわかるように、人間の作り上げる集団はそれがいかに小さなものであっても、その内部に感情的な軋轢や利害関係の対立を発生させることを宿命としている。宗教的な儀礼は、構成員の視線を超越的存在へと向けさせる契機となった。共同体の人々はカミという第三者へのまなざしを共有することによって、構成員同士が直接向き合うことによるストレスと緊張感を和らげようとしたのである。

カミが緩衝材の機能を果たしていたのは、人と人の間だけではなかった。集団同士の対立が極限まで強まると、人はその仲裁をカミに委ねた。前近代の日本列島では、村の境界や日照りの際の川からの取水方法をめぐって共同体間でしばしば紛争が生じた。その対立が抜き差しならないレベルにまで高まったときに行われたものが、神に裁定を委ねる「神判」とよばれる儀礼だった。

また、前近代の日本列島では、境界の山や未開の野にはカミが棲むと考えられており、そこに立ち入ったり狩りを行ったりするときには土地のカミに許可をえなければならなかった。かつて猟師の世界では、狩猟のために山に立ち入るにあたって数々の儀礼を行うことが不可欠とされてきた。また山中でも、言動をめぐって多くのタブーが存在した。その背景には、人の住まない山は神の支配する領域であり、狩りという行為は神の支配下にある動物を分けていただくものという認識があった。そのため、狩りの対象は必要最小限に留め、獲物のいかなる部位も決して無駄にしないように努めなければならなかった。それが資源を保護し、獲物をめぐる集団同士の衝突を防止する役割を担った。

それは海峡を隔てた国々の中間地帯についても同様だった。朝鮮半島との間に浮かぶ無人島の沖ノ島は、五世紀以来の長期にわたる祭祀の跡が残されている(11)。日本から朝鮮半島と大陸に渡ろうとする航海者たちは、この島に降り立って、その先の航海の無事を神に祈った。島も大海原も、その本源的な支配者は神であると信じられていた。かつて辺境の島々はその領有を争う場所ではなく、心身を清めて航海の無事をカミに祈る場所だったのである。

だが、近代に向けて世俗化の進行とカミの世界の縮小は、そうしたカミ－人の関係の継続を許さなかった。人の世界からは神や仏だけでなく、死者も動物も植物も排除され、特権的存在としての人間同士が鋭く対峙しあう社会が出現した。人間中心主義としてのヒューマニズムを土台とする、近代社会の誕生である。

かつて蝦夷地の主人公だったアイヌ民族の人々にとって、人間の力の及ばない森や荒野はカミの支配する土地だった。そこで得られる収穫はカミからの贈り物だった。明治維新を経て中央政府が北海道としてその地を領有するようになると、アイヌ人たちが共有していたカミの世界は「無主の地」とされて国家に没収され、その後私有地として内地人に再配分された(12)。入会地の分割は北海道以外でも行われた。

それは私たちが生きる世界から、人間間、集団間、国家間の隙間を埋めていた緩衝材が失われてしまったことを意味した。空間と領域は国家の手で一元的に管理され、カミが支配した山や大海や荒野に人間の支配の手が伸びた。境界には目にみえない国境線が引かれて、砂漠や無人島の領有をめぐって紛争が勃発するのである。

8 人文学の可能性

近代社会の特色は、この世界から人間以外の神・仏・死者などの存在（カミ）を締め出してしまったところに求めることができる。

中世でも近世でも、人と死者は密接な交渉をたもっていた。神仏もはるかに身近な存在だった。近現代人は「世界」という言葉を聞いたときに、その構成員として人間しか頭に思い浮かばない。しかし、中世や近世の人々の場合は違った。そこでは人間だけではなく、神・仏・死者・先祖などの不可視の存在までを含めた形で、この世界が成り立っていると考えられていた。カミはときには人間以上に重要な役割を果たす、不可欠の構成員だった。それらのカミが、国家に収斂しない多様な公共空間を形成していた。そうした時代の方が、人類の歴史のなかでは圧倒的に長い期間を占めていたのである。

ヨーロッパ世界から始まる近代化の波動は、この世界から神や仏や死者を追放するとともに、特権的存在としての人間をクローズアップしようとする動きだった。これは基本的人権や自由・平等の観念を人々に植え付け、人間の地位を向上させる上できわめて重要な変化だった。しかし、他方でこの変動は深刻な副作用を引き起こすことになった。カミが公共空間を生み出す機能を停止したことにともなう、人間・集団間の緩衝材の消失であり、死後世界との断絶だった。目に見えない世界の縮小に対応して、国家の肥大化が進んだ。

その結果、絶海の無人島の領有をめぐって国家間の対立が生じ、国民レベルで敵意が沸騰する時代が到来した。また、かつてのように親族が重篤者を取り囲んで、その穏やかな臨終と死後の救済を祈る光景は姿を消し、病院でたくさんのコードで生命維持装置につながれた患者が、本人の意思にかかわりなく生かされ続けるような姿が常態化することになったのである。

前近代人が共有していた、この世界の根源には民族や人種を超えたカミが実在し、すべての人間はその懐に柔らかに包み込まれているという安心感は、ナショナリズムや選民意識の膨張を抑制した。生と死を貫く雄大なストーリーの共有は、死の恐怖を和らげる機能を果たしていた。それらを他者として社会から締め出し終えたとき、人間のエゴと欲望は抑制する枠を失って、際限のない暴走を開始した。

宗教が一面で支配と収奪を正当化する役割を果たしてきた歴史を忘れてはならない。カミの名のもとに、膨大な数の人々が惨殺されてきた。その愚行はいまも続いている。だがその一方で、カミの名のもとに公共空間が立ち上げられ、神事や祭事を通じて人々が階層を越えて交流し語り合う場が設けられた。道路や橋・広場など公共の施設の整備と補修も行われてきた。多様で柔らかな空間がそこにはあった。

息の詰まるような人間関係の緩衝材として、新たに小さなカミを生み出そうとする動きも盛んである。今日日本列島を席巻しているゆるキャラ・ブームは、その代表的なケースであると私は考えている。家庭内で飼育される犬や猫などのペットもまた、人間関係のクッションとしての役割を担うものであった。

今日の日本において、大方の人はもはや絶対的な根源神の実在を信じてその救済の摂理に身を委ねることはできない。時間に追われる日々では、死者との穏やかな共存の時代を再現することも不可能である。しかし、そうした時代がかつて実在したことを認識することによって、みずからの立脚する現代という地平を客観視することはできる。

私たち人文学の研究者は世界と日本の社会が直面する現今の危機に対して、即効性のある提言をすることはできない。しかし、長い人類の歴史に照らして近代社会の歪みを指摘することによって、現代がどのような時代であり、目の前に立ちはだかる諸問題がなにに由来するものであるかを、根元に遡って考察するための処方箋を提供することはできる。そのことによって、人類の歩みを緩やかにし、その方向を少しだけ修正させることはできる。人類の知恵をその宝蔵に蓄積してきた人文学がなすべき仕事は、まさにその点にあると考えられるのである。

注

（1）この論考と同じ問題意識にもとづいて執筆したものに、「死者・人・神——日本列島における多文化共生の伝統」（『人文論叢』第五七号、二〇一四年）、「目に見えぬものたちと生きる——日本列島におけるケアと共生の系譜」（『哲学』第六六号、二〇一五年）がある。
（2）浅田彰「「J回帰」の行方」（『Voice』二〇〇〇年三月号、PHP研究所）など。
（3）鈴木岩弓「「もり供養」の一考察——参詣者の行動と意識をめぐって」『日本文化研究所研究報告』別巻一九、一九八二年。
（4）佐藤弘夫『死者のゆくえ』岩田書院、二〇〇八年。
（5）圭室文雄「幕藩体制における保護と統制」『日本宗教史Ⅱ』山川出版社、一九七七年。
（6）佐藤弘夫「江戸の怪談にみる死生観」『死生学年報』二〇一三年。
（7）例えば、『村山民俗』第二二号「特集　死者供養と祖霊信仰」（二〇〇八年）所収の各論文。
（8）柳田國男「先祖の話」『柳田國男全集』第一三巻、ちくま文庫（初出一九四六年）。
（9）この問題を幅広い視野から論じた研究として、井上治代『墓と家族の変容』（岩波書店、二〇〇三年）がある。
（10）中村生雄・安田睦彦編『自然葬と世界の宗教』凱風社、二〇〇八年。
（11）弓場紀知『古代祭祀とシルクロードの終着地　沖ノ島』新泉社、二〇〇五年。
（12）ノミエ・ゴッドフロア「明治時代におけるアイヌ同化政策とアカルチュレーション」『アルザス日欧知的交流事業日本研究セミナー「明治」報告書』国際交流基金、二〇一〇年。

津波に呑まれて——否認とナルシシズムの日本社会

磯前順一

東日本大震災から数年後、東京で開かれたとある学会で東日本大震災と信仰にかんする共同報告会がおこなわれた。小さな会場だったが、立ち見がでるほどの盛況であった。亡くなった人びとの無念、生き残った人びとの悲しみを改めて目の当たりにした思いだった。被災地とはいえない東京においてでさえ、いまだこの災害に対する関心の強さを思わせる参加者の多さであった。

そこで私たちは、死者と生者がいかに深い交わりをもった空間が開かれたのかを語り合った。熱気を帯びた会場の空気に、死者たちがそこにいて、私たち生き延びた者たちの話に耳を傾けているかのようだった。そうした死者とともに自分があるという感覚は、被災地ではしばしば述べられてきた。宮城県石巻市の大川小学校で子どもを失くしたご家族は、みずからの体験を次のように語っている。

> ある記者会見のときにね、お父さんやお母さんたちが集まったときにね、子どもたちがいたの。見えたの。ぶーっと臭いが充満して、……みんな白くなってね。(1)

あの時から被災地では、自分がもはや死者から切り離されては生きてはいけないこと、むしろ生者は死者の一部になっていることに気づいたのだ。つぎの話は、私が東北大学の集中講義に赴いたときのことである。

ゲストに招いた東北在住の老教授が「見えないものを語るのが宗教学なんだよ」と話したとき、ひとりの学生がおもむろに手を挙げた。「大川小学校にボランティアで通っています。遺族の方が校庭を指してこう言われたんです。「子どもたちが今もここで遊んでいるのが見えますか」。気が動転してしまって、いまだ答えられないままなんです」。

大川小学校では子どもたちの大半が津波に呑み込まれ亡くなっていた。その原因が教師にあったのではないかと遺族と係争中であった。その学生は、こうした子どもたちの魂が校庭にいることを認めたのならば、幽霊がいるようなことになってしまい、さらに遺族を傷つけるのではないかと苦しんでいたのだ。

その先生は若い頃、自分の専門とするアフリカのキリスト教研究のためにサハラ砂漠の修道院に通っていた。ある日、砂漠をさ迷っていると、遠くから自分を呼ぶ声が聞こえたというのです。人などいるはずのない砂漠の只中で聞こえた声は、若くして亡くなった彼の母の声だったという。

「聞こえてくる声、見えてくる光景に耳をふさいだり目を閉じたりしてはいけないんではないでしょうか」。

沈黙が支配する教室のなかで先生の言葉が浮かび上がりました。学生は泣きじゃくりながらこういいました。「本当は私にも見えていたんですね。でも、それが苦しくて、苦しくて。見えないことにしようとしていたんですね」。

そう、津波の衝撃はいまも終わっていないのだ。

1　他者への想像力

たしかに現実の津波は程なく引いたのかもしれない。しかし、思うようにいかぬ経済的復興と同様に、その津波が残した心の傷はいまだ被災者の心を苦しめている。たしかに仙台やいわきといった地方の中心都市は見事に復興した。しかし、海岸部に足を運んでみてほしい。三陸地方の海岸部はいまだなにもない。そこには灰色の強大なコンクリート壁が延々つづく光景が広がるばかりである。それは震災前とは異なる光景だ。

あの日、未曾有の惨劇を引き起こした海を記憶から消そうとするかのように、眼前には刑務所の壁のような巨大なコンクリートが視界をさえぎっている。人びとは自分の眼前にある海を眺めることができなくなった。津波を防ぐためだから、やむえないことだろう。しかし、記憶を遮るために、人は自分を人工的な壁のなかに閉じ込めてしまったのではないだろうか。私たちはなにを得て、なにを失ったのだろう。今こそ、言葉にして考えてみなければならないのではないだろうか。

海岸部にある仮設住宅を訪れたところ、ほとんどの人は復興住宅に移るなどして、残っている人はわずかだった。被災した方たちが祀り始めた地蔵さんも、草生した原っぱのなかに埋もれて、心なしか寂しそうに見えた。今では祀る人もいなくなったようで、備えられたコップの水は空っぽになり、お菓子も野良犬かなにかに食い散らかされていた。

東日本大震災で家族を失い、家を失ったにもかかわらず、避難した先でも取り残される人びと。幾度差別され、置き去りにされればよいというのだろうか。

「俺はかあちゃんが迎えに来るのを今か今かと待ってるだけだ。あのとき一緒に死んじまえばよかった。」

そういう人たちに対して、どんな言葉がかけられるというのだろうか。それとも、じっと耳を傾けていればよいのだろうか。

もし、あなたが「一緒に暮らしてくれ。自分の息子になってくれ。娘になってくれ。伴侶になって、じっと抱きしめてくれ」、そう言われたらどうするだろうか。手を握りしめられたなら、頬ずりされたならどうするだろうか。「それができないのなら、立ち去ってくれ。中途半端な気持ちで俺に近づかないでくれ」。私なら、黙って立ち去るだろう。「自分にも生活がある」「そこまで要求されても困る」。そんな言い訳をつぶやきながら。

被災地に通う友人も言っていた。「人にはできることと、できないことがありますから」。そのとおりだ。たしかに、眼前の溺れている人間を前にしたときに、自分の命を賭して荒れ狂う海に飛び込む人間などほとんどいない。寂しいからといって、一晩のぬくもりを乞うのは非常識なことだ。しかし、生きるか死ぬかの瀬戸際で苦しむ人には、そんな理屈は通じまい。「しょせんは他人事なんでよね」。そうした諦念が被災者だけでなく、私たち多くの人間の心を覆っているのは疑いようのない事実なのだ。

「人間の心には、もっとわけのわからない、おそろしいものがある。欲、と言っても、言いたりない、ヴァニティ、と言っても、言いたりない、色と欲、とこう二つ並べても、言いたりない、何だか自分にもわからぬが、人間の世の底に、〔…〕へんに怪談じみたものがあるような気がして、その怪談におびえ切っている自分には、〔…〕希望のよろこびを感ずるなどという事は出来ないのでした。」(2)

このような言葉を口にしたのは、おなじく東北地方、青森県出身の作家、太宰治であった。他人に対する絶望感。それだけではない。こうした態度をとらざるを得ない自分に対する拭い去りがたい不信感。そんな否定的感情が、私たちの心の奥底にあるのではないだろうか。

自分が他人にそのようにふるまうことが分かっているから、他人から自分もそのように扱われることが分かっているのではないか。根源的な人間不信、自己不信。同時に止みがたい自己保存の本能。この自己撞着を、いったいどのようにして解きほぐしていったらよいものなのだろうか。

　さきほどの大川小学校に通う学生はみずからの戸惑いを言葉にすることで、すこしだけ気持ちが軽くなったようだ。しかし、それを見て浮かない顔をしている学生がいた。彼女はおもむろにその理由を話しだす。


「正直うらやましいです、泣けるなんて。私は福島の帰還困難地域から来ました。故郷の街にまだ戻れない人が沢山います。私も中学から高校時代にはいくつかの街を転々としていました。その後、大学に合格して仙台に来ました。私の街の人たちには表情じたいがないんです。」


　彼女の親も街の人も、いまだ各地を転々としているとのことだった。うつむきながらも、いささか怒りにみちた彼女の語調だった。教室はふたたび重苦しい空気に呑み込まれていく。たしかに、そうなのだ。福島第一原発周辺では、幽霊が出没したという話さえ、聞かれない。故人を幽霊というかたちでさえ夢見ることがないのだ。それは故郷へ戻れる見通しが、現在も立たないからなのだ。故郷がなれば、死者たちの無念の思いもまた引き受ける場所がないということなのだろう。

　三陸海岸部から南下していくと、福島第一原発のある富岡町にたどり着く。数年前に国道六号が開通した地域だ。ただし放射能の濃度がつよいため、四輪車は窓を閉め切ることが条件。歩行者や二輪車は直接空気に触れてしまうため、通行は禁止されている。それでも、それまで寸断されていた常磐線沿いの交通がつながったとして、海岸部の人びとはとても喜んだ。

　しかし、じきに分かったことは、この道路の復旧は福島県内から放射能で汚染した土壌やゴミを、仮置き場に指定された原発周辺の地域に運び込むためのものであったという事実だった。中間処理場という名前で呼ばれてはいるが、それが最終貯蔵場所という実態を言い換えた名称にほかならないのは、現地に赴いた誰にとっても一目瞭然だった。

はてしなく海岸線までつながった汚染土嚢を積み上げた山は、とても人の住めるような場所ではない。痩せた野良猫数匹と、カラスやカモメが空を飛びまわるだけだ。それが彼女の嘆く故郷の実情なのだ。彼らの故郷は今では、戻れる見込みのない土地となってしまった。いったい、私たちのうちの何人がこの現実を知っているというえるのだろうか。

こうした震災の引き起こした被害は、第一原発周辺の地域にかぎられたことではない。福島のいわきでは、帰還困難地域から移り住んだ被災者に対して、その住宅に「出て行け」といった落書きを書き殴る出来事もいくつもみられ、問題となってきた。それは地元の人が意地悪だといって片づくような問題ではなく、おなじ福島であるにもかかわらず、大きな額の保証金の有無がもたらした地域内の経済格差に起因するものであった。「なぜ、働きもしないあの人たちが」といった思いもまた、やむえないものなのだ。

そうした視線に耐えられないと、被災者が東北を離れてしまう現象もみられる。私の故郷の水戸でも、そうした人たちが引っ越してきた。今度は、その人たちを預かった親戚の人たちが音をあげた。「気の毒な人たちだから、出て行けとはいえないけれど、なんであの人たちは働かなくて私たちの家にいて、私たちが働きながら我慢しなければならないのですか」。そう言って、私の友人であるマッサージ師のところに通う人もいる。

といって、被災者の方たちが本当にのん気に他人の世話になっていると言いたいわけではない。彼らもまた、おなじマッサージ師のところに通って、「他人の家にお世話になって、申し訳なくて疲れてしまいます」とこぼす。さらに東電の人までがからんでくる。「私たちはいつでも呼びつけられて、怒声を浴びせかけられます。保証金を払う手続きしているのに、手を握られたり、夜に来いといわれて、ベッドにさえ誘われたりします。とても辛いです」。相容れない立場にある人たちの声を一身に聞くマッサージ師は、ときに大変な精神的疲労をきたすそうだ。

被害は被災者だけではない。その複雑に入り組んだ矛盾は次第に日本社会全体へと広がっていく。関西では、土地の安価な被差別部落の居住地に、福島から来た人たちが家を建てるのも珍しいことではない。部落の若い人たちは自分の出自がわかる生まれ故郷から離れる。空き地になったその場所に、従来の経緯を知らない東日本の被災者の人たちが安価という理由で住み始めている。それは被差別部落の人たちとそうでない人たちが交じり合うよい契機にもなっているのだ。しかし、一方で今度は彼らが「放射能が伝染《うつ》る。帰れ」と言って、いじめられる。

同和教育が徹底して施されてきた関西でも、いまだ差別はかたちと相手を変えて、根強く残りつづけている。差別と格差。それは、近代において「私たち日本人」というアイデンティティを作り上げるときに、日本人ではないもの、あるいは二級日本人として、誰が日本人なのかを否定的なかたちで支える役割を背負わされた存在なのだった。

このように注意深く観察するならば、東日本大震災は東北地方の海岸部に限られた出来事ではないことは明らかだ。それは日本社会の広汎な地域で、あるいは日常の場面で微妙に暗い影を投げかけている。しかし、それにもかかわらず、私たちはもはや震災が終わった過去であるかのように、震災で苦しんでいる人などもういないかのように、そもそも震災など起こらなかったかのように振舞ってきたのも事実なのだ。

たしかに、それも無理のないことではある。現在私は京都に住んでいるが、水戸生まれだ。今も両親が震災の被害を被った水戸に住み、息子は水戸との往来が容易な仙台に住んでいた。水戸にある私の自宅も、震災で大きく損なわれた。だから、東日本大震災は他人事ではなく、まさに家族の生死を左右する問題だった。しかし、京都の知人たちにとっては、家族や親戚の大半はやはり関西、せいぜい東京までに留まっており、東北で被害を受けることはまれだ。それは庶民の婚姻圏の範囲からくる制約でもある。

それなのに、あなたたちは共感的ではないと責めるのは酷なことだ。逆に阪神・淡路大震災のときのことを振り返ってみよう。私自身もふくめ、茨城の人たちは関西で起こったこの地震を自身の問題だとは受け止めきれなかったはずだ。もちろん、テレビで迫りくる火の手に燃やし尽くされる街の光景を見て、なんて惨酷なことだろうと私も涙した。しかし、だからといって、自腹を切ったり、職場に休みを取ったりしてまで、現地にボランティアには行かなかった。正直、水戸から阪神地域はあまりに遠くて、親戚も友人も誰ひとりいないその地域の人びとの苦痛をこの身をもって引き受けることができなかったのだ。

人間は神様ではありません。実感のもてないことに、そこまでの関わりを求めることは酷だろう。誰しも自分の日常生活に追われ、その人なりの忙しさと悩みのなかで生きているのだから。しかし、だからといって、苦しんでいる人びとに対して無関心でも構わないということにはならない。問題は身体的には日常的な関心をもつことの困難な他人に対して、一時的な感情に終わることのない、後天的な想像力を働かせる思考と感性を養うことなのだと思うのだ。

2 ナルシシズム

そう、他人の苦痛に対する想像力は文字通り、養うものであり、もともと生まれたときから備わっている才能ではない。教育や経験をとおして、そうした感受性と思考を育んでいくものなのだ。国境を超えて横断的に活躍するアメリカ在住の思想家、酒井直樹は「同情」(sympathy)と「共感」(compassion)という言葉のもつ意味の違いを通して、そうした後天的に育まれる感性を左のように説明する。

まず彼は、他人の苦しみや悲しみをそのまま、当事者のままに感じることは不可能なことを指摘する。「他者の内面性において生きられた、媒介されていない元の感情や感覚を共有することを「共感」とよぶならば、同情は共感と違っていて、感情移入の形式を必要としない」(3)として、同情という振舞いを、感情移入の困難さを前提としたものとして理解すべきだという。

苦しむ人〔…〕の身体が傷つけられているのだから、彼は痛みを無媒介に受容しているはずだが、それを看取りつつある私たちは彼の痛みを無媒介に体験することはできない。〔…〕ここでは同情は、苦しむ人とおなじ情緒や感情を共有することではないのである。同情とは、比喩的な形象化によって撃たれることであって、共有されるのは、情熱、すなわち、他なるものによって変容されること、なのである。(4)

ここで酒井は、感情移入ができない「同情」を薄情だと責めているのではない。むしろそこから、分かり合った気でいられる仲間に対してだけでなく、自分とは異なる状況に置かれた他人に対する理解も可能になるのだと説いているのだ。彼は「同情」を、江戸時代の儒学者である伊藤仁斎の「情」という概念と結び合わせて、「情」とは、〔…〕結びつきの構造、人の身体と（大文字の）他者との結節点のことである。この点で、「情」とは、それを通じて人が世界と出会う、すなわち、人が世界に動かされる際の情動と情熱の形式のことである(5)」として、つぎのように説明する。

伊藤の「愛」ほど、感傷性を欠いた社会性を想像することは困難だからである。伊藤の「愛」ほど、自己憐憫や認知への要求から醒めてしまったものはないだろう。〔…〕すなわち、行為は私が抱いている他者のイメージに向けられるのではなく、結局のところ私が完全には思考することも、知ることもできない個物としての他者へ向けられている。他者への行為の遂行において、その他者からの報酬、収益、あるいは応答が当てにできないにもかかわらず実行してしまったときに、その行為をもたらすものが「愛」と呼ばれうるのである。(6)

ここで述べられた「感傷」と「情」の違いは、先の「共感」と「同情」の区別を言い換えたものである。自己肯定の自己憐憫のなかで共感の共同体をつくることと、相手との違いのなかでみずからを曝すこと。それは自分と他者を同一線上でとらえず、断絶のもとにとらえること、自己の不安を他人との同一化で埋めようとするのではなく、まずは自己の内部で引き受けることを意味する。

それができてはじめて、性格や思想を異にする個人と個人との出会いが自分を開くことが可能になる。その曝しかたは、相手に傷つけられるという不安を引き受けてこそ成り立つものだ。だから、「「愛」には常に他者への尽きることのない拡充の「情」と、主題化されていない他者への信頼の感覚が伴っている」(7)と酒井も述べるのだ。難しいことではあるが、「信頼」とは相手が決して裏切らないという一体性を妄信することではなく、相手にみずからをさらしてもいい覚悟であり、その人のためになら傷ついてもよいという覚悟のことである。

実際のところ、分かり合った気でいるのは幻想にすぎず、一方的な思い込みにほかならない。だからこそ、仲間だけにその利益を還元するといった狭い同胞意識でなく、理解しがたい人や考えかたが異なる人たちに対してこそ、相手の気持ちを「同情」できる関係を築けるように模索すべきなのだ。

仲間であるというのは一見よいように思えるが、それが幻想である以上、自分と相手が似たものだという一方的な思い入れにもとづく自己憐憫の感情にほかならない。こうした自己に関心がもっぱら集中する内向的態度を、フロイトは「ナルシシズム」、過度の自己愛と呼んだ。ちなみに、ナルシシズムをフロイトはつぎのように説明する。

外界から撤収されたリビドーは、自我に供給され、これによってナルシシズムと呼べるような態度が生まれるのである。(8)

フロイトの言う「リビドー」とは一般的に性的エネルギーと理解されているが、より今日的な表現をすれば、他人にかかわろうとする意味でのエロス的なエネルギーといえる。リビドーには内に向かうものと外に向かうものがあり、外にむかえば恋愛のようなかたちをとるが、内にむかえば自己肯定というかたちをとることになる。

適度な自己肯定は他人と共存するうえでも欠かせないが、過度な恋愛感情がストーカー行為に発展する恐れがあるように、過度な自己肯定もまたひきこもりといった、社会的適応性を阻害するものになりかねない。リビドーと呼ばれるみずからのエロス的欲望については、内向と外向のはざまでバランスを保つことが大切なのだ。ナルシシズムとは過度に内向した自己愛が引き起こす没社会的な態度と考えることができる。

こうした理解に立てば、じつは他人が可哀相なのではなく、可哀相だと思っていたのは自分自身のことであったということになるだろう。「共感」と呼ばれる思い込みの関係を一方的に他人に拡大し、その境界線のむこうにはみ出てしまう人たちに対しては、あなたたちは仲間ではないと平気で冷淡に接する態度。そうした仲間優先の排他的な物の見方が、自民族や自国民を優先する現代の民族主義の考えかたなのだ。

こうした境界線がいかに曖昧で流動的なものであるかについては、あらためて説明するまでもないかもしれない。日本人とは誰かという境界線が曖昧なように、たとえばアメリカ人というアイデンティティもまた曖昧なものだ。ある時期まではアメリカ人の白人にはイタリア人やアイルランド人は含まれていなかった。いまでもユダヤ人の立場は微妙だろう。アメリカの有名大学でも、一九六〇年代までユダヤ人の入学を拒んでいた大学があった。

一方で、つい最近でもユダヤ人の教授が黒人の人たちのことを、「あいつらは奴隷だったから、キリスト教徒になったんだ。恥知らずめ」と陰で罵るのを直接聞いたことがある。差別は連鎖するものなのだ。日本の被差別部落でも、差別に苦しむ部落の人々が在日韓国人を差別する話は珍しくない。ある被差別部落では、同じ被差別部落のなかでも、とくに貧しい地域の人たちを「台湾」や「朝鮮」と呼んだそうだ。これらの地域は自分たち差別された人間よりも、さらに下位にある存在だとして、植民地の名前をつけて差別していたのだ。その話をしてくれたこの部落出身の友人は、「差別が差別を生むとはまさにこのことだ」と自戒をこめて教えてくれた。

となれば、アメリカの黒人たちが自分たちへの差別の怒りを、自分たちより社会的地位の低いヒスパニックの人たちに向けて発散することも無理からぬことなのだ。私が滞在したアメリカの大学の学生寮で、「おまえら英語もまともに喋れないくせに、生意気な態度をとるな」と怒鳴りつけている光景をいく度も見たことがある。

このような仲間に対する思い込みの感情が、仲間と見なされなかった人たちへの差別の感情を生み出すのだ。それを酒井は、共感という感情に対する批判を通して問題化したのである。世の中には、自分の仲間さえよければ、そのほかの人たちのことはどうなったって構わないという人は、決してまれではないのだ。

事実、民族主義の排他的態度を批判する学者たちが、自分たちと意見をおなじくしない人たちをいろいろな手段を使って排除してきたことは、この何十年のあいだ何度も目のあたりにしてきた。誰しも、「私たち」という仲間意識から外れることが怖いのだ。民族主義批判さえ、一緒に批判をすることで、皮肉なことに「私たち」の一員であるという安心を得るための口実にすりかえられてしまうことは珍しくない。

さらに、その排除の力に恐れをなす人たちは、いじめともいえるその場面に居合わせても、なにも言葉を発しようとはしないできた。だとすれば、その人たちが学界で発してきた正義の言葉とは、ほんとうに正義の言葉なのだろうか。自分が正義の側にいるという自意識を保つために、そうしたフリをしてきただけだと言ったら、言葉が過ぎるだろうか。

そこで問題になるのは、「自分たち」とみなされた人たちと同時に、「自分たち」とみなされない人たちが生み落とされる感情のシステムである。

とある東京の大学で、ひとりの助手をかなり強引に辞職に追い込む出来事が起きたことがある。その人は教員たちの要望で、予算の配分を担当していたそうだが、その分けかたにずいぶん前から異論のあった教授がいた。有力教授が退職したあと、その教授は動きを起こした。その助手の仕事を狭い書庫に配置換えして、毎日、左にある本を右に、右にある本を左に移動するように命じたのである。

その話を聞いて、私は慄然とした。アウシュヴィッツの話を思い出したからだ。そこでは収容者が左のバケツの土を右のバケツに移し変え、またそれを左に移し変える。その作業を来る日も来る日も毎日繰り返す。そのうちに収容者たちは、誰でもできる単純さゆえに、一目瞭然の無意味な作業に精神を狂わせ、命を絶つ者が絶えなかった。ちなみに、東京の大学の助手が作業する部屋にも窓がなかった。打ちっぱなしのコンクリートで囲まれた、息の詰まる小さな部屋だったそうだ。

その教授は大学に寄付金講座をもってきた有力者であった。学内行政に無関心な同僚たちを尻目に、気がついたときにはいく人もの自校閥の研究者を招聘していた。今度は自分が有力教授の立場に着いたのだ。さらに彼は自分の大学院の修了者を自分の大学の助教の座に着けようと考えていた。迫害の対象にすえた助教さえいなくなれば、自分の学生がその座に着くことができるのであった。

しかも、こうした一連の指示を彼は自分が表立って下すことなく、当時の学科長やもう一人の助手を通して実現していった。誰もが彼が黒幕であることは知っていたが、万一訴訟などになったときには自分が矢面に立たないようにしっかり対策を練っていた。表に立った学科長は心筋梗塞をわずらって倒れ、もう一名の助手は数年後にやはりおなじように追われた。一方、現在、大学を定年退職した彼は、現在は有名な資料館の館長の座に収まっている。

しかし、ここで私が問題にしたいのは周囲の同僚たちのことである。このハラスメントを知っていながらも、自分もまた被害者側に回ることを恐れ、何ごともなかったように沈黙を決め込んでしまった彼らのことだ。社会や国家の不正義を批判的に論じる学者たちが、自分の周囲にいる人間に対して加えられた暴力的な排除を、自己保身のために黙認してしまったことは、やはり学者としての公的責任を放棄する行為にほかならない。

どれほどこうした人たちが自分の所属する職場や研究室に対して協調的で温和な人間であっても、むしろその妥協的な性質ゆえに、他者との葛藤を抱え込んでまでは、社会の不正やゆがみに対する根源的な批判をおこなうことができない。おなじ共同体に属する仲間を思いやることができるのは、ごく当たり前のことにすぎない。それは勇気ある行為でも、倫理的な行為でもない。

そこに民族主義とおなじ、自分を肯定してくれる仲間だけを大切にする「共感」的な閉じた態度を見ることができる。そうした閉じた姿勢を酒井は「恥知らず」の共同体と名づけた。彼は民族主義がなぜ恥しらずの仲間意識に過ぎないのかという説明のくだりで、つぎのように述べる。

> 同じ空想に酔っている人々のあいだでは、空想に酔うことは恥ではない。ところが、醒めたまなざしをもつ者がいるとき、酔っていることそれ自身が恥として感じられる可能性が生まれる。「同胞」とは恥を感じなくても済むような「身近な人々」のことである。〔…〕日本人だけの間だったら、従軍慰安婦の存在自体の否認も、昭和天皇の有罪判決の拒絶も、恥ずべき光景を生み出すことはないだろうと彼らは信じているのである。〔…〕同じ日本人なのだから、「私が」恥ずかしい思いをするとき「あなた」もまた恥ずかしい思いをするだろうから、あえて「私」を辱めるような行為をする人間は、日本人としての共感の絆を犯すものとして弾劾かつ排除して構わないはずだろう。(9)

人間が他者と共に生きていくためには、自己肯定をしてくれる仲間とみなすことの困難な「他者」に対して、自分の生活空間を解放していく「同情」的な姿勢が必要なのだ。

問われるべきことは、その共同体の態勢と意見の異なる人間に対して、あるいは共同体の外部に対して、公平さを欠くことのない開かれた議論をする姿勢があるかどうかなのだ。仲間に対して優しい人間であっても、第三者に対して冷淡であれば、その人間は倫理的な人間とはいえない。さきに触れた大学や研究室に、植民地研究を専門とする学者がいたり、移民や難民研究の学者がいるのは、どのように考えたらよいのだろうか。

少なくとも、その学問が自身の生活実践には結びついていなかったことは明らかである。自身の思想理解の深さや実践活動の度合いと関わりなく、高邁な理念を屈託なく語ることのできる厚顔無恥。そこに今日「人文学の死」と呼ばれるような、学問の危機的状況の根本的原因があると私は考える。

*

柄谷行人は、そうした自己批判的な姿勢を「超越論的」態度と呼び、哲学者デカルトが説いた主体の説明を通して、つぎのように定義づけている。

デカルトの主体は、必ずしも認識論的な主体（主観）ではない。それは、むしろ後者を疑うとき、そこにあらわれてくるような主体である。

この主体（私）は、奇妙なものだ。フッサールは、これを「超越論的自己」とよんでいる。〔…〕それは個としての私を、たえず共同体の中に回帰させようとする支配的な言説（文法）に強制されているのではないか、と疑ってみることができる。そのように疑う私が、いわば超越論的な自己である。それは個としての私ではなく、外部性・単独性としての私である。(10)

彼のいう「超越論的態度」とはつぎのようなことである。自分の認識が完全なことを主張するのではなく、自分自身の認識そのものが不完全であるからこそ、その不完全性に対して自覚的な態度を取りうる柔軟で自己批判的な姿勢を意味する。実のところ、アメリカ人や日本人といったアイデンティティの境界線が曖昧で流動なことは、無意識裡には誰でも承知しているだろう。

だからこそ、私たちはアメリカ人や日本人として、その仲間として認められようと必死にならざるをえないのだ。それは抽象的な観念の次元にとどまるものではなく、社会的な人権はどこまで認められるのかといった生存権をめぐる問題にほかならないからだ。他方、酒井や柄谷は日本国内のせまい学者共同体に制約されることなく、広い世界へと越境していった学者であった。

彼らはつねに、閉じた共同体の外部あるいは外部性という呼ばれる空間を、身の危険を顧みず模索してきた思索者たちなのだ。そうした姿勢こそが、学問を本来貫くべき公共性の理念、すなわち自己の利益関係に左右されない超越論的批判に支えられた討議空間を切り開くものなのである。

そして、この共感をめぐる議論の前提には、酒井が言うように「ふれあい」(touch) という情動的な身体行為が絡んでいる。酒井は「ふれあい」を「能動にも受動にも転じうるある微妙な両義的な瞬間」として、「穢すこと穢されること、侵すことと侵される(あるいは犯される)こと、変容することと変容させられること、傷つけることと傷つくことが分岐する以前の事態を示唆している」と捉える。[11]

私は相手に唇で触れることができる。あるいは指先で相手の肌をたどることもできる。〈ふれあい〉が喚起するのは、まず身体的な想念や記憶であり、〈ふれあい〉という表現からこのようなエロティックな含みを奪い去ることは出来ない。〔…〕しかも、〈ふれあい〉がすぐれて社会的な出来事となりうるのは、そこに「恐れ」と「おののき」の契機が予想されているからである。〔…〕躊躇や恥じらいによっておもわず立ち止まるとき、人は〈ふれあい〉の契機に気がつくのである。[12]

さらに彼は言葉を続ける。

〈ふれあい〉は予期できない事態を招くかもしれないのである。私は相手を「分かった」つもりでいても、じつは十全には分かっていないのであり、相手には「分からない」ところが必ずある。〔…〕私が躊躇してしまうのは、私自身が〈ふれあい〉によってかえって変容させられてしまうこともありうるからで、私が傷つけられる可能性を予期しているからだろう。(13)

そして、「触れたからといって、私は相手を「分かってしまう」ことはない(14)」という言葉で議論を締め括っている。

似たようなことを、ジャック・ラカンは、「性関係は存在しない」(『アンコール』)と簡潔に表現している。ふたりがたがいの手に触れるとき、その心臓は同じように高鳴る。しかし、だからといって、感じている思いまで同じとは言い切れないだろう。性的な関係が生じたからといって、お互いがひとつに溶け合っていると感じたとしても、それは自分の幻想が生み出したものにすぎないのかもしれない。

私とあなたがひとつであるという歓びの感覚が相手との関係のなかから生じたものとはかぎらず、自分の独りよがりな幻想に過ぎないかもしれない、とラカンは指摘する。たしかにおなじ現象が起きているといえることは、互いの感情の高鳴りのなかに自分が呑み込まれているだけなのかもしれない。

となると、人を愛するというのはどのようなことなのだろうか。他人だけではない。自分を愛するということも含めて、愛するという行為はどのようなものなのだろうか。ふたたび酒井のいう「共感」と「同情」の違いが、脳裏をよぎることになる。たとえば、震災で家族を失った人の痛みを私たちが分かるというのはどのようなことだろうか。

残念ながら、当事者でないものは被災者とともにずっと泣いていたり、苦しみつづけることはできないだろう。自分たちにも戻るべき日常が別途にあるからだ。当事者でもないのに、自分も子どもを失くした被災者に私はあなたの苦しみがわかるというのは、その場しのぎの言葉か、自分の立場をわきまえない傲慢な言葉でしかない。しかし、第三者の立場だからこそ、当事者には分かりにくい状況を俯瞰するための全体的な視点を提示することができる。そうした全体性の提示こそ、第三者ならではの役割である、と私は考える。被災地に通うなかで、私は何度もこう諭された。

「学者なら学者にしかできないことで、私たちを支えてください。あなたの言葉の表現力で私たちになにが起こったのかを教えてください。」

圧倒的な不条理に苦しむ人々を目の当たりにして戸惑うばかりであった自分は、この言葉に勇気を得ることができた。「私」は「あなた」ではないからこそ、「あなた」は「私」ではないからこそ、たしかにだからこそ分かり合うことが困難にもなるのだが、それでもおたがいの欠けた部分を補いあうことも可能になることに気づいたからだ。

「私たちの出会いはつねに誤解と幻想からはじまるのではないでしょうか。でもかならずしも失望する必要はないのです。それでも生き残った関係というものは、たがいの理解に向けて発展していく可能性をはらんだものなのです。」

このように私の友人は言います。外国籍の彼女は日本で日本人の夫と暮らして、異文化の理解に苦労しています。思い込みがあってこそ、たがいに惹かれあう。それは自分勝手な幻想の投影なのかもしれないが、それがきっかけとなって、その人と一緒に話したい、かけがえのない時間を過ごしたいと思うことも確かなのだ。幻想が縁となって、少しずつたがいを受け容れていく。そして、自分も相手も、出会った最初のときから徐々に変わっていく。それが生き延びていく関係としてふさわしいものなのではないだろうか。「信頼」とは、そうした関係のなかで少しずつ確かなものとして育まれるものなのではないだろうか。

「スカイダイバーが、相棒のバランスシュートを持ってあとを追って降下するときの信頼には、どこかエロティックなものがある」[15]という比喩をもちいて、哲学者のアルフォンソ・リンギスは「信頼」を次のように説明する。

われわれは、その言葉や動作を理解できない人物に、理由や動機がわからない人物に、絆を感じる。信頼は、社会的に規定された行動を表わす空間をショートさせ、そこにいるリアルな個人と――きみと――触れあう。ひとたび誰かを信頼する決心をすると、〔…〕そこには興奮と浮きたつ気分がある。〔…〕だが、誰かとともにいきることを楽しむとき、そこには危険性の要因があり、同時に信頼の要因があって、それが恍惚ぎりぎりの快楽を与えるのではないだろうか。〔…〕信頼という力は、死が抱く動機と同じように、その動機が知りえない誰かに対して湧きあがり、しがみつく。知らない相手を信頼するには勇気が必要だ。[16]

「信頼」とは賭けなのだ。かぎりある存在にすぎない人間が、目では見ることのできない神を信じるような、裏切られることをも、傷つくことをも覚悟した行為である。相手を思うあまりに、結果として相手を傷つけたり、自分が傷ついたりするのは、人間の避けがたい性であろう。しかしだからこそ、固着化したアイデンティティは、予測困難な他人との交わりのなかで流動的な個性へと、その存在のありかたを変えていく可能性もはらむのではないだろう。

言うまでもなく、酒井のいう同情、自分との同一性を前提としない相手の理解というものは、言うに易しく、行なうのに難しいものである。自己憐憫に染まっていない、他者理解というものはとても難しい。「苦しんでいる相手を理解しましょう」。そうした口あたりのよい言葉はたしかに正論である。しかし、実際に差別やいさかいがこの世からなくならないように、自身の感情にも訴えることのできない言葉は上滑りするだけなのだ。

柄谷は『憲法の無意識』(岩波新書)という本のなかで、いろいろな論争や紆余曲折があったにもかかわらず、戦後の日本社会が平和憲法を放棄してこなかったのは、やはり先のアジア・太平洋戦争で流された血に対する反省の念が無意識裡に身体の奥底まで刻み込まれているからだと指摘している。

それは時に米軍に依存していることを自覚しないままの、無責任な平和論にもなりかねない。しかし一方で、万事につけて軍事力の強弱で白黒をつけようとする現実の国際政治に対する根源的な異議を提出する契機にもなりえるだろう。その意味で、社会や己れの身体に刻み込まれた無意識からの声にならない声に耳を傾ける技術を身につけることは大切なことだと思う。多くの場合、そうした無意識の声は、本人や社会には受け容れがたい、現在の自分のあり方に疑問を付す場合が多いことも忘れてはならないだろう。

3 否認

被災地ではいまだ無人の海辺で幽霊がたたずんでいるといった話が絶えない。それに対して、幽霊など幻覚だという声も一部の学者から発せられている。しかし、そう思いたいのは、やせ細った理性にすがりつく学者の無力感ゆえのことではないのだろうか。東日本大震災でも、阪神淡路大震災でも、こうした学者のみならず、当事者をのぞく日本社会に住む大多数の人間に起きたことは、精神分析の始祖ジークムント・フロイトが「否認」

(denial) と呼んだ症状であった。

「否認」とは、今日の現象でいえば「ひきこもり」のように、現実を拒否する態度を指すものである。(17) 肉親の不条理な死、あるいは自分の身に起こった不幸な出来事、そうした当人にとって受け容れがたい出来事は、あまりの辛さゆえに、実際に起こったことを当人が認められなくなってしまう場合がある。

その結果、本人は意識のうえでは、なにひとつ不具合がないかのように日常生活を送ることができるようになる。しかし、その一方で、身体的に思うようにいかない現象が、自分の意識に逆らって起きてしまうことになる。意識のうえでは出来事を払拭しようとしても、身体のほうに直接に病状としてその影響が現われてしまうのだ。身体の特定の場所が原因不明の痛みに襲われる、麻痺して動かなくなる、などの症状が現われるのだ。

たとえば東北の被災地では、このような話がある。震災から一年経って現地の大学に家族とともに引っ越した研究者がいる。研究者本人はとても明晰な人で、てきぱきと震災で起きた出来事を分析していった。彼は震災における幽霊現象を調査していたが、それはあくまで幻覚にすぎないという冷静な態度を保っていた。

たしかに偽善的な「共感」に陥らなかったのは適切であったろう。学者には客観的な態度というものが、どんな場合にも必要である。被災者の感情に巻き込まれてしまえば、正確な状況分析の目が曇ってしまい、被災者のためにも役に立つことはできない。

しかし、だからといって、「幽霊なんていない」——被災した人たちの涙を見たときに、いったいどうしたら、そんなふうに考えることができるものなのだろうか。幽霊でもいいからひと目死んだ家族に会いたい、あるいは夢の中でもいいから故人に会いたいという人たちに対して、本人には直接言わないにしても、「霊魂なんて存在しません」——どうしたらそんな感慨を胸に抱くことができるものなのだろうか。

そんな彼に対して、一抹の不安を感じる人も少なくなかったと聞く。日ごろ温和な人柄の彼が一転して冷淡ともいえる言動をとることに対して、なにか彼自身が無理に強がっているように思えたようだ。そこには感傷的になることを戒める態度を通り越して、被災者に無理によそよそしく振舞おうとする不自然さが感じられたからである。

しばらくして、このような話が耳に入ってきた。彼の息子さんが、学校で仲間と上手くいかず不登校になっている。彼自身も息子と取っ組み合いの喧嘩をしたあげく、息子はついには家出をしてしまったというのだ。「東大進学は間違いない頭のよい息子だったのに。まあ、学校なんか行かなくても田舎の子とは比べものにならないほど勉強はできるんだけれど。きっと東京から離れたくなかったんだね」。その言葉を聞いたときに、息子の心が荒れている原因が何なのか、少し分かったような気がしたのだ。その息子は、父親と東北地方の関係の象徴なのであると。

父親と同じように、地域社会に溶け込めず、どのように人びとに接したらよいかわからない息子。そのとき、彼が手本にしたのは、意識上は反発しながらも、無意識裡には東京の有名大学を出た尊敬する父親であったのだ。息子さんが家出したときに向かったのが東京であったことは、父親の無意識裡の願望を如実に示すものであったように考えられる。

たしかに親子ともに学力は優秀なのだろうけれど、それは学校が決めた公式どおりの机上の計算にすぎない。人生は公式どおりに割り切れるものではないことは、普通の大人なら誰でも知っていることである。自分の容姿、運動能力、学力など、自分の納得がいく才能が与えられている人など、ほとんどいないだろう。そもそも人生とは不平等なものに外ならないのだから。そうした割り切れなさ、人生の不条理の象徴がまさに今回の震災だったと言える。

一見、学力では地域の誰よりも上回っているようにみえて、その地域に起きたばかりの不条理な震災、膨大な数の死者と仕事や故郷の喪失。こうした過酷な出来事を経験してみずからの命も絶ちたいと嘆き悲しんだり、歯を食いしばって生きている人びとを前にして、学校の知識だけでは何の役にも立たないことを痛感していたのは、じつは繊細で誠実な本人たちだったのだろう。

地域に溶け込む勇気ももてず、かといって地域に降参することもできない父親は、そこから学界という象牙の塔の出来合いの知識のなかにひきこもろうとしていたのではないか。被災者に対する冷淡ともいえる、父親の過度に客観的な態度は、過酷な現実の前で言葉を失った自分自身の戸惑いを物語るものであったのだと思う。

「本当は苦しくてたまらないのです。僕はここでは役に立たないよそ者に過ぎないのですから。人びとの役に立ちたいと思って東北に来ましたが、自分のような中途半端な学力で地域に立ち向かえるほど現実はそんなに甘くはありませんでした。できるのなら、東京に戻りたいです。」

そう言って、彼は静かに泣いたそうだ。

4　犠牲のシステム

いまだ津波は被災者だけでなく、善意で被災地にかかわろうとする学者や宗教者あるいはボランティアたちを呑み込んでいく。そして、彼らを無力感で立ち尽くさせるのだ。そして、いちばん弱い人たちが、子どもたちが、障害者たちが、何よりも被災者が、そんな無力感に立ち尽くす大人たちあるいは社会のゆがみを一身に背負わされてしまう。それが、「否認」のもたらす「症状」の現われ方なのだ。

主体とは、物を考えたり感じたり、行動する単位を指すことは、いまさら言うまでもないことである。しかし、その単位は個人とはかぎらない。家族や職場、さらには国家や民族など、さまざまだ。今では普通に使われるアイデンティティという言葉は、なにものかと同一化することで、「自己」という自意識を確立することを意味する。主体を形成する「主体化過程」（subjectification）とは、家族や国家といった他者と一体化することで、自分の正体が誰なのかを明示できるようにする行為なのだ。

そうした他者と一体化を推し進めることで、主体はみずからを堅固な存在に成長させていく。自分も集団の一員として必要とされているし、周囲の人間に保護されている。こうした明確なアイデンティティ意識がもてる人間にとっては、母集団との一体性は疑いようのないものである。小・中学校の例をもちいるならば、みんなに尊敬される成績優秀な学級委員のようなものだ。しかし、クラスの学生に序列がつくのが避けがたい以上、そこには劣等生もまた出現する。成績不良だけならまだよいが、ひきこもりをする生徒、陰湿ないじめをする生徒など、クラス経営をする教師には思うようにならない子どもたちがいる。

主体が形成されるさいには、ときに過剰適応になるような中心が生まれると同時に、そこに適応できない周辺あるいはそこから排除された外部もまた生まれるものなのだ。そのうち弱い部分に病気は固着化し、母体のほうは健康体をよそおう。しかし、中心と周辺、健常者と不適応者は同じ構造から生み出されるものなのだ。それにもかかわらず、一方だけに病気や異常を押し付けるとき、否認という症状が起きるのだ。

「否認」の議論が明らかにしているのは、弱い部分に背負わした病気はその主体全体の症状を診断するためのものだということである。それをみずからと切り離して、主体の一部のみに特定するがゆえに、その一部は病むのだ。そうした一部の弱者に病を押し付けるシステムが、今回の震災でも明らかにされた。哲学者の高橋哲哉は、原発を押し付けられ呻吟する福島の例を、基地問題で苦しんできた沖縄の例と重ねて合わせて、「犠牲のシステム」という名のもとに戦後日本社会の自己欺瞞を批判している。

犠牲のシステムでは、或る者（たち）の利益が、他のもの（たち）の生活（生命、健康、日常、財産、尊厳、希望等々）を犠牲にして生み出され、維持される。犠牲にする者の利益は、犠牲にされる者の犠牲なしには生み出されないし、維持されない。この犠牲は、通常、隠されているか、共同体（国家、国民、社会、企業等々）にとっての「尊い犠牲」として美化され、正当化されている。そして、隠蔽や正当化が困難になり、犠牲の不当性が告発されても、犠牲にする者（たち）は自らの責任を否認し、責任から逃亡する。(18)

原発による地方から都会への電源供給。便利さは都会に、危険は地方に。その代償として、地方の人びとには地元に働く場を与えてきたといえば聞こえはよい。しかし結果として、その職場なしでは地域経済や家族生活が成り立たなくなるような経済的な依存度を徹底して強めることになった。

比べようもないほどの地方と都会の格差。それをフランス文学者の西川長夫にならって、「内国植民地」状態と呼ぶことができるだろう。大都会がみずからが享受する経済システムのなかに地方を組み込んで、徹底して搾取するシステムのことである。

同じ日本という国民国家に属しているにもかかわらず、国民同士のあいだに圧倒的な格差が存在していて、その搾取関係を不可欠の前提にしてこそ、自分たちは平等な日本社会に暮らしているという幻想も成り立つのだ。それが現代のグローバル資本主義と呼ばれる経済システムの正体であろう。

深夜まで開いている、品揃えのよいコンビニエンス・ストアの増加によって私たちの生活は便利になったようにみえる。しかしその一方で、競争に負けた個人商店はどんどん閉鎖に追い込まれ、地方社会にはシャッター通りが増えたのも事実である。コンビニに働いている人は豊かになったかというと、現場は店長一人と複数のパート・アルバイト職員からなり、安い給与で四六時中働かされるか、生活が不安定なままに酷使されている。決して彼らは経済的にも豊かな条件下に働いているとはいえない。

違法に近い安価な労働力で世界中の人びとをたえず補充できるからこそ、グローバル資本主義は肥大化し続けられるのだ。しかも、均質化されたその内部の空間は決して平等な世界ではなく、徹底した搾取による格差社会を内実とするものなのだ。

結局のところ、地域に根ざした職場を失った者たちは、グローバル資本企業によって安価な労働力として搾取される外に選択肢がなくなる。その典型が原発企業であり、米軍基地にまつわる産業であることは言うまでもない。そうした格差に支えられた社会を、平等で幸福な社会と考える人たちがいるとすれば、それは自分たちが無意識のうちに搾取をする恵まれた側に属しているからだ。だから、他人の痛みに無自覚でいられるのだ。はっきりいえば、今の安逸さをむさぼり続けたいために無自覚なままでいたいのだ。

こうした問題状況を指摘している私たち学者にしても、偉そうなことは言えまい。批判的発言ができるのも、発言をしても自分の立場が脅かされない安全な立場にいるからである。ガヤトリ・スピヴァクが、かつて「サバルタンは語ることができるのか」という問いを発したように、弱い立場の人たちは誰かに従属する状況に置かれている。だから、自分の思っていることを発言すること自体がきわめて困難なのだ。それだけではない。自分が困難な状況にあるということを自覚することさえ難しい状況にあるとさえ言える。

だとすれば、不公平な社会現象を是正するために学者が発言するのであれば、自分の立場の特権性を対象化するという契機をそこに挟まなければ、その発言は成り立たないことになるだろう。

奴隷は夢想することを好む。なぜならば、自分が奴隷だという現実に耐えられないからだ。

そう指摘したのは、列強の侵略に苦しむ時代の中国人文学者、魯迅であった。それは中国のみならず、戦後の日本社会にもあてはまる事態である。現実が変革困難なとき、人間は現実には何も起こっていないかのように、現実の状況そのものを認めることを拒否する。奴隷はみずからが奴隷であることを認識したときに、生きる希望は潰えるという。自分が他人の意のままになる奴隷である以外に、その人生の選択肢はないことがはっきりしてしまうからだ。

だから、奴隷は自分が奴隷ではない、あるいは少なくとも隣の家の奴隷主と奴隷よりも自分と奴隷主の間には人間的な感情がかよいあっているのだと思い込みたがる。それは、ドメスティック・バイオレンス（ＤＶ）に曝された被害者が、相手は駄目な自分を思って叱ってくれていると信じ込みたがることと似ている。理性だけでなく、感性や感情もまた過酷な状況のなかでは、否認の論理と矛盾しないようにたやすく捻じ曲げられてしまうものなのである。

奴隷主にしろＤＶの加害者たちにしろ、そうした愛情関係に支えられて自分は相手を教え導いているのだと思い込みたがる場合も少なくないと聞く。そこにもまた、加害者と被害者がともに、じつは圧倒的な格差がありながらも、共同幻想に包み込まれているという心的な現実がある。こうした共犯関係もまた、フロイトのいう現実の否認のうえに成り立つ病であると指摘しなければならないだろう。

それは東日本大震災震災を無かったかのように振舞う現在の日本社会そのものの姿勢なのではないだろうか。


「この災害でもう苦しんでいる人はいなくなった。」


そう思い込みたい人は、被災地に住んでいない人たちのなかにはたくさんいることだろう。しかも、こうした感慨をもつ人は、被災地以外の人だけにかぎったことではない。被災地にもたくさんいると聞いている。

故郷から離れた人。そこに戻った人。あるいはずっとそこに住んでいる人。少なくとも自分の生活が新たなスタートを切れたなら、あるいは元に戻れたのならば、もういいじゃないかという人が出てきても無理はない。

そうしたときに、そこに出遅れた人たちの存在は、否認すべき現実として退けられてしまう。東京オリンピックに沸き立つ日本社会は、もう忘れたいのだ。あれはなにもなかった、あるいはすでに克服したのだ、と。

原発が再稼動した今もまた、自分の地域だけは大丈夫なのだ。あれは福島第一原発という特殊で不完全な状況に起きたことなのだ。なにも問題なく操作できれば、二度とトラブルは起きるはずがないと思い込もうとしているのだ。

しかし同時に、そんな安全を保障してくれる根拠など、どこにも存在していないこともまた、私たちは誰でも無意識裡には知っている。災害で立ち直れないでいる人たちを置き去りにしている罪悪感、同じような困難が自分に起こるかもしれない不安。わかっていながらも、目を背けているのにすぎないのだ。

震災直後に、原発問題に苦しむ福島の相馬市を「ゴーストタウンのようだ」と発言した大臣がいたのを覚えているだろうか。マスコミはいっせいにその大臣を「けしからん」と叩き、辞職に追い込んだ。まるで世論を代弁する正義であるかのような振舞いだった。

たしかに、その発言は軽率なものであったかもしれない。しかし、現地の市長が「よく言ってくれた」とその発言を支持したことまで知っている人は少ない。市長からすれば、人のいない死の街になってしまったのは事実であり、むしろ問われるべきは、そのような街にしてしまったのは誰なのか、そしてそこからどのように立ち直っていくべきなのかということであった。

「ゴーストタウンという発言はけしからん」

そうした発言は、一見ヒューマニスティックなようにみえる。しかし、現実に起きている状況がいかに無惨なものであるのかということを、何ごとも起きていないかのように外部の人たちに知らせない点で、やはり否認的態度にほかならない。事実を明らかにする任務があるマスメディアが、率先してそうした現実の隠蔽をおこない、しかもみずからをヒューマニストであるかのような立場におく自己陶酔的態度。そこに、現在の日本社会における「否認」と「ナルシシズム」の密接な関係を見てとることができる。

最後に、冒頭に紹介した東日本大震災をめぐる東京の学会の話に戻ろう。パネル報告を終え、教室を出ると、会場の広場では、震災など自分には無縁だと思いたい学者さんたちが、パネル討論などなかったかのように楽しそうに談笑していた。私には、彼らこそが魂を失ってさまよう幽霊のように思えたのだ。学会の会場自体が深い海の底に沈んでいるように見えたのだ。

教室のなかでは熱心に討論しても、その時間が終われば、他人事になってしまうその感覚。その無責任さに腹を立てるというよりも、私には彼らもまた過酷な現実のまえに「否認」の態度をとるほかにない無力さを感じているよう思えたのである。表面はなにも変わっていないように装っていても、現在の日本社会は危機的な状況にあるのだ。あの日の津波はいまだ社会全体を呑み込んだままなのだ

戦後日本社会を考えるということは、この言葉を失った状況に対する認識からはじまらなければならないと、今、私は考えている。

注

（1）池上正樹・加藤順子『あのとき、大川小学校で何が起きたのか』青志社、二〇一二年、二二〇頁。
（2）太宰治『人間失格』新潮文庫、一九五二年、四一頁。
（3）酒井直樹『ひきこもりの国民主義』岩波書店、二〇一八年、一二頁。
（4）酒井同上『ひきこもりの国民主義』一一頁。
（5）酒井直樹『過去の声――十八世紀における言語の地位』酒井直樹監訳　以文社　二〇〇二年、一三一頁。
（6）酒井同上『過去の声』一五五－一五六頁。
（7）酒井同上『過去の声』一五六頁。

（8）ジークムント・フロイト「ナルシシズム入門」『エロス論集』中山元訳、ちくま学芸文庫、一九九七年、二三六頁。
（9）酒井直樹『日本／映像／米国――共感の共同体と帝国的国民主義』青土社、二〇〇八年、二三五頁。
（10）柄谷行人『探求Ⅱ』講談社学術文庫、一九九四年、二〇五－二〇六頁。
（11）酒井前掲『ひきこもりの国民主義』四頁。
（12）酒井同上『ひきこもりの国民主義』五頁。
（13）酒井同上『ひきこもりの国民主義』五－六頁。
（14）酒井同上『ひきこもりの国民主義』六頁。
（15）アルフォンソ・リンギス『信頼』岩本正恵訳、青土社、二〇〇六年、一五頁。
（16）リンギス同上『信頼』一二－一三頁。
（17）ジークムント・フロイト「フェティシズム」前掲『エロス論集』二八五頁。
（18）高橋哲哉『犠牲のシステム――福島・沖縄』集英社新書、二〇一二年、二七－二八頁。

第二部　労働の場とマイノリティー

苦境にある労働者――労働組合と原発下請労働者

フェリックス・ヤヴィンスキ

これはむろんわが国の政治に関わることであり――一介の世間知らずである――私には、このような主題について批判する資格などないが――古い書物が伝えるように――市井の人びとの意見にも耳を傾けるべき事柄というものはあり、だからこそ、私はしかるべき心からの敬意をこめ、浅はかなわが思いを述べるのである。[1](Richter 1998)

高野長英が一八三八年に代表作『夢物語』でこの言葉を記した時、彼はすでに支配階級の武士の一員ではなく、一人の私人であり、自身の批判が仇となって最終的には考えうる最も高い代償を払うことになった。現代では、高野のように政府の「鎖国」政策を批判する必要はもはやなくなり、しかも――支配階級であれ、一般人であれ――国家の政策を批判したとしても処刑されることはない。それでも、この種の問題に公然と異議を唱え、重要課題について公けに取り上げれば――今でも――発言者は思ってもみない困難に見舞われかねない。原子力発電所(原発)労働者や作業員が業務中およびその前後に直面する労働問題というテーマは、原子力の平和利用の当初から日本社会では厄介で、そのために長く放置されてきた重要な課題であった。原発労働者の作業環境を取り上げて、または厳しく批判したりしても、批判する者がある程度高い安定した社会的地位にあるかぎりはまだ安全である。しかし、社会全体が大きく依存しているシステムを批判する場合、この状況は揺らぐ。原子力とその生産システムを批判すれば、状況はより一層複雑になる。自分自身と同業者の勤務条件を改善するための公正な意見ですら、公けに発表することは忠実な従業員としての評価または雇用それ自体を犠牲にする恐れがある。

そこで、本稿では

（ⅰ）原子力産業における作業員の組織化、労働組合が管轄する原発作業員の種類、

（ⅱ）一九七〇年代末の同業界における雇用構造の大きな変動への労働組合の対応、

（ⅲ）労働組合に加入できず支援を受けることもできない原子力産業の下請労働者自らによる対応

を明らかにすることを目的としている。その目的のために、本稿では原発下請労働の分野における労働組合の状況を分析していく。

労働組合が一九六〇年代中盤以降に原子力に関して取った姿勢と、多くの既存の労働組合が最も苦しんでいる層のために主張しなかった／主張できなかった／主張をやめた理由を簡単にまとめたのち、同業者の置かれた状況を改善するために闘った下請作業員がどのように自ら労働組合を組織したかを示す四つの事例を分析する。すべての事例において、これらの事業の主体、原発労働者たちのことを詳しく検討し、その活動を紹介し、彼らの直面した障害について述べる。第一に、齋藤征二の体験については一九八〇年代初頭に光をあてる。第二に、平井憲夫の事例については一九九〇年の非組合型アクティヴィズムの存在を明らかにする。第三に、一九九七年から二〇一一年の間にはこの種類の活動の存在を示す資料がないため、三重災害直後の時期に福島第一で原発下請作業員を支援する場を設けようとしたタナカ(2)の事例を紹介する。これらのなかで微妙に異なるのは、最後の事例の状況だ。二〇一五年に設立されたフクシマ原発労働者相談センターは、さまざまな主体からなるネットワークによってサポートされている。特定の労働組合ではなく、いわき市の日本社会民主党の地元政治家が労働者相談センターを主に担当しているが、これは初めてのことである。

1　原子力発電における既存の労働組合

SUZUKI（2016）らが分析したように、[3]原子力をいかに扱うかという問題は第二次大戦後、日本のほとんどすべての労働組合のプログラムの一部にあった。一般的にいって、労働組合は原子力の推進または反対をめぐって二つの陣営に分けることができる。否定する側は時代の論理にならい、少なくとも連合（日本労働組合総連合会）が設立された一九八九年までは、やや左派志向の総評（日本労働組合総評議会、一九八九年に解散して連合に合流）の基本綱領を守る組合と、同盟（全日本労働総同盟）とより緊密に連携する者たちとに分かれていた。言うまでもないが、後者は原子力を熱心に推進したが、前者は批判的であるか、断固として反対していた。

総評および地域評議会は、稼働中の原子力発電所があるか計画されている地方の反原子力運動に積極的だった。自治労（全日本自治団体労働組合）や動労（国鉄動力車労働組合）など、総評と近い関係にある組合も公然と原子力に反対していた。

原子力推進派が体制維持のために労働者を利用したことばかりでなく、自衛隊の〈核〉再軍備に対しても動労は批判を行って、日本の独占資本主義に反対し、原子力に対しても倫理的な対応を取った。一方、自治労は、たとえば一九七八年に、「自治体労働者にとって原発問題は、危険性の問題ばかりでなく、自治破壊、合理化、組合つぶしと深く関りあっている」と批判している（鈴木 2012: 30）。それゆえ、自治労による闘いの対象は反独占や反戦というよりはむしろ、組合活動の自由を含めた、原子力政策をトップダウンで進める中央集権的なアプローチに対抗するための民主主義社会での地方自治の問題であった（同上）。

またこれとは別に、厳しい反原子力の姿勢で広く知られたのが電産（日本電気産業労働組合）だった。一九四七年の設立後、日本全国のあらゆるエネルギー関連企業の多大な支援を受け（組合員一万三〇〇〇人）、電産は雇用主との賃金交渉を主導し、勤労者のための賃金体系を増進させた（Gordon 1985: 359-362; FUJITA 1974: 326-329）。活動家の多くは共産党または社会党を支持していたため、電産はほどなくGHQの標的になり、続いて一九五〇年にはいわゆる「レッドパージ」の対象になった。八月二十六日には、エネルギー企業の共産党員およびその「同調者（シンパ）」従業員二一三七名が解雇された（益子 1995: 228-229; 労働争議調査会 1957: 100）。電産が一九五二年、炭労（日本炭鉱労働組合）と共闘した八六日間にわたるストライキに敗北した時、反原子力を掲げる労働運動解体のプロセスが始まった。一九五三年のスト規制法の成立と相まって、加盟組織九団体のうち八団体が、中国電力の電産支部を残して相次いで脱退したことで、労組主導の反原子力運動は苦戦を強いられることになった。電産中国が反原子力の姿勢を貫く一方、その他の八団体は一九五四年五月に電力労連（全国電力労働組合連合会）を設立し、原子力に関する立場を反対から賛成に転換した。また、一九六〇年代に社会党が反原子力の立場を明らかにした後、電産中国は同様に反原子力に関する見解を発表し始めた。最終的に一九六五年十月、電産中国は九州および北海道の二つの左派労働組合とともに全電力（全日本電力労働組合協議会）を設立し、ほどなく総評に加盟した。電力労連の人員約一万三〇〇〇人と比べて、全電力の組合員二〇〇〇人には雇用主との交渉でより大きな影響力を発揮するだけの力はなく、電産中国の清水英介副委員長が一九七八年に述べたように（清水 1978: 102-103）、結果として全電力には当時、原発労働者の状況を大きく変える力はなかった。一方、政府と雇用主に友好的で、ゆえに政治的により影響力のある電力労連は明らかに原子力支持の姿勢を取った。

前述のように、一九五四年五月に電力労連が設立され、一九五四年十月に電力労連最後の地方組織が設立された直後、あることが明らかになった。従来の産業別労働組合主義のシステムは、異なる企業の労働者が同一の目的のために共に闘っていたものであるが、同一企業の労働者が自らの職場での雇用への意見をまとめていくという企業別労働組合システムの前では、明らかに力を失っていった。これは、一九五〇年代初めから経営陣が電産の力を弱体化しようとしてきた結果というだけでなく、「レッドパージ」の対象にならないために、より左派的な電産から電力労連に移行した多くの労働者たちによる結論でもあった（KAWANISHI 1992: 149–174）。

正規従業員のみが加入できるこれらの労働組合の構成員の放射線被曝量が、複数の原子力発電所の稼働開始により増加していることが一九七四年と七五年に判明した際には、原子力推進に傾いていた電力労連すら反原子力の姿勢へ転換し始めた（TANAKA 1988: 139–140）。労働条件が悪化し、作業員と労働組合の支持がなくなる恐れがあったため、雇用主側は業界再編により下請構造を多層化し、被曝により最も苦しんでいる層が以後、強力な労働組合を組織しない、また組織できないようにすることでこうした恐れを回避した。電力労連の支援を確保しながら、危険な作業をより低賃金で、社会的安定性が低く、組合化されていない下請作業員へ移行させたことは、まちがいなく一石二鳥の措置であった（TANAKA 1988: 141–142）。

原子力業界における反原子力と原子力推進の明確な対立は、一九八〇年代後半には弱まり始めた。全民労協（全日本民間労働組合協議会）が八〇年代初頭から原子力に関して対立する二つの立場の仲裁に取り組みだしたからだ。コンセンサスの確立には一九八九年まで待たねばならなかったが、結果として連合が形成され、一九九〇年に既存の電力労連に近い同盟と総評を統合した。連合は今後の原子力の問題に関してはさらなる議論に託することにした。また一九九〇年代と二〇〇〇年代初頭に起きた複数の事故が、原子力は安全ではなく、エネルギー企業が数回にわたり発電所の検査記録を偽ってきたことを示したにもかかわらず、連合は「二〇一〇年、明確に原子力支持の立場を取り」（SUZUKI 2016: 17）、新規の原子力発電所、核燃料処理施設の建設を支持し、高速増殖炉のさらなる研究の奨励までした（同上）。日本にはより優れた技術があるのでチェルノブイリのような事故は起こりえないとする筋書きが、二〇一一年の福島第一原子力発電所の三重メルトダウンで瓦解すると、連合は「二〇一二年に新たな方針を定め、日本は長期的に再生可能エネルギーの開発によって原子力への依存を軽減するべきだと表明した」（SUZUKI 2016: 16）。このことが意味するのは、以前の論戦が一気に復活したということだ。

しかしながらフクシマ以前とは異なり、双方にとって新たな一つの疑問が残された。被害を受けていない原子力発電所を再稼働するべきか否かという問題だ。

電力総連（電力労連の後進）に代表される原子力支持派は従来の立場を維持し、迅速な再稼働に賛成票を投じたものの、彼らは「原子力の推進を日本の経済成長と国家安全保障という広大な目標に結びつけ」始めた一九七〇年代の戦略への回帰を余儀なくされた（SUZUKI 2016: 19-20; 2012: 30）。最後に、SUZUKI はこう述べている。

> 左右の政治的な亀裂が一九九〇年代および二〇〇〇年代に組合運動ならびに国政の中で希薄化するにつれ、反原子力の諸組合は政治色の強い立場から離れ、核技術そのものの問題点を重視するようになった。
> （SUZUKI 2016: 18）

なるほど、この分析は正しい。しかし、下請労働者が直面し、今日まで苦しんでいる問題にどう対応するかという課題は、既出の労働組合のいずれによっても解決されないままである。より「幅広い」意味で「核技術の問題点を重視」しているのであれば、この問題も含まれていてしかるべきだった。しかし、どの組合も満足のいく形でこれらの点にアプローチしなかったようだ。それゆえ、最も苦しんでいる層――すなわち日本にいる数万人もの被曝下請作業員――の労働・勤務条件の改善のために立ち上がった組合員をより詳しく調べることが必要だと思われる。

2　原発下請労働者に対するさまざまなアプローチ

原発分会と齋藤征二

一九八〇年、四〇歳の時に、齋藤征二(5)は福井県敦賀原発（NPP）に勤務していた。母親ひとりの手で育てられ、齋藤と姉妹の一人は若くして働き始めた。親方と一緒に、日立、トヨタ、日産など多くの大企業の仕事をしながら、配管工としての技術を習得した。原発での最初の仕事は一九六九年の美浜原発第一原子炉での作業だ（齋藤 2012: 70-71）。美浜、大飯、高浜、玄海、そして最後に敦賀と数年間にわたりこの業界で働きながら、もともとは漁業・農業に従事していたがゆえに、原発については専門的な技能を持たない作業員の技術的な知識不足を齋藤は身をもって知った。彼らの多くは下請会社の従業員としてではなく、日雇い労働者として、いわゆる棒《ぼう》芯《しん》（親方）に雇われていた。齋藤は配管技術の変化と、日雇い労働者からサービス契約／下請労働への雇用の変化の結果を体験した。作業員は多くの場合、各種技能を有する労働者を採用するさまざまな企業別に雇われ、技能ごとに分割されていて、このプロセスは労働力の分離を意味した。原発では短期間で金を稼げるが、同時に作業員の多くはその大半をギャンブルですってしまうことも齋藤は目の当たりにした。

一九八一年に敦賀で事故が発生したとき、機密情報を知っていた齋藤は隠蔽に関わることを望まなかった。一九八一年五月八日の定期検査の時、齋藤は失職した。隠蔽との闘いを諦めなかった齋藤は、それを機に全日本運輸一般労働組合関西地区生コン支部原子力発電所分会を結成し、原発下請作業員のニーズを専門とする分会を立ち上げた（布施 2012: 156-162）。全日本運輸一般労働組合に紹介されたわずか二カ月後の一九八一年七月一日に、原子力発電所分会を立ち上げたのだ[6]。それからというもの、警察と暴力団が齋藤をマークし、嫌がらせをするようになった。できる限り早く彼を抑えこむ必要があったため、当然のことながら、攻撃は個人としての齋藤、そして反原発アジテーターの象徴としての齋藤の両方に対してなされた。齋藤の活動は原子力一般を否定するものではなく、そのため多くの反原子力活動家の支援はなかったにもかかわらず[7]、「原子力ムラ」の同志であるナワ・ハジメなどが彼の活動を支持した。雇用者は原発分会の要求が最終的に賃上げにつながり、さらにはストライキやサボタージュ行為のような深刻な労働争議に帰結する可能性を恐れ、この分会に強く対抗した。

齋藤と同志たちは複数の作業員と話をして不満に耳を傾けたのち、すぐに二〇項目の要求リストを作成した。

要求は大きく二つの部分に分かれていた。一つは、安定した生活のための要求からなり、職を失うことを日々恐れずにすむためのものだった。もう一つは、例えばより厳格な安全対策、よりよい定期的な健康診断、またはそれに伴う放射線防護(8)にかかる法令順守の要求などの労働条件の改善を求めた。斎藤が組合員として集めることに成功した一八二名は、全員が関電興業の第一～三レベルの下請会社の従業員であり、同社は日本原子力発電（日本原電）の筆頭請負業者だった。関電興業および日本原電の従業員による労働組合は連合（日本労働組合総連合）傘下で組織されていたが、当時はまだ原子力業界には下請け労働者とサービス契約労働者を対象とした労働組合は存在しなかった。(9)

労働組合の設立を公表したことで、エネルギー企業の関西電力と配下の支援勢力による攻撃が始まった。斎藤は分会長（section leader）として、同僚のナワ・ハジメとともにほどなく公開集会を開催し、敦賀で多くの労働者に語りかけると同時に、福島県小名浜などにも足を運んだ（藤田 1982: 39–40）。エネルギー企業の幹部と対決することになって斎藤がすぐに気づいたのは、中部電力の労働組合は比較的リベラルで協力的であるが、東京電力や関西電力はその対極にあることだった。彼らの演説は他の労働組合の組合員により録音され、活動家は広い範囲で尾行され、作業員の自宅に届いた手紙は開封されたと斎藤は報告しており、それゆえ「当時は私とナワだけが公然と活動していたが、私たちの活動は権力との闘いだった。警察、ヤクザ、そして企業のボスたちがわたしたちをつけ回していた」と断言している（斎藤 2012: 78）。これは斎藤の人生にさまざまな形で直接影響を及ぼした。

斎藤（2012: 75–80）は当時の数年間のことを後にまとめている。匿名の電話を受け、自宅の窓を割られ、仕事仲間は雇用主から斎藤の妻が経営するレストランで食事をしないよう圧力を受けた。九州・玄海原発で当時働いていた斎藤の父親は、玄海のある事務所で息子とナワの「指名手配ポスター」を見かけ、何をしたのだと斎藤を質《ただ》したという。斎藤とナワの写真は敦賀のほぼすべての会社事務所に貼られ、警察とヤクザは、文字通り全力で二人の組合活動を阻止しようとしたのである。こうした攻撃を受けながらも、齋藤は彼がいうところの「電力独裁企業」の権力の正体を学んだ。東京電力本社前のデモの最中には、同社の従業員が八〇〇〇枚のチラシすべてを没収した。また別の事例では、関西電力では投書箱を置いて匿名の苦情受付けが可能になったにもかかわらず、解雇を恐れて誰もこの提案を活用しなかった。代わりに、作業員は投書箱を灰皿として使ったという。原発分会が自分たちの要求に関する交渉を求めると、関西電力は最初は、交渉の要求を受け入れたが、齋藤の主張が実際に意味するところに気づいたとたん、文書を差し戻したという。

それでも、齋藤の活動は成果も上げた。一部の下請会社のボスは齋藤たちの要求を実施することに努め、それにより齋藤は勤務環境が少しずつ好転していると感じた。しかし齋藤が率いる原発分会は、内的な状況だけでなく、大半は外的な状況により、新しい二つの分会に分割を余儀なくされて、わずか二年で消滅した。齋藤が残した遺産はそれでもなお、低く評価されるべきではない。既存の労働組合内に、原子力産業における労働で最も苦しんでいる層の人々の支部を作り、彼らの生活と勤務条件を改善することは当時、対抗勢力にはよしとされなかったが、福島第一の事故の余波を受け、その重要性はますます高まっていった。原発下請労働者を苦しめている問題は依然として三〇年前と同じであり、三〇年以上も解決されないままだったことを明らかにした点で、齋藤の貢献はかけがえのないものだった。

原発被爆労働者救済センターと平井憲夫

平井憲夫（一九三七—一九九七）により一九九〇年に設立された原発被曝労働者救済センターについては、ごくわずかしか知られていない。残念なことに、平井の人生と活動は十分に記録されているとは言いがたい。しかし一部の文書により彼の履歴を復元することは可能である。資料の大半は、調査ジャーナリストの恩田勝亘により集められたものであり、著書『福島原発——現場監督の遺言』（2012）のなかで公表されている。３・11後に出版されたこの本は、恩田が平井と知り合った経緯をまとめ、作業員の権利のための主張だけにとどまらない、より多くの活動からなる平井の行動について記している。

平井は商業学校での勉強を断念した後、一九五六年に仕事を始めた。複数の化学企業に勤務したあと、一九七八年に日立の下請会社で働き始めた。配管技能一級または溶接作業の資格など複数の資格証明書をもっていたおかげで、平井はほどなく化学工場の建設地、その後は原子力発電所の建設地で現場主任になることができた。さらに後には、平井はこれらの施設で定期的に行われる検査中に原子力プラント内でも働いた。勤務経験のある原子力発電所は福島第一、福島第二、浜岡、敦賀、島根、東海であり[10]、一九八五年に原子力業界から退職しても、ナイジェリアの工場に派遣され、一九八八年十一月まで務めた。一九八〇年に平井が自ら目にしたことを公けに訴え始めたため、雇用主はナイジェリアへ派遣して、石炭火力発電所建設に従事させたのだ。

監督官として、平井は一九八〇年に管轄の作業員二名が作業中に高い放射線照射を受け、作業中に吸引していた正確な放射線量に関して長年知らされずにいたことを目の当たりにした。平井は検査結果のコピーを入手しており、一九八六年にこの「沈黙のカーテン」を破ることを決意して『週刊現代』に自分から接触し、恩田勝亘に面会した。恩田はそこで、この話の信憑性を証明したいと考え、高木仁三郎に相談した[11]。一九九七年一月二十五日の平井の葬儀で高木が回想したように、高木は連絡を受けても興奮せず、平井の話を聞いて衝撃も受けなかった。最初の印象は「またか?」(恩田 2012: 207 の高木の言葉)というものだったが、高木は後年になって平井の活動を高く評価することになった。

平井は被爆作業員の権利を支持し、支援を行うために、原発被爆労働者救済センターを立ち上げたが、それは平井の自宅アパートを事務局としており、いかなる労働組合とも提携していなかった。同センターは「労働災害補償訴訟を行う際に作業員の要請に対応し、支援を行う」ために設立された(恩田 2012: 203)。平井に実際に相談した作業員の数は不明だが、日本全国の被爆作業員が連絡を取ったことはまちがいない。これは平井の演説と数え切れないほどのイベントへの参加から見て取れるもので、その目的は常に、原子力発電所とは何か、日本社会にとってその存在は何を意味するのか、そして作業員はどのような状況下で働き、退職後にはどのような苦労が待ち受けているかを世間に知らせることだった。

三つの文書から、平井の原発産業のインサイダーとしての知識の深さを把握することができる。第一の文書は、一九八九年の重大事故発生後に東京電力を被告として福島第二の第三原子炉の停止を求めた訴訟で、平井が専門家として提出した一九九五年の証言である。[12] そこで平井はまず、自分が個人として同証言を行う資格を認められた理由を説明している。第二に、平井は原子力産業における雇用および就労構造の不適格性を明確にしている。第三に、どうしてそうした事故が起こりえ、さらには不可避ですらあるのかを例示してから、福島第二で実際に何が起きたのかについて実例を挙げて述べている。平井の知識が活用された第二の機会は、被曝を職業性疾患として初めて認定することになった訴訟だった。一九九三年に行った講演で後に回想しているように、プライバシーに関する理由から、平井はこの訴訟への参加について公けに語ることができなかった。当該作業員は一九七九年から八〇年に福島第一に勤務していたわずか一一カ月の間に約四〇 mSv の被曝をしていた。急性骨髄性白血病で一九八八年に他界した後、作業員の親戚が告訴し、一九九一年十二月二十六日にようやく彼の死が職業性疾患として認定されたのである（恩田 2012: 202-203; 原子力資料情報室 2017）。平井が残した最大にして、おそらく最も有名な遺産は彼が書き残した「原発がどんなものか知ってほしい」（ＰＫＯ法「雑則」を広める会 2003）[13] というテクストだろう。このテクストは平井が長年にわたり集積した深い知識を証明するとともに、勤務中と勤務後に原子力作業員が直面する多数の危険を彼がどれほど認識していたかを見事に示している。平井の死は一九九七年一月七日とされているが、自宅アパートでひとりで亡くなっているところを発見されており、実際には数日前に他界したものと推測される。残念ながら、平井が設立したセンターは後継者となる人材が見つからなかったため、その後閉鎖された。一九九七年から二〇一一年の期間は、原発下請作業員に対する直接的な責任を引き受ける支援組織が存在しなかったことから、原発労働者にとって暗黒時代と見なすことができる。倒れて忘れ去られた者たちのことを日本社会全体、特に労働組合とその他の活動家たちに思い起こさせるには地震と津波、そして福島第一の複合的なメルトダウンという災害を待たねばならなかった。二〇一一年の三重災害後に原発下請労働者のための組合による活動を再興させようとした多くの人たちの一人として挙げられるのが、タナカである。(14)

廃炉・除染関連労働者分会とタナカ

タナカはその人生において多くの荒波を乗り越えてきた。彼は一九六〇年に生まれ、大阪の――日雇い労働者の拠点の一つである――釜ヶ崎で育った。高校時代にはすでに二つの分野に関心をもっていた。一つは化学を中心とした科学、もう一つは政治関連の思想と行動主義である。長い職業人生において、タナカは多くの予想外の変更を伴う複数の学びの道を歩んだ。その驚異的な人生の歩みを端的にまとめ、不服従の精神はどこから生まれたのか、福島第一で働き始める前にどのような分野の仕事を経験したのか、そして最終的に福島第一内外の原発下請労働者のために闘う計画をどのように思いついたかを示すことにしよう。

タナカは大学をわずか三カ月で中退し、二〇代前半に二年間公務員を務めた。運転免許証を取得後、トラック運転手として、ある会社に勤めたが、この会社はヤクザが運営するものであることが後日わかった。この経験から、原子力産業で働き始めた時には安心していたと、タナカはのちに回想している。その後は大阪で港湾作業員として働いた。軽度の労災事故にあった際、会社はタナカを解雇した。そしてタナカは貿易取引を学ぶために別の養成学校に通い、英語を勉強してクレーン運転士の資格を取った後、ニカラグアで働くために同地に出立した。左派思想への傾倒から、ニカラグア革命でサンディニスタ・ゲリラを支援したいと考え、現地で働くためにニカラグアへ赴いたのだ。しかし、査証（ビザ）の問題で数カ月後には日本に帰国しなければならなかった。その後ほどなくして、一九八七年には東京の大学にあらためて入学し、卒業すると、東京の職業訓練学校で空調関連の講師になった。そこで働きながら、続けて三つの夜間学校の講座を履修した。第一は電気工学、続いて建設工学、そして最後にＣＦＣ（クロロフルオロカーボ）に重点を置いた化学である。勉強のかたわら、タナカはほどなく研究助手、そして就職希望の卒業生向けのアドバイザーになった。加えて、司書になるための資格も取得した。その後、針灸を学ぶ学校に通い、医学一般に興味を惹かれ、看護師になった。大学病院の看護師になるため、当時勤務していた東京の管理部門での仕事を辞し、後にリハビリセンターへ移り、続いて五〇歳で刑務所の指導員兼用務員になった。二〇一一年二月、この仕事を退職しようとしていた時に三重災害が発生したため、同年四月まで勤務を継続した。最終的に、二〇一二年一月に東京電力（ＴＥＰＣＯ）のＪビレッジ[15]に看護士として採用された。同施設でのシフト勤務に加えて、二〇一二年四月からは福島第一原発の救急処置室で働き始めた。

かねてよりタナカは、原子力産業の作業員であるだけでなく、複数の活動団体の非常に精力的なメンバーであった。一九七〇年代末の学生運動の余波に同調し、積極的に参加するとともに、道路建設や焼却工場建設の反対運動を行った。しかし、原子力産業に関する最初の体験は、まだ彼が高校生の時のことだった。関西電力（ＫＥＰＣＯ）から福井県美浜原発の学生見学ツアーに招かれ、どれほど多くの資金が――タナカの考えによれば――若い学生を洗脳するために投じられているかを知って強い印象を受けたのである。原子力についてさらに学んだのち、タナカは高速増殖炉もんじゅの建設に反対する抗議活動に参加した。タナカはスリーマイル島と、その後にチェルノブイリで起きたことに関心があり、原子力に関連する危険を認識していた。福島第一で働き始めたタナカは、下請け会社で働き、自分のように東京電力の従業員になるほど幸運ではなかった層の勤務条件を知り、新たな視野を開かれた。タナカの一貫した批判的な態度と弱者のための努力は二〇一二年十月一日に頂点に達した。同僚の一人でフリーター全般労働組合（ＰＡＦＦ）[16]のリーダー山口素明とともに、タナカは同日、フリーター全般労働組合福島廃炉・除染関連労働者分会の設立を発表するための記者会見を企画していた。

タナカはこの記者会見のために準備した資料を私に提供してくれた。それによれば、この団体の目的は「福島の廃炉・除染に関わる作業員の尊厳を守る」ことであることがわかる。設立宣言では、福島の作業員の多くは生計のためだけではなく、自分たちの義務、責任、そしてプライドのために働いていることが明言されている。加えて、彼らは多くの作業員の生活と労働条件が劣悪であることも十分に認識していた。記者会見直後に東京電力に提示される予定だった同社との集団交渉のために準備された書面には、実現されれば多くの面で改善につながるはずの非常に具体的なポイントが列挙されていた。記者会見用の改訂版原稿の質疑応答リストでは、彼らの上位にあたる労働組合との提携はないこと、またプライバシー上の制約からメンバーの数は公表しないことを主張し、さらに多くの労働者派遣会社からなる下請構造が廃止されるべき根本的な問題であることを明確に示している。

特に最後の主張は、齋藤が三十年前に、また平井が十五年前に要求したことと同じである。それでもフクシマ後は状況が異なり、タナカたちは原子力の問題に対する立場を決める必要があった。彼らは反原子力の姿勢を取り、「原子力発電所のさらなる建設に反対し、既存の原発の再稼働にも反対である」と宣言した。加えて、考え方の異なる作業員を受け入れたとしても、原発作業員になる際に基本的人権は最低でも保証されることを求めている。一方で、福島第一と汚染地域における除染および廃炉作業は実施する必要のある仕事だと認めており、彼らに最後に残された問題点は、いかなる状況下において作業に従事するかということであった。準備は万全だった。プレスリリース、記者会見用のスピーチ、活動を通じて進めたい要求のリスト、東京電力との集団交渉に持ち込みたい項目の長いリスト。しかし残念ながら、この記者会見は中止を余儀なくされた。予定日のわずか数日前のことだ。この重要な試みに携わった原発労働者二名の間で意見が合わず、計画を放棄することになったのだ。

二〇一三年三月にこのプロジェクトが頓挫すると、タナカは福島第一のある地方自治体の首長選に出馬した。原発作業員への評価の向上と安全基準の改善を求めたものの——あるはそのせいで——タナカは落選した。選挙活動のチラシに掲載されたスローガンはタナカの姿勢を象徴しており、それは以下のような文面であった。「真の文明は山を荒らさず、川を枯らさず、村を被爆させたり、人間を殺処分したりもしない!」じつはこれらの文章はタナカではなく、田中正造のものなのだ。(17)この田中の言葉は、原発作業員にして活動家のタナカが首長に当選した暁にはモットーにするはずのものだった。だがこの出馬により、タナカは以降、福島地方で仕事を見つけることができなくなった。二〇一三年二月には、福島第一できわめて地位の高い放射線取扱担当官になる機会を与えてくれる第一種放射線取扱主任者の資格を取得したにもかかわらず、すべての仕事のオファーは取るに足らない理由により結局は撤回された。

タナカが原子力業界に短期間参入したのは、長い人生の道のりの結果だった。福島第一で当時多くが望まなかった仕事である看護師として働くための努力は、さまざまな要因によって悪い方向へ進んだことは明白である。まず、タナカ自身の経験と政治的姿勢が指示におとなしく従う原子力労働者になることを妨げた。第二に、体験した諸問題に対するアプローチの方法によってタナカは好ましからざる人物(ペルソナ・ノン・グラータ)と見なされ、そのために何か変化を起こす前にその業界から去らなければならなかった。これは三〇年前に齋藤に起きたこととよく似ている。タナカは原発下請労働者のための労働組合は設立できなかったが、原子力ムラに反対する主張を思い切って行った者に起こるうることを示すもう一つの実例となった。タナカの政治活動に多かれ少なかれ懸念をもつ複数の企業、さらには地方自治体系の雇用主に拒絶され、タナカはこの教訓をじかに学び、やむなく東京へ戻ってきた。福島で働き、この荒廃した地区をきれいにする労働者の一翼を担うという夢は断念するほかなかったのである。

フクシマ原発労働者相談センター——収束・廃炉・除染

タナカの試みは失敗しても、それでその他の活動団体による原発下請労働者の支援への尽力が止まるわけではなかった。(18)その多くは彼ら自身の闘争を続けた。そのなかには、郡山を拠点とする全国一般福島連帯労働組合福島支部があり、いわき市[19]の市会議員渡辺博之[20]のような地元政治家だけでなく、被曝労働を考えるネットワーク[21]、科学者による団体（長崎県立大学のフジタ・ユウコ）、各種団体の活動家（ＣＮＩＣ、たんぽぽ舎、一部の労働安全事務局）、弁護士、組合員、元原発労働者（齋藤征二）さらには医師もいた。

活動家のなすびは、東京・山谷で一九八六年から日雇い労働者のための活動に携わり、事故後すぐに福島原発事故緊急会議被曝労働問題プロジェクトのメンバーになり、後に被曝労働を考えるネットワークのメンバー三五名の一人となった。山谷での活動を通じて一九九八年に原発労働者と接触していたが、なすびと仲間たちはこのテーマの深刻さを認識し、労働環境をさらに調査するのは断念したと、二〇一二年八月になすびは記した。その記述は以下の通りだ。「現在、この原発災害の責任、そして未曾有の被曝量に作業員を直面させている労働条件を生み出した責任は私たちにのしかかっている」（なすび 2012）。結果として、二〇一一年十月に緊急会議に参加するとともに、『被曝労働自己防衛マニュアル』の執筆に協力し、後に労働者に配布して被曝ならびに相談所に関する情報の提供を目指した。なすびは次のように結論づける。

> 私たちは福島の作業員をめぐる状況に長いこと無関心だった。一九九八年の私たちのアプローチは寄せ場に限られたものであり、寄せ場を超えて広がることはなかった。この国の下流労働者の構造的な現実をしっかり認識していれば、山谷と福島を具体的に結びつけ、相互に交流する運動を形成できていたはずだ。（なすび 2012、Japan Fissures 訳）

被曝労働を考えるネットワークは、全国規模の活動を目指す最初の活動主体の一つだった。それでも、福島におけるメルトダウン以降、原発労働者の人口は福島第一原発周辺に集中している。そして、多くの労働組合およびその他の主体の活動も現在、この地域に集中している。困難な時期に、さまざまな労働組合と活動主体が原発作業員を支援するためにどのように協力し、実践的な解決策を見つけたかを示す一例となるのが、二〇一五年二月六日に設立された福島原発労働者相談センターによる収束・廃炉・除染への取り組みである。

同センターのホームページ（社民党いわき支部 2015）および、いわき市市議候補者である狩野光昭代表のホームページの分析は、その活動の簡単な概要を提供する。このセンターには二つの事務所がある。一つはいわきの日本社会民主党／社民党事務局内に、もう一つはいわき自由労働組合の事務所内にある。彼らは考えるネットワーク、弁護士、医師、郡山の地元生協（生活協同組合・あいコープふくしま）、全国一般労働組合全国協議会、原子力資料情報室、ヒバク反対キャンペーン、ひらの亀戸ひまわり診療所、きらり健康生活協同組合、そして東京労働安全衛生センターと協力している。ホームページはいわき市にある社民党事務所をホストとし、組織代表はいわき市議会議員の狩野光昭（社会民主党）であることから、この政党のイデオロギーが支配的であることは明らかだ。福島県双葉地区原発反対同盟の石丸小四郎代表、ならびにいわき市の社民党市議会議員である上壁充はこのセンターが擁する正式顧問二名とされている。ここからは、一方でできる限り多くの問題を対象とするためにさまざまな活動主体を最大限取り込もうと努めながら、他方ではこのセンターを社民党の傘下におくことにより、それ以外の政党や労働組合など他の活動主体が一緒に行動することを妨げていることがわかる。

しかし、このセンターが目指す狙いは先述した先人たちと同じである。センターの目的は次のように説明される――。

その労働は過酷なものであり、たびたび報道され社会問題になっていますが、問題となっても改善は一過性のものであり、法令違反・雇用形態や労働条件・被ばく対策・健康管理・賠償問題など、諸問題の抜本的な改善が必要不可欠と言われています。しかし、東京電力と国の姿勢には全くその改善がみられません。

(http://www13.plala.or.jp/iwakisyamin/)[22]

このセンターは、異なる活動主体のネットワークを基盤としており、その点によりこのイニシアティヴは先人たちと差異化されるが、業務に関して五つの異なる方向指示を設定している。個人的な問題に関するカウンセリング、雇用主および経営部門との交渉、地域共同体と相互交流のための会合、労働条件に関する調査・勉強会・刊行物、そして最後に福島第一だけでなく福島第二の稼働停止のためにも尽力していくことである。センターでは労働者を集め、こうした提案を認識させるために、ウェブサイトを通じて潜在的な職業性疾患および労働条件に関する問題、そして原発労働者の問題を解決する方法について情報を提供している。現在まとめられる範囲でいうならば、一政党の傘下におかれたこのネットワークには、専従を置き、反原子力という姿勢を明確にしているというプラス面がある一方、イデオロギーの対立により他の政党の党員および活動家の参加を排除するなどのマイナス面を伴う。

3　まとめと展望

さまざまな事例を概括することにより、複数の側面が明らかになった。第一に、批判と批判的思考は常に原子力産業にかかわっている労働組合、そして原発（下請）労働者の人生の一部であったことが示されている。第二に、原子力ムラの関係者は現在に至るまで、批判的な意見を沈黙させ、オープンな批判が労働者の状況改善のための実行可能かつ公認された手段になることを妨げる雰囲気を醸成することに成功してきたことがわかる。最後に、少なくとも最初の三件の事例は、労働者が関心および批判を公表すればかならず苦境に陥ることを示している。例えば、彼らは自分の行為が招く結果をしっかり考えて、最終的に仕事を続けるか、信念に従うかの選択を迫られる。望ましいのは、最後に紹介したセンターが長く継続することだ。

本稿では、原子力産業における雇用構造が一九七〇年代末に変化した際に、多くの作業員が取り残され、誰からも代弁されなくなったことを示した。その結果として、支援制度の実現に向けて三つの方法がこれまでに試みられた。第一に、齋藤征二およびタナカの努力に見られるように、作業員の一部が既存の労働組合内に新たな支部を設立することにより耐え難い現状を変えようとした。もう一つのアプローチは、平井憲夫の事例が示すように、原発下請労働者を支援する外部組織を探し出すことだった。そして、最後の事例では最新のトレンドが示された。例えば労働問題が生じた時には、既存の労働組合は作業員からもはや最優先されず、新しいアプローチは単一の組織よりむしろ、異なる活動主体とそれぞれの専門性を再結合し強化する、サポート・ネットワークを構築するものであるようだ。残された問題は、統轄組織が政治政党であることに問題はないのか、あるいはすべての専門的知識を集合させた活動団体が代表を選んで、例えば統轄組織を形成すれば、このアプローチの有効性は高まるのではないかという点だ。このネットワークを基盤にしたアプローチでは、全国規模で活動しながら、さらに一つの主要な問題を解決できるよう図ることが可能だ。この業界内において下請レベルで働く労働者の多くはさまざまな原発に勤務しているが、それは彼らには安定した住居がないことを意味する。これによってやはり不可能とは言わないまでも難しくなっているのが、持続的に組合活動を行うことなのであり、その活動は現在まで特定の地域にほぼ限定されている。公平な観点から見て、ここで紹介したのは代表組織の事例であり、原発下請労働者については派生的にしか取り上げられなかった。より広い範囲の下請作業員を対象として考察し、本稿では取り上げることのできなかったその他の組合型および非組合型の活動が存在する可能性について考えることは検討に値する。

冒頭の高野長英の引用に戻ろう。いくつかの考えが脳裏をよぎる。時代は変化し、もちろん政治的および社会的状況は過去一八〇年間でとてつもない変遷を経てきたとはいえ、見過ごせない継続性は存在する。どんな政治的あるいは社会的環境においても覇権的な秩序が脅かされれば、支配権力は多くの権力手段を用いて自分たちに利する現状を確保し、安定させようとする。一八三八年に長英は幕政を批判し、逮捕され、最後には殺されるという結末を迎えなければならなかったが、それは勇気ある行為であり――見方によっては――利他主義的な行為、見方をかえれば軽率な行為ともいえるだろう。同じく、現代では社会のその他の活動主体と強力な相互関係を結んでいる原子力産業のような権力を公然と批判することも、大変な勇気を要する。前述のように、そうした者の生活が当局に直接脅かされることはないにしても、その人生はやはり何らかの形で直接または間接に影響を受けかねない。ただ一点だけ確かなことは、原発下請労働者が後退することなく、自分たちの権利を守り、あるいは新たな権利を主張しなければ、その生活と労働条件がよりよい方向へ大きく変化することはないということだ。

参考資料

安齋育郎・井沢庄治・出井義男・岩尾裕純・斉藤征二・滝田一郎・安田至誠（1983）「被曝労働と原子力発電（上）」『日本の科学者』18（2）: 4-15。

藤田庄市（1982）「他人の痛みをわが痛みとした労働組合づくり３」『賃金と社会保障』838: 19, 39-41。

FUJITA, Wakao（1974）"Labor Disputes," *Workers and Employers in Japan: The Japanese Employment Relations System*, edited by Kazuo Ōkōchi, Bernard Karsh, and Solomon B. Levine, pp.309-360, Princeton, N.J.: Princeton University Press.

布施祐仁（2012）『ルポイチエフ――福島第一原発レベル７の現場』岩波書店。

原子力資料情報室（2017）「原発被曝労働者の労災認定状況等：二〇一七年九月現在」URL: http://www.cnic.jp/wp/wp-content/uploads/2017/09/f22de27417a3d8e9f18c6090b7880606.pdf。

GORDON, Andrew（1985）*The evolution of labor relations in Japan: Heavy industry, 1853-1955*, Cambridge, Mass: Harvard University Press.

被ばく労働を考えるネットワーク（2012）『原発事故と被曝労働』三一書房。

本田宏（2005）『脱原子力の運動と政治――日本のエネルギー政策の転換は可能か』北海道大学図書刊行会。

本田宏（2012）「原子力問題と労働運動・政党」大原社会問題研究所編『日本労働年鑑』旬報社、pp.67-99。

KAWANISHI, Hirosuke（1992）*Enterprise unionism in Japan*, London: Kegan Paul International（Japanese studies）.

益子純一（1995）『検証レッドパージ――電力産業労働者の闘いと証言』光陽出版社。

なすび（2012）“Challenging the Issues Around the Radiation-exposed Labor That Connects San'ya and Fukushima ― Toward a Revival of the Underclass Workers' Movement”〔山谷と福島を結ぶ被曝労働問題への取り組みと下層労働運動の再生〕. URL: https://jfissures.wordpress.com/2012/08/31/sanya-and-fukushima/

西尾漠（2017）『日本の原子力時代史』七つ森書館。

恩田勝亘（1986）「緊急提言　原発計画を凍結せよ③　元現場責任者が衝撃の証言――東電福島原発で《隠された》従業員の大量被曝があった！」『週刊現代』五月二十四日。

恩田勝亘（2012）『福島原発――現場監督の遺言』講談社。

ＰＫＯ法「雑則」を広める会（2003）「原発がどんなものか知って欲しい――平井憲夫さんのお話」『アゴラ』286: 23–47。

RICHTER, Steffi（1998）“Prolog: Dreidimensionalität des Intellektes oder: “starke” und “schwache” Intellektuelle in Japan,” Steffi Richter ed., *Lesebuch III: Intelli*, 11–31, Japan-Lesebuch 3, Tübingen: Konkursbuch-Verlag Gehrke.

労働争議調査会（1957）『戦後労働争議実態調査――電産争議』中央公論社。

齋藤征二（2012）「過酷な作業を素人が担う原発――二〇項目要求で組合を立ち上げた経験もふまえて」『「最先端技術の粋をつくした原発」を支える労働』学習の友社、pp.69–95。

社民党いわき支部（2015）「フクシマ原発労働者相談センター――収束・廃炉・除染」URL: http://www13.plala.or.jp/iwakisyamin/

清水英介（1978）「電力労働者の反原発闘争――電産中国における職場闘争と反原発の結合」『新地平』50: 102–15。

鈴木玲（2012）「原発推進派、反対派の労働組合は何を主張したのか」『大原社会問題研究所雑誌』647: 15–34。

SUZUKI, Akira（2016）“Japanese Labour Unions and Nuclear Energy: A Historical Analysis of Their Ideologies and Worldviews. Journal of Contemporary Asia,” 1–23. doi:10.1080/00472336.2016.1178321.

TABUSA, Keiko（1992）“Nuclear Politics: Exploring the Nexus Between Citizen's Movements and Public Policy in Japan,” Dissertation, Columbia University.

高野長英『夢物語』http://www.city.oshu.iwate.jp/syuzou01/book/yume3.html

タナカ（2016）F・ヤヴィンスキによる聞き取り調査。二〇一六年六月、東京。

TANAKA, Yuki（1988）"Nuclear power and the labour movement," *The Japanese Trajectory*, edited by Gavan McCormack and Yoshio Sugimoto, 129–146, Cambridge: Cambridge University Press.

渡辺博之（2011a）「原発労働者の下請け構造――いわき市の生活相談から」『経済』12: 46–51。

渡辺博之（2011b）「原発労働者はいま」『女性の広場』11: 36–39。

渡辺博之（2012a）「現場からの報告」日本弁護士連合会（編）『検証原発労働』岩波書店、pp.52–63。

渡辺博之（2012b）「派遣、ピンはね、箝口令――民主化が求められる原発労働」『学習の友』編『「最先端技術の粋をつくした原発」を支える労働』学習の友社、pp.29–68。

注

（1）高野長英の原文は、「乙ノ人曰是ハ国家御政事ノ義故中々愚昧賎民杯ノ申上候事ニ非ス候ヘトモ蒭蕘ノ言モトル事アルノ古言ニ候得ハ恐多クモ愚按ヲ可申上候」（高野長英『夢物語』）。
（2）情報提供者の個人的安全を確保するため、氏名およびその他の個人情報はすべて伏せた。
（3）詳しい情報は、本田（2005, 2012）またはTABUSA（1992）を参照のこと。
（4）現存する企業の中国電力（CEPCO）は五県を管轄し、島根県で原子力発電所一カ所のみを運営している。
（5）原子力発電所作業員第一世代の代表である齋藤征二に関する記述はすべて、齋藤自身により、一九七〇年代または八〇年代、あるいは福島第一の災害後に執筆された記事によるものである。
（6）正式名称は全日本運輸一般労働組合 関西地区生コン支部（安齋ら 1983: 67; 西尾 2017: 79）。
（7）TANAKA Yukiは一九八一年八月の広島における世界平和会議（World Peace Conference in Hiroshima）で齋藤と面会後、その「原子力発電所に対する基本的な容認〔…〕は原発分会の活動を根本的に反原子力市民組織とは相容れないものにしている」、さらに「同会議後、組合員は彼らの参加は基本的な同会議の理念と原発分会の方針との「相違を深める結果になった」と認めざるをえなかった」と記した（TANAKA 1988: 138）。
（8）このリストの翻訳版はTANAKA（1988: 134–35）にて閲覧可能。
（9）日本において、またその他のほとんどの核保有国でも、原子力産業は多層的な下請会社からなる構造で組織されている。例えば、最上位の被雇用者は比較的社会的に安定し、報酬もよく、一方で下位の雇用レベルでは社会福祉の基準および所得はより低い。

(10) 興味深いことに、恩田(2012: 256, 原典・恩田 1986)は一九八六年、平井に関する最初の記事で、平井は「原発銀座」で働いていたと書いた。最近では通常、福井の原発を指して使われる用語である。いずれにせよ、一九八六年には核エネルギー全体の三七%は福島第一および福島第二で稼働中の原子炉一〇基で生産されていた。

(11) 高木仁三郎(一九三八―二〇〇〇)は核化学分野の准教授を務めていたが、職を辞して民間科学者になり、一九七五年に原子力資料情報室を設立した。詳しい情報は http://www.cnic.jp/takagi/english/(英語)または http://www.cnic.jp/takagi/life/index.html(日本語)を参照。

(12) この証言は恩田(2012: 164-88)で閲覧可能。

(13) 平井の講演に出席した団体PKO法「雑則」を広める会の活動家たちがこのテクストを平井の死後に編纂した。さらに二〇〇〇年四月に会誌『アヒンサー』、二〇〇三年に再び『アゴラ』に掲載した後、オンラインで閲覧できるようにした(http://www.iam-t.jp/HIRAI/pageall.html)。このテクストは英語、ドイツ語、ロシア語、そして韓国語に翻訳されている。

(14) タナカに関する情報をオンラインで見つけるのは、当人の本名を使えば難しくないと思われる。しかし、私は二〇一六年の聞き取り調査で、タナカの事例に関しては仮名を使用して執筆すると約束した。したがって、本稿で提示されたすべての情報は私自身の聞き取り調査の資料、およびタナカから提供された追加文書に基づいている。すべての情報はタナカ(2016)から入手した。

(15) Jビレッジはもともと東京電力の資金提供によるサッカーのトレーニング施設であり、福島第一の事故後に原発労働者全員を対象としたある種のベースキャンプとして使われた。福島第一の約二五キロ南に位置し、災害直後にはすべての原発労働者は福島第一に行く前にこの施設を経由しなければならなかった(その期間は二〇一一年三月十五日―二〇一三年六月三十日)。

(16) PAFFは「パート、アルバイト、フリーター、外国人労働者」(Part-timers, Arbeiter, Freeter and Foreign-workers)を意味する。詳しい情報は http://freeter-union.org/ 参照。

(17) 田中正造(一八四一―一九一三)は、足尾銅山により引き起こされた環境災害について国会で初めて問題提起した明治時代の国会議員である。

(18) 二〇一六年七月の筆者との聞き取り調査では、彼らは災害直後に支援を開始したが、一方でこのテーマに関する知識不足に気づき、また他方で接触してくるこれらの作業員を助ける能力の欠如という問題は非常に複雑であったと報告した。

(19) いわき市は福島第一の事故後に導入された二〇キロ圏内の立入禁止区域に近い都市の一つである。原発で働く多くの労働者は同市内または周辺で生活し、そこから出勤する。

(20) 渡辺博之（一九六五年生れ）は日本共産党党員。災害後すぐに複数の記事（渡辺 2011a, 2011b, 2012a, 2012b）と、さらにブログで自身の活動について報告した（http://jcphiro.exblog.jp/）。

(21) このネットワークは二〇一二年十一月に設立され、ほどなく『原発事故と被爆労働』を出版した（被ばく労働を考えるネットワーク 2012）。

(22) http://karino-m.jp/

震災と外国人マイノリティー
——阪神淡路大震災と東日本大震災を比較して

松田利彦

1 阪神淡路大震災・東日本大震災と定住外国人

二〇一一年の東日本大震災においては、阪神淡路大震災（一九九五年）に比べ、在住外国人についてのメディア報道は明らかに少なかった。阪神淡路大震災においては、外国人住民の被災状況や日本人との共生などがたびたび新聞で報道された(1)。これに対して、東日本大震災では在住外国人関連の報道としては、「日本を離れる／捨てる外国人」という視角のものが目につく程度だった(2)。

この理由としては、東北地方ではそもそも外国人住民(3)の数が相対的に少なかったことが指摘できる。外国人登録者数について見ると、東日本大震災において最も震災による被害が大きかった三県（岩手・宮城・福島）合計で三万三六二三人であったのに対し、阪神淡路大震災時の兵庫県では約一〇万人だった。また、その分、被災者に占める外国人の比率にも差が生じている。厚生労働省の発表した二〇一一年の人口動態統計によれば、東日本大震災による死亡者数は一万八八七七人、このうち外国籍の死者は四一人であり（中国一六人、韓国・朝鮮一五人、フィリピン四人、米国一人など）、住民全体に占める割合は約〇・二％だった。他方、阪神淡路大震災においては、死者に占める外国人比率は三・二％と高く、外国人集住地区の神戸市中央区に至っては一二・一％の高率に達した(4)。

しかし、両震災被災地における定住外国人には単に規模の大小に還元できない、構造的な差異もあり、それは日本社会における外国人マイノリティーのあり方を考える重要な問題を示唆しているのではないか——これが本稿の問題意識の出発点である。

本稿では、まず、東北被災三県と兵庫県における外国人住民の構成が異なっていることを明らかにし、次にそれにもとづき、東日本大震災における在住外国人の動きを、特にエスニック・ネットワークのあり方と関連づけながら検討したい。

2　日本における外国人マイノリティーの形成過程

(1)　在日外国人人口推移の「二つの山」

歴史的に見ると、在日外国人住民の形成には、一九三〇~四〇年代と一九九〇年以降という二つの大きな山があった。図1に示したように、外国人人口の絶対数においても、総人口に占める割合においても、この二つの時期に大きな伸びがあった。第二次世界大戦以前から日本に住む外国人とその子孫はオールドカマー（オールドタイマーという用語を用いる研究者もいる）、一九九〇年代以降に渡日した外国人はニューカマーという名で一般に呼ばれている。東北三県と兵庫県では在住外国人の構成が大きく異なっているが、それはこのような歴史的背景を反映していることをまず確認しよう。

近代日本において外国人（戦前については植民地から来た「内地」在住の朝鮮・台湾人を含む）の人口および総人口比の急増が最初に見られたのは、一九三〇年代後半から一九四五年の時期である。第一次世界大戦後に工業化・都市化が進展し労働力需要が高まったことを背景に、朝鮮人はすでに一九二〇年代から日本「内地」に流

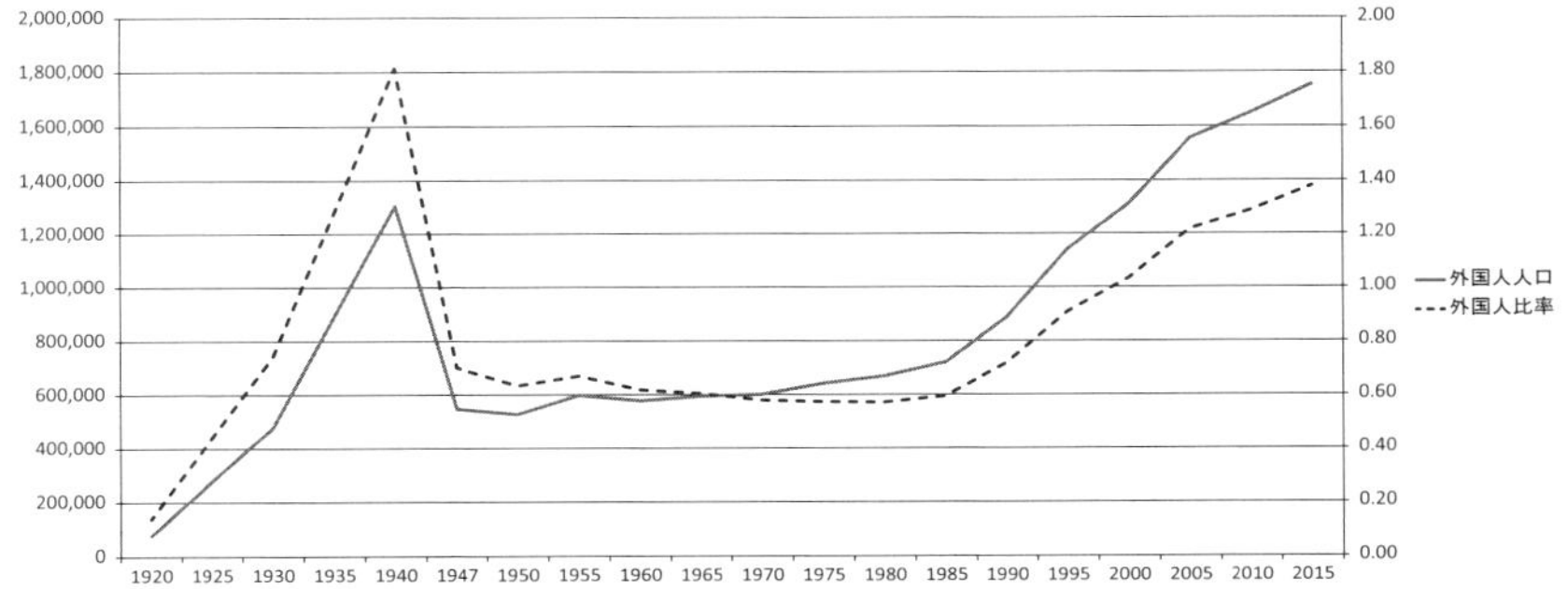

図1　外国人人口と総人口比：全国（1920-2015 年）

出典：田村紀之「植民地期在日朝鮮人人口の再推計」(1)〜(3)（『経済と経済学』第 88 号〜第 90 号、1998 年 12 月〜 1999 年 12 月）、内閣統計局編『日本帝國統計年鑑』各年版、法務省『出入国管理統計年報』各年版、法務省編『在留外国人統計』各年版、入管協会『在留外国人統計』各年版より作成。以下の各表も同様。

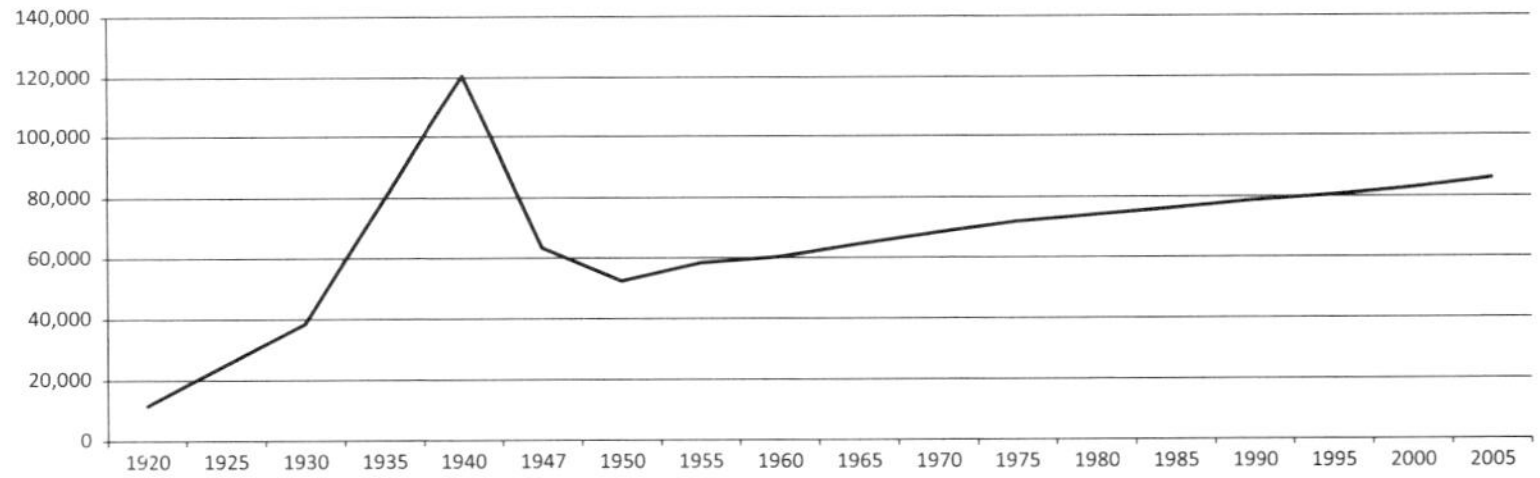

図2　外国人人口：兵庫（1920-2015 年）

出典：図 1 に同じ。

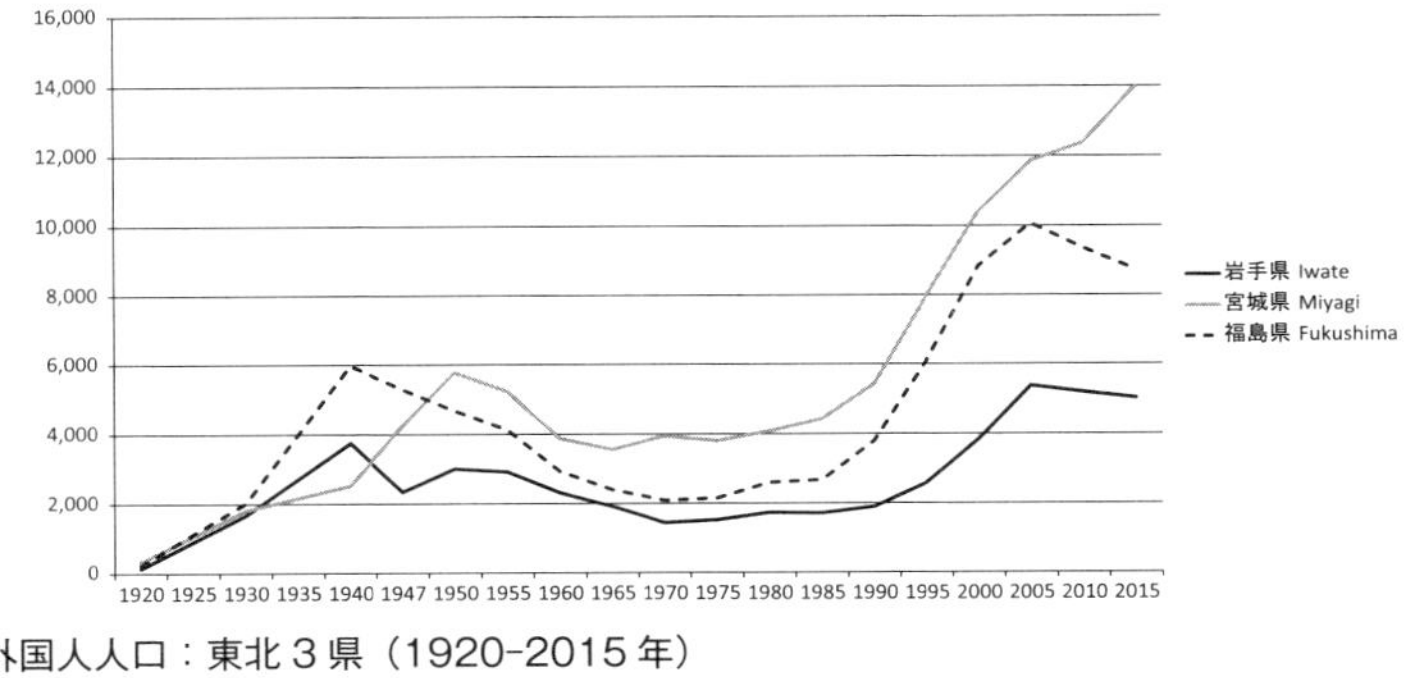

図3　外国人人口：東北３県（1920-2015 年）

出典：図 1 に同じ。

入していた。さらに、日中戦争、第二次世界大戦にともなう国内労働力の不足を補うための朝鮮人・中国人の強制労務動員（いわゆる強制連行）によって、外国人労働者数は大きく増えた。そして日本敗戦後、主には朝鮮人の朝鮮半島への帰国によって外国人人口は急減する。

ところが、一九九〇年代以降今日まで、外国人人口は再び増加傾向を示している。日本の少子高齢化、グローバリゼーションを背景に、入国管理法が一九九〇年以降数次にわたり改正された。これによって、外国人労働者の受入範囲が熟練労働者から非熟練労働者に次第に拡大し人口も増加しつつある。

長期的な在住外国人人口の推移を比べると、兵庫県は、戦前の〝第一の山〟における増加が大きい（図2）。これに対して、東北被災三県（岩手、宮城、福島）は、むしろ戦後の〝第二の山〟における人口増加が顕著である（図3）。

オールドカマーとニューカマーは歴史的形成過程のみならず居住地域も異なる。韓国・朝鮮、中国をルーツとするオールドカマーが多数を占める兵庫県においては、そのモビリティは高くなく、都市集住型である。他方、東北三県の場合はオールドカマーとニューカマーの混成居住地域となっており、外国人住民は後述のように農村部を含め広い地域に散住している。

（2）東北三県におけるニューカマー

東北地域におけるこのような外国人住民の特徴は、国籍や在留資格、居住地域に現れている。

第一に国籍について見てみれば、震災直前の兵庫県では、韓国籍・朝鮮籍・中国籍が八〇％以上を占めていた。全国的にも有数の外国人の集住地域で、兵庫県の総人口のうち一・八％が外国籍をもつ住民であった。

図4は、阪神大震災直前（一九九四年）における兵庫県の国籍別外国人登録者数である。比較のために同年の全国における国籍別外国人登録者数もあげておく。主にオールドカマーから成る韓国・朝鮮籍住民は、当時、全

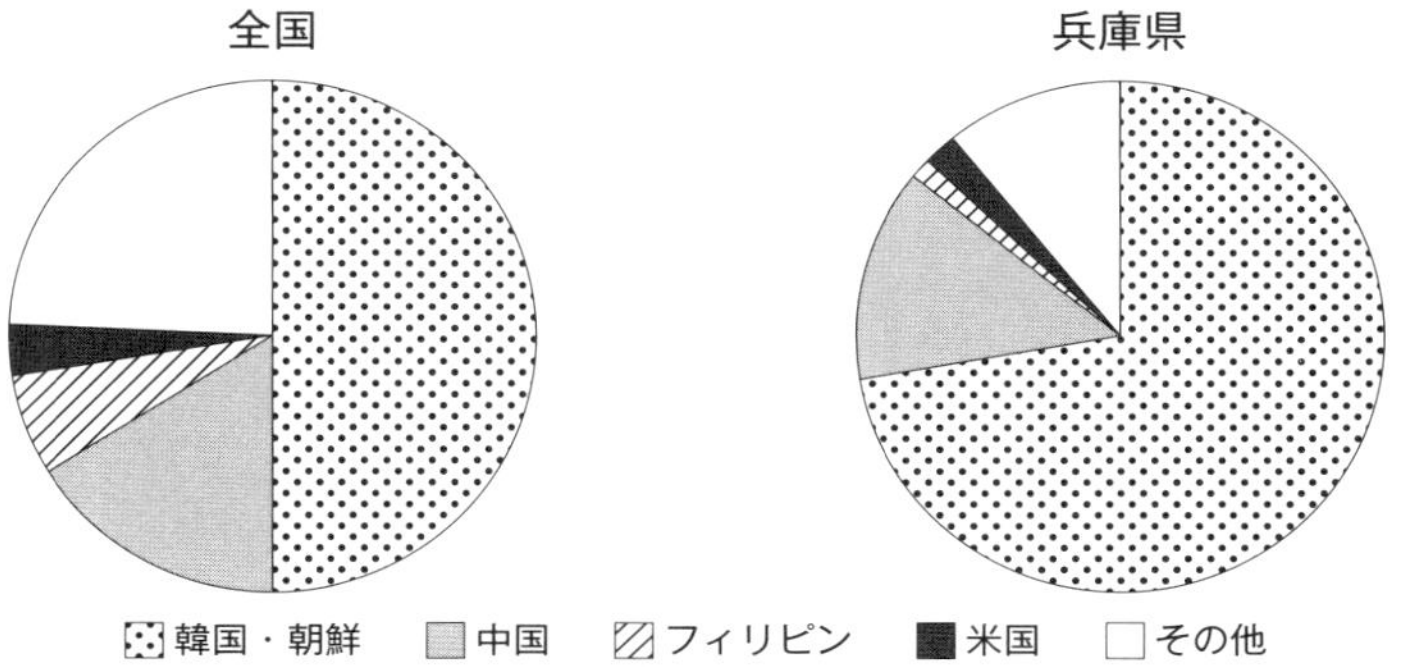

図４　全国および兵庫県における外国人登録者（国籍別、1994 年）

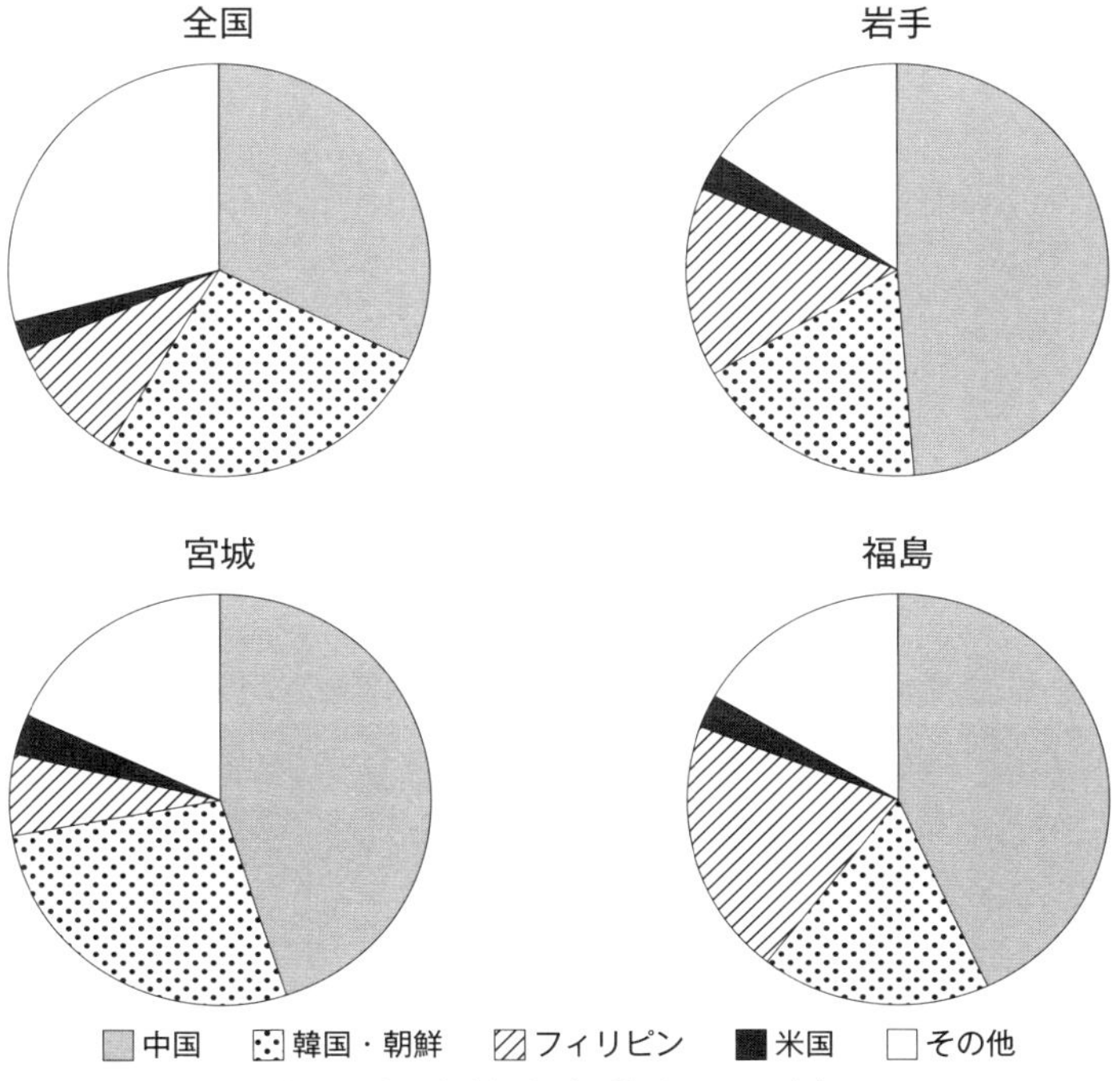

図５　全国および東北３県における外国人登録者（国籍別、2010 年）

国的にも外国人登録者のなかでもっとも高い比率を占めていたが、その傾向は兵庫県ではより際立っている。

他方、東北三県ではかなり様相が異なる。東北地域の外国人の特徴は、第一に、日本全国のなかでも定住外国人の数が少ないことである。震災以前の二〇一〇年十二月現在、東北被災三県の外国人登録者数は、全部で三万三六二三人だった。各地域の外国人が占める人口比率は、宮城県が〇・六九%、福島は〇・五六%、岩手は〇・四七%であり、日本の総人口に対する国内外国人登録者数の比率（一・七%弱）に比べるとかなり低い比率と言える。中国籍および韓国・朝鮮籍が上位を占めるが、フィリピン籍も多い。図5に見るように、特に岩手・福島両県では、ニューカマーのフィリピン人の比率が高い。

第二に、在留資格という点では、主にオールドカマーの在留資格である「永住者」「特別永住者」の割合が、兵庫県では七六%と圧倒的に高い（図6）。これに対し、東北三県では、「永住者」「特別永住者」の比率は「専門的職業」「技能実習・研修」「留学」「日本人の配偶者」などのニューカマーの割合と拮抗している（図7）。被災三県における外国人の在留資格を見ると、永住者（特別永住者を含む）が九四三三人で最も多く、その他に日本人の配偶者が三九四七人、定住者が一三七二人、留学が四四一一人、技能実習が三〇六一人などとなっている。

なお、「技能実習」とは、一九八一年に在留資格に加えられたもので、諸外国の青壮年労働者を一定期間産業界に受け入れて、産業上の技能などを修得してもらう仕組みとされている。在留期間は最長三年間である。特に二〇一〇年の出入国管理法改正以前は、技能実習生に日本の労働関係法令が適用されなかったため、賃金や時間外労働などに関する処遇が問題化し、現在でも多くの課題を残している。東北被災三県の技能実習生の場合、フィリピン、中国国籍者の割合が多い。ちなみに、女川町、南三陸や気仙沼などの沿岸部では、在留外国人の半数以上は技能実習生が占めていた。沿岸部の漁業関係の仕事にたずさわっていたニューカマーは、震災時の津波によって在住外国人のなかでも大きな被害を受けることになった。

「日本人の配偶者」すなわち結婚移住女性については、東北地方で国際結婚の斡旋業が本格化する一九九〇年

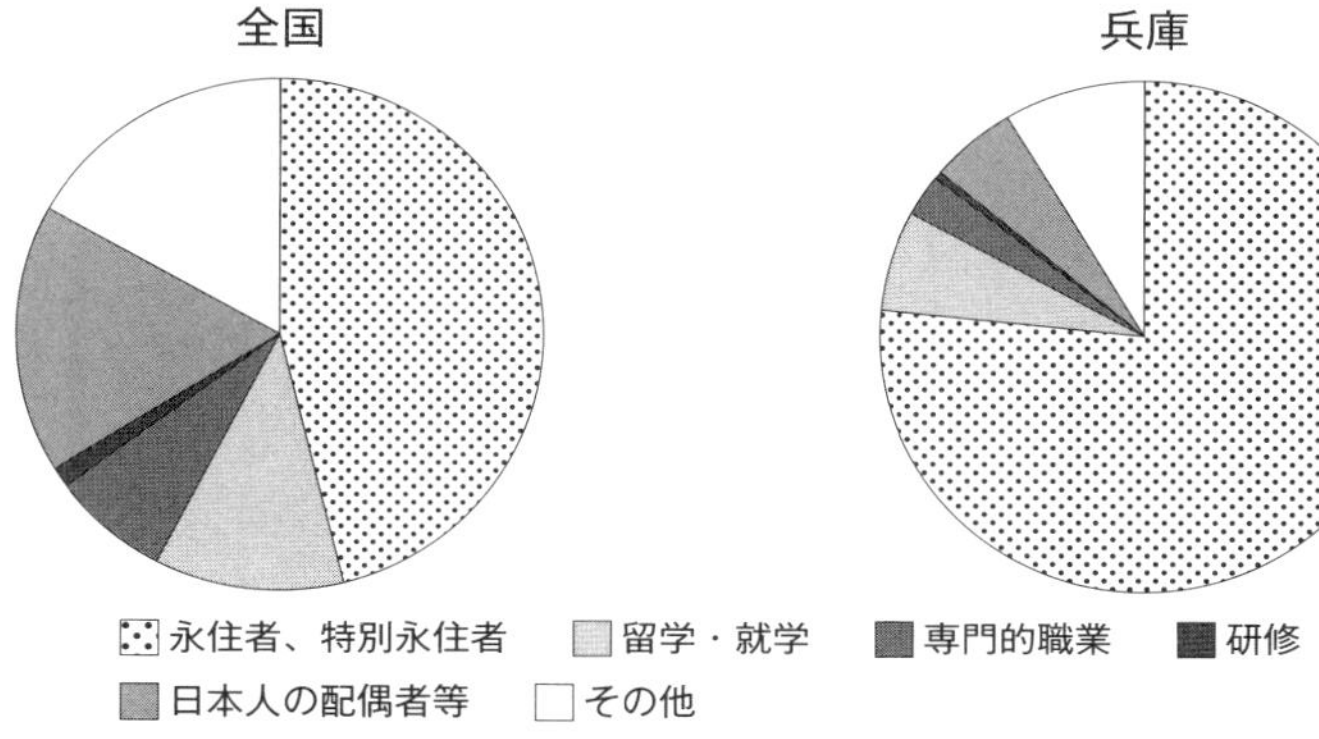

図6　全国および兵庫県における外国人登録者（在留資格別、1994年）

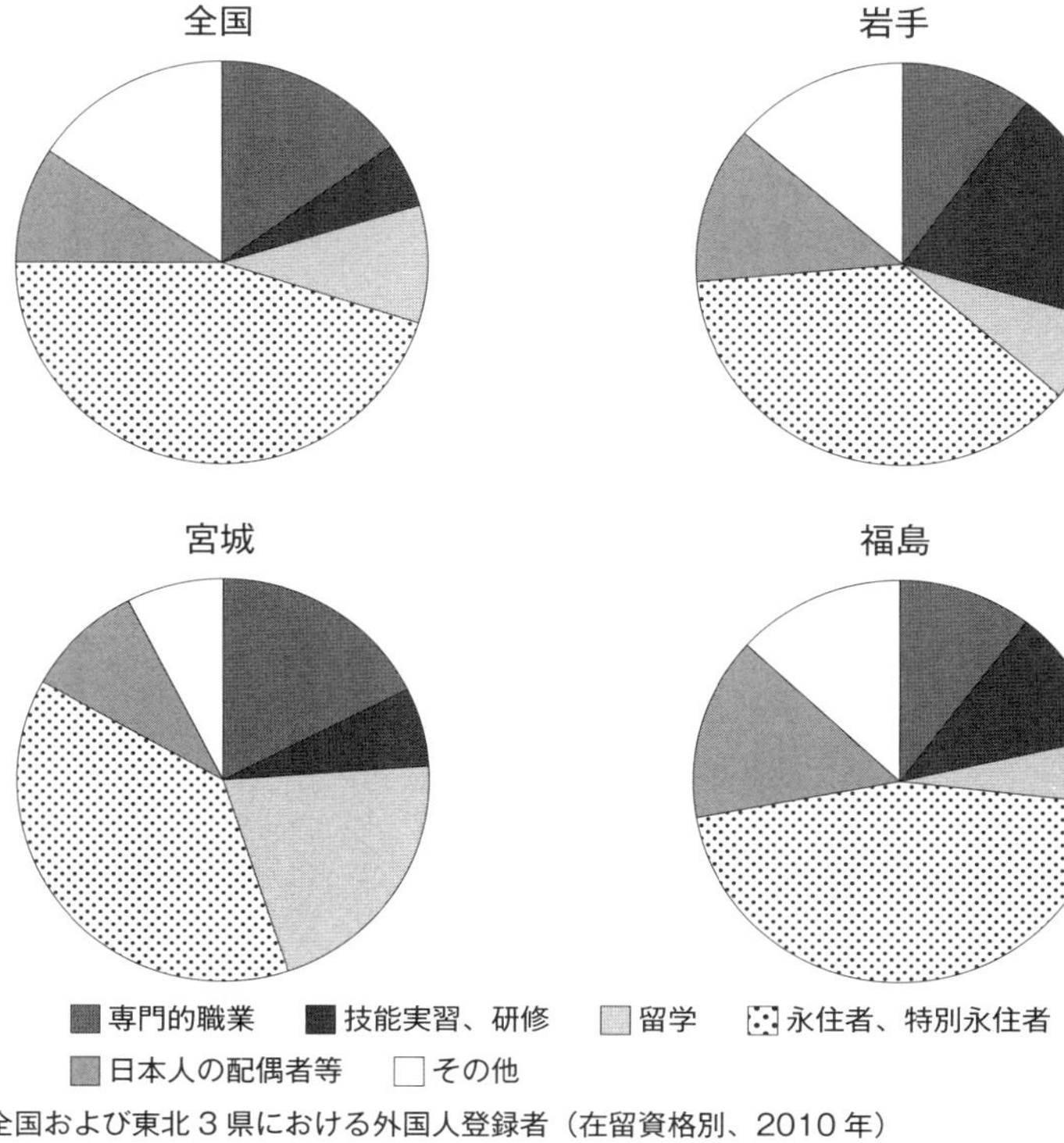

図7　全国および東北3県における外国人登録者（在留資格別、2010年）

代以降、増加した。初期のいわゆる「農村の花嫁」には、韓国人（オールドカマーの在日韓国・朝鮮人、および韓国から来たニューカマー）やフィリピン人女性が多かったが、一九九〇年代末からは全国的に中国人女性が増加する。二〇〇〇年代に入ると、移住女性の年齢が上がり（三〇代後半から五〇代の再婚女性）、出身国にいる子どもの世話や親の介護などのためにモビリティが高まりつつあるとされる(5)。震災時に国際結婚移住女性が出身国に帰国した背景の一つと考えられる。また、二〇〇八年頃からは、結婚移住女性は全国的に減少傾向に転じている。こうした移住女性は、日本人家庭で「日本人らしく」振る舞うことで家庭の安定を維持することが期待されているという問題点も指摘されてきた(6)。とはいえ、彼女らのエスニックなネットワークが消失してしまっていたわけではなく、そのことは震災を契機に明らかになる。この点は次節で後述したい。

第三に、農村部を含め広い範囲に外国人住民が散在していることも特徴としてあげられる。宮城県では、外国人登録者は県内三五市町村すべてに散在している(7)。津波被害の大きかった宮城県女川町は、同県内で最も外国人が多く集住していた地域だが、それでも外国人比率は町人口の二・二％程度である（その約七五％は技能実習生、残りの二五％は永住者、特別永住者、日本人配偶者、定住者など(8)）。

このような東北三県の在留外国人の特徴は、兵庫県と対照をなしている。このような違いが二つの震災における外国人のネットワークにどのような差異をもたらしたのかを、次節では検討したい。

3　東日本大震災における在日外国人のネットワーク

（1）　母国とのネットワーク

東日本大震災における外国人マイノリティーの特徴を、阪神淡路大震災との比較も念頭に置きながら、ネットワークという観点から検討したい。まず外国人住民の出身国・母国とのネットワークを見よう。二〇一一年の東日本大震災では、阪神淡路大震災の経験を活かし、一九九五年当時に比べるとかなり早く各国の領事館が動いた。韓国領事館は東日本大震災の起こった三月十一日から被災地域の韓国人に避難所を提供し、本国からの家族の電話に対応した。十三日には韓国からの支援隊（迅速対応チーム）と報道陣が仙台に入っている。この支援隊は帰国支援希望者を募り新潟空港へのバスなどを手配した。中国大使館も三月十五日には留学生らに帰国支援のバスを手配している。フィリピン大使館も震災直後にバスを手配し、住民を東京のカトリック東京国際センターに避難させている。

母国とのつながりは無論、領事館に限らない。ニューカマー労働者の場合、インターネットを使える環境になく、携帯電話や口コミが情報収集手段となっていることが多いとされるが、「電話がつながるようになった途端〔中略〕母国の家族から帰国を促す悲鳴のような電話が日に何度もかかってきた」ことは、多くのインタビューで共通して語られている。(9) 母国からの情報は届くが地元の情報が届かないという問題点は、阪神淡路大震災でも指摘されていた。(10) 阪神淡路大震災における多言語情報伝達システム構築の経験が東日本大震災で活かされたという面はあるが、(11) それでも外国人住民にとって母国からの情報は依然として重要な位置を占めていた。

東北被災地の外国人は、前述のように日本人社会のなかに散住していたが、それでも実際には母国とのネットワークが途切れていなかったことが確認できる。本稿冒頭で述べたように、東日本大震災時の被災地外国人住民の国外避難は新聞報道でも広まっていた。三月だけで宮城県から国外避難した外国人は四八〇〇人に上るとされる。それをバッシングする（あるいは逆に日本に残留した外国人を美談として取りあげる）という過剰反応には、国外避難の背景にある在住外国人独自のネットワークへの認識不足という問題点が隠されているように思われる。

（2） 地域のなかでのエスニック・ネットワーク

オールドカマー、ニューカマーのいずれも、日本国内あるいは居住地域のなかでエスニックなネットワークをもち、情報や物資の入手に利用した。

地域のエスニック・マイノリティ同士のネットワークについていえば、韓国・朝鮮人の場合、阪神淡路大震災でもそうだったように[12]、東日本大震災でも在日本大韓民国民団(民団。一九四六年創設の在日本朝鮮居留民団から数次の改称を経て一九九四年より現在の名称となる)・在日本朝鮮人総聯合会(総聯。一九五五年創設)という二大エスニック組織が独自の支援活動を行った[13](このほか韓国人牧師が関わるプロテスタント教会もあった)。

朝鮮籍住民の被災状況については、総聯宮城県本部によると、家屋被害四五戸、店舗損害五二カ所(二〇一一年五月二日現在)とされる[14]。総聯中央は震災当日の三月十一日に緊急対策委員会を設置し、岩手・宮城・福島を中心に同胞の安否確認をすすめた。十五日以降、募金を開始、十九日以降、総聯中央および兵庫・神奈川・東京・山形・京都などからの救援隊が炊きだしや巡回診察をし、被害調査や融資活動、チャリティ・イベント(五月十五日、千葉)も行っている。朝鮮民主主義人民共和国(北朝鮮)本国も慰問電報(三十一日)、金正日総書記による慰問金五〇〇万ドル寄附(二十四日)などの動きを示した[15]。総聯系は、初等教育から大学にいたる教育機関として朝鮮学校を各府県にもっているが、東北地方の二校、東北朝鮮初中級学校・福島朝鮮初中級学校とも建物が傾くなどの被害を受けた(四月十二日から授業を再開)。福島朝鮮学校は、福島第一原子力発電所の事故のため、保護者の同意を得て生徒を二〇〇日あまり新潟朝鮮学校に避難させた[16]。

韓国籍住民は、オールドカマーのみならず、各市町村に散在している結婚移住者のニューカマーもおり、全体像がつかみにくい。加えて韓国出身の結婚移住者には通名を使っている者も多く、正確な数字の把握は困難である。が、民団宮城県本部は当時の県内の韓国人世帯を四〇〇世帯としており、また民団中央では、三月末時点での被災者を六〇七名(宮城二六二人、岩手一〇二人、福島二三五人)と集計している[17]。若干の総聯系コリアンも含まれるようだが、基本的には民団に団員として登録している韓国籍住民の数だろう。

このような状況下、三月十二日民団中央は被災者支援対策本部を設置し、安否の確認、ボランティアの募集、義捐金募集などに着手した。十三日に先遣隊が東北三県に出発し、以後、民団中央および各地方本部のほか在日韓国婦人会、在日韓国青年会、韓国商工会議所、在日本大韓体育会などの傘下組織による救援隊が被災地に物資を届けた。韓国本国でも政府・赤十字社のほか芸能人・スポーツ界・一般市民による募金活動が震災直後から開始され、三月末に五八〇億ウォン、四月には一〇〇〇億ウォンを超えた（日本人向けの募金を含む）[18]。民団からの義援金は、韓国政府からのものより支給が遅れたが、総額三億円を超えたとされる[19]。

総聯・民団とも一九八〇年代以降、長期的な求心力の低下に悩んでいるが、震災を契機に同胞社会で存在感をアピールし得たことは阪神大淡路震災・東日本大震災いずれにも共通する[20]。

ニューカマーの場合はどうか。ニューカマーは、先述のように地域に分散して居住しているため、同国・同郷の出身者とつながりをもつ機会は限られ、日本人マジョリティのなかで――すなわち、地域社会や職場、あるいは（日本人と結婚している場合）家族・親族集団のなかで――一見埋没しているかのように見える。そうしたなかでも、日常的にエスニックなネットワークが存在しなかったわけではない。

フィリピン人の場合は教会ネットワークがつくられたことが知られている。地域のカトリック教会は、英語・タガログ語のミサやランチタイムを通じて、フィリピン人女性が集う機会を提供していた[21]。震災時には、カトリック教会全国組織の側でも、被災地の教会を支援拠点（ベース）として位置づけ、全国の各教区が分業で支える「教区分担制」によって支援した[22]。とはいえ、実態としては、カトリック教会によるフィリピン人女性のネットワーク化が進んだのは、震災後になってからであった。東日本大震災での支援活動を行ったカトリック東京国際センターのフィリピン人職員は、震災以前には、東北地方のフィリピン人は教会に通う習慣がなかったという認識を示している[23]。少なくとも震災時点については、教会によるネットワークは過大評価できないだろう。

ニューカマーの結婚移住者や技能実習生の場合、エスニックなネットワークが行政や日本人を介して作られている場合も少なくなかった。東北被災地では、震災以前から県の国際交流協会や各地の日本語教室など日本人の行政担当者や民間人が作っていたネットワークが、震災後の安否確認や情報共有などの点で有効に機能した。東北三県では、二〇〇七年度より「外国人散在型多文化共生の地域作り担い手育成」事業を推進し、民間でも日本語教室が開催されていた。都市部の外国人向け日本語教室とは異なり、ボランティアの講師と学習者が家族ぐるみで付き合うなど親密な人間関係が形成されていた。(24) 結婚移住者の場合、エスニック・グループの唯一の情報交換の場が日本語教室という場合も多い。

(3) エスニック・ネットワークをめぐる若干の議論

このように、主としてオールドカマーの韓国・朝鮮人の場合、民団・総聯のような長い歴史をもつエスニック・ネットワークを有し、支部組織や民族学校をもっているのに対して、結婚移住者や技能実習生らニューカマーの場合は、教会、あるいは、行政や日本人ボランティアを介してゆるやかにつながるネットワークが見られた。両者にはかなりの差があるが、いずれかがエスニック・ネットワークとして優れていると考えるのは硬直した思考だろう。

散在型ニューカマー対策を進めている行政の立場からは、オールドカマーの強固なネットワークを警戒する議論もある。宮城県国際交流協会の職員は、「同国人によるがっちりしたコミュニティがなかったことにより、避難所などでも日本人とフラットな関係性を保つことができた」「外国人集住地域で、今回のような大災害が起きた場合、日本人のコミュニティとの間でかなり激しい摩擦が起きるだろう」と述べている。(25) しかし阪神淡路大震災においては、神戸朝鮮初中級学校が日本人被災者を受け入れ、地元町内会との交流がそれ以来芽生えたという(26) ような実例がある。東日本大震災でも朝鮮学校が日本人被災者の受け入れをしたことや民団宮城韓国婦人会が日本人住民とともに救援活動に当たっていること(27) なども考えると、このような仮定には疑問を感じる。

他方で、日本人が介在する外国人住民のネットワークづくりに対しては、研究者の間でも賛否両論がある。

「宮城県国際化協会のやっていることは外国人を日本人に同化させていることにほかならない」「東北の国際結婚移住女性たちは日本社会に寄り添うことを強要されていて不平等だ」という批判も受けている。(28)

東北地域では、日本定住の歴史的経緯や政治的立場の違いによって多様なエスニック・ネットワークが構築されており、平時・震災時にかかわらず有効に機能する単一のネットワークは考えにくい。現実的には多様なネットワークが今後も併存するだろう。しかし、現状に見直すべき課題もある。東北三県の場合、オールドカマー型のネットワークとニューカマー型のネットワークの間にまったく接点がないという点である。日本に住む多様な外国籍住民を「外国人」として一括りにして「日本人」と「外国人」の差異を自明視する本質主義的な発想に対しては、十分に警戒しなければならない。その一方で、「外国人」ならではの共通する課題が厳存することも事実だろう。こうしたなかでは、オールドカマーとニューカマーが分断を乗り越えていくことも時に必要だと思われる。

阪神淡路大震災においては、地域住民全体のなかで相対的に外国人の比率が高かったこともあり、オールドカマーを中心としつつニューカマーをも包含したエンパワーメントが見られた。たとえば、朝鮮学校や中華学校のような主にオールドカマー向けの教育機関とカナディアンスクールのような短期滞在者の子弟向けの教育機関が集まり、神戸外国人学校協議会を組織したことがあげられる。同協議会の行政への陳情により、朝鮮学校は日本人私立学校に近い復興援助を受けることができた。(29) 他方、東日本大震災では、逆に、東北朝鮮学校への補助金(宮城県・仙台市)は震災後に打ち切られている。(30) この背景には日本における北朝鮮イメージの悪化をはじめとするさまざまな要因があり、仮に仙台の朝鮮学校とインターナショナルスクールの提携があったとしても補助金問題に解決の見通しが立ったかどうかは不透明である。(31) しかし、実際に兵庫県の外国人県民共生会議から、東北地域の外国人学校に対して提携が提案されていることには言及しておきたい。

また、すでに述べたように、日本人社会のなかで埋没して暮らしているように見えた散住型外国人も、決して母国とのネットワークを断ち切っていたわけではないことが、震災によって浮かび上がった。散住型ニューカマーといえども母国と切り離された存在ではないことはオールドカマーと同様なのである。外国人としてのアイデンティティの維持には、行政主体の日本人介在のネットワークよりも、オールドカマーとニューカマーを結ぶネットワークの方が有効である可能性も考えてみる価値があろう。神奈川県川崎市のように、オールドカマーとニューカマーが都市集住型で混在している地域には、すでにこのような試みも見られることを附記しておきたい。(32)

4 二つの震災と在住外国人——共通点と差異

本稿で述べた論点は以下の通りである。

歴史的に見ると、近代日本における外国人住民の形成は、一九二〇~四〇年代と一九九〇年以降という二つの山をもっており、在日外国人はオールドカマーとニューカマーに分けることができる。阪神淡路大震災の被災地だった兵庫県と東日本大震災の被災地だった岩手・宮城・福島県における外国人住民の構成は、このような在日外国人住民形成にまつわる二通りの歴史的経緯を、ある程度対照的に反映している。兵庫県は、オールドカマーの韓国・朝鮮人の集住地域を抱えていたのに対し、東北三県は、オールドカマーとニューカマーの混成地域であり、韓国・朝鮮人のほかにニューカマーが高い比率を占めていた。その内訳は、「農村の花嫁」となって日本人の配偶者として定住した韓国人・中国人・フィリピン人、技能実習生として雇傭された労働者、あるいはフィリピン人・中国人・韓国人の留学生などである。東日本大震災における外国人被災者は居住地域が散在し、在留資格もまちまちであり、その分、職場や日本人家庭のなかで彼らの姿は見えにくくなっていた。

さて、二つの震災時の在日外国人の行動には共通点と相違点がある。共通点は、オールドカマー、ニューカマーのいずれも、情報や物資の入手において、日本人とのネットワークだけでなくエスニックなネットワークを活用したことである。韓国・朝鮮人の場合は、阪神淡路大震災においても東日本大震災においても民団・総聯という二大組織が独自の支援活動を行った。ニューカマーの場合も本国領事館や本国の家族・親族あるいは（過大評価はできないが）教会ネットワークが存在した。

反面、相違点としては、東北におけるニューカマーの場合、エスニックなネットワークと日本人とのネットワークが併存する場合が少なくなかった。県の国際交流協会や各地の日本語教室など日本人の行政担当者や民間人が作っていたネットワークが有効に機能した場合も少なくない。ただし日本人が介在する外国人住民のネットワークづくりには問題点も指摘されている。また、オールドカマーとニューカマーが在住外国人として課題を共有するという動きは阪神淡路大震災ではみられ、一定の成果もあげてきたが、東日本大震災ではこうした活動は確認できないことも指摘しておきたい。

注

（1）大村昌枝「外国人散住地域の試みと東日本大震災――得られた教訓を未来に活かす」『国際文化研修』第九二号、二〇一六年、四五頁。

（2）李善姫「「多文化ファミリー」における震災体験と新たな課題――結婚移民女性のトランスナショナル性をどう捉えるか」、鈴木江里子編『東日本大震災と外国人移住者たち』明石書店、二〇一二年、五六‐五七頁。

（3）本稿で言う「外国人（住民）」は正確には外国人登録をしている日本国籍以外の住民である（戦前については内務省警保局統計にいう朝鮮人・台湾人・外国人）。日本に帰化した外国人は統計的に正確には捕捉できないので、本稿の検討対象には入っていない。

（4）詳細は、土井佳彦「「多文化共生社会」における災害時外国人支援を考える――東海・東南海地震に備えて」『人間関係研究（南山大学人間関係研究センター紀要）』第一二号、二〇一三年、参照。

（5）嘉本伊都子「結婚移住女性と多文化共生――震災と離婚という視点から」『現代社会研究科論集：京都女子大学大学院現代社会研究科紀要』第八号、二〇一四年三月、二三頁。
（6）李善姫、前掲論文、鈴木江里子「東日本大震災が問う多文化社会・日本」（鈴木編、前掲書）。
（7）大村昌枝「東日本大震災、発生からの三か月を今振り返る」『自治体国際化フォーラム』第二六二号、二〇一一年八月、八頁。
（8）李善姫「災害と外国人女性達――ジェンダー平等と多文化共生の主流化をめざして」『GEMC journal――グローバル時代の男女共同参画と多文化共生』第一〇号（二〇一三年）七五頁。原資料は、宮城県経済商工観光部国際政策課資料「第二回多文化共生の推進に関する意見交換会――宮城県の取り組み事例」二〇〇九年十一月。
（9）『東洋経済』オンライン版、二〇一一年四月十日（http://toyokeizai.net/articles/-/6744、二〇一八年五月閲覧）、李善姫、前掲「多文化ファミリーにおける震災体験と新たな課題」所収のインタビュー記録、東日本大震災在日コリアン被災体験聞き書き調査プロジェクト編『異郷被災 東北で暮らすコリアンにとっての三・一一』（荒蝦夷、二〇一五年、二二五、二八一、三六四、三六九頁）など。
（10）総務省 多文化共生の推進に関する研究会・田村太郎「災害時対応を通して考える多文化共生」二〇一二年二月。
（11）土井佳彦「多言語支援センターによる災害時外国人支援」（鈴木編、前掲書）。
（12）松田利彦「阪神大震災と在日韓国・朝鮮人ネットワーク」、松田陽子・陳来幸・真鍋周三・松田利彦共編著『阪神・淡路大震災における外国人住民と地域コミュニティ――多文化共生社会への課題』神戸商科大学、一九九七年、一一七頁。
（13）詳細は、佐々木てる「東日本大震災と在日コリアン」（鈴木編、前掲書）参照。
（14）「現地ルポ 被災地の同胞たちの生活は 宮城」『月刊イオ』第一八〇号、二〇一一年六月、一〇頁。
（15）「東日本大震災発生後の動き」『月刊イオ』第一七九号、二〇一一年五月、二七頁。「現地ルポ 被災地の同胞たちの生活は 福島」『月刊イオ』第一八〇号、二〇一一年六月、八頁。
（16）具永泰・大森直樹編『原発災害下の福島朝鮮学校の記録――子どもたちとの県外避難二〇四日』遠藤正承訳、明石書店、二〇一四年。
（17）『統一日報』二〇一一年三月十六日、三月二十四日、三月三十日。
（18）『統一日報』二〇一一年三月三十日、四月六日、四月二十七日。

(19) 『統一日報』二〇一一年七月十三日。

(20) 阪神大震災については松田、前掲論文、参照。東日本大震災前後の民団については、全国支部数が三七〇から二八〇に減少していた（『統一日報』二〇一一年六月二十二日）。総聯の求心力低下は朝鮮学校の閉鎖・合併に端的に現れている（松田利彦「朝鮮学校의 最近의〝変化〟를 둘러싼 諸問題〔朝鮮学校の最近の〝変化〟をめぐる諸問題〕」（青巌大学校在日코리안研究所編『在日코리안의 生活文化와 変容』図書出版선인、二〇一四年。東日本大震災によって、従来民団や総聯と関わりのなかった韓国朝鮮人にその活動を知られるようになったことは、東日本大震災在日コリアン被災体験聞き書き調査プロジェクト編、前掲書所収の多くのインタビューで確認される。

(21) 坪田光平「フィリピン系結婚移民とエスニック教会――「エンターテイナー」をめぐる価値意識に着目して」『社会学年報』第四二号、二〇一三年。

(22) 徳田剛「被災外国人支援におけるカトリック教会の役割と意義――東日本大震災時の組織的対応とフィリピン系被災者への支援活動の事例より」『地域社会学会年報』第二七号、二〇一五年。被災外国人としてはフィリピン人が外部からも接触しやすいネットワークを作っていたことになり、全体的に被災外国人の報道が少なかった新聞報道のなかではフィリピン人に関する報道が比較的多かったのもこのためである（「東日本大震災、在日フィリピン人被災者が直面する苦難、自宅を失い、同僚とも連絡が取れず」『東洋経済』オンライン版、二〇一一年四月十日 http://toyokeizai.net/articles/-/6744、二〇一九年一月閲覧、「被災フィリピン人に心のケア――比政府が医療チーム派遣」『朝日新聞』二〇一一年六月二十五日）。

(23) 自治体国際化協会による奥山マリアルイサ（TICカトリック東京国際センター）へのインタビュー（http://www.clair.or.jp/j/multiculture/shiryou/info_05.html、二〇一九年一月閲覧）。

(24) 大村昌枝「未曾有の大災害、外国人散在地域では、なにが起きたのか――地域における「共生」を問う」（鈴木編、前掲書）三五頁。松岡洋子「地域の日本語教育と被災地の外国人――コミュニティにおける言語とその役割」（鈴木編、前掲書）一五一頁。

(25) 大村、前掲「未曾有の大震災、外国人散在地域では、なにが起きたのか」四九、五四頁。

(26) 東北朝鮮初中級学校（仙台市太白区）では、近所の高齢者も敷地内の寄宿舎に受け入れ、朝鮮総聯から届いた支援物資で炊き出しをした（『京都新聞』二〇一一年四月四日。「被災地に広がる助け合いの輪――国境を越えて「復興のために」『月刊イオ』第一七九号、二〇一一年五月、九頁）。これをきっかけに地元町民との交流が行われるようになって現在も継続している（『河北新報』オンライン版二〇一七年五月十日、http://www.kahoku.co.jp/tohokunews/201705/20170510_13004.html、二〇一八年五月閲覧。福島朝鮮初中級学校も、行政の指定避難所として日本人被災者にも開放された（三月十五日以降。金宗仁「避難所生活から見えてきたこと」『月刊イオ』第一七九号、二〇一一年五月、一二頁）。このほか、茨城朝鮮初中級学校も地震直後日本人被災者数名を受け入れていた。

(27) 李京子「炊き出しを通して気づいたこと」（東日本大震災在日コリアン被災体験聞き書き調査プロジェクト編、前掲書）七四頁。

(28) 大村、前掲「外国人散住地域の試みと東日本大震災」四五頁。

(29) 松田、前掲論文。

(30) 二〇一一年三月二十五日、東北朝鮮学校校長が宮城県庁担当職員と会談したが、二〇一一年度は朝鮮学校への補助金を支給しないと通告を受け、以後、補助金は支給されていない（大森直樹「東日本大震災と朝鮮学校」『人権と生活』第三三号、二〇一一年十一月、三〇頁）。仙台市も二〇一二年度で補助金を打ち切った（『河北新報』オンライン版二〇一七年五月十日、https://www.kahoku.co.jp/tohokunews/201705/20170510_13004.html、二〇一八年五月閲覧）。

(31) 「平成二三年度 兵庫県外国人県民共生会議 議事録 1」（二〇一三年十月十八日）。

(32) 在住コリアンによってフィリピン人の子弟教育、悩み相談、フィリピン文化教室などの活動を行っている川崎市「ふれあい館」の活動については、松田利彦「在日코리안과 뉴커머 問題（在日コリアンとニューカマー問題）」（青巌大学校在日코리안研究所編『在日코리안 디아스포라의 形成――移住와 定住를 中心으로』図書出版선인、二〇一三年）。

動物、女性、子ども、外国人から学ぶフクシマ(1)

ミツヨ・ワダ・マルシアーノ

1 弱者の「声」を聞く

東日本大震災における犠牲者は、死者一万五八九四人、行方不明者二五六二人と報道されているが、われわれは実際に映像でこれらの「死」を見ることはできない。(2) しかし、動物は別だ。フクシマに残され餓死した家畜やペット、帰還困難区域を徘徊する野獣たち、羽根に異常な白斑を持つ被曝ツバメなど、不可視化された人間の「病《やまい》」や「死」は、動物の「異変」や「骸《むくろ》」によって代償されてきた(図1)。フクシマの原発事故以後、特に日本のマスメディアは動物の映像を「死」の可視化装置として利用してきたと言えるだろう。

こうした日本のメディア環境のなか、被曝下に生活する動物たちの姿を丹念に記録し、毎年一作ずつドキュメンタリー映画を発表し続けている岩崎雅典監督のシリーズ『福島　生きものの記録　1〜5』(二〇一二―二〇一七年)は特筆に値する(図2)。映画研究者・藤木秀朗はこのシリーズを「エコロジー的な媒介を示す」作品であると紹介すると同時に、人間中心主義ではなく「人間による動物の認識を存在論的な場の問題として前景化している」と、高く評価している。(3) 被曝が生態系に及ぼす影響を、動物を媒介に長時間かけて可視化しようとする岩崎雅典の映像は、観客に対して静かに、しかし力強く危機を訴えかける。

メディアのなかで可視化装置の役割を果たす動物たち、あるいは、一般の目には通常触れないその他の弱者た

図１　牛舎で餓死している牛たち
（https://blog.goo.ne.jp/kibouno-bokujyou/e/48541ad5ef4be425c0802ebb2fd3ec0d、2018 年 12 月 2 日アクセス）

図２『福島 生きものの記録シリーズ１ 被曝』DVD カバー

ちに、これまでわれわれは十分に耳を傾けてきたであろうか。震災から八年という月日がたった今こそ、われわれは静かに立ち止まり、彼らの「声」に耳を傾け、二〇一一年に起きた福島での原発事故の影響について改めて考えてみる必要があるのではないだろうか。

本稿では、福島原発事故以後の文化言説空間のなかで抑圧されてきた「声」をできるだけ掬い上げたい。例えば、被災地に取り残された動物たち、あるいは政治・経済・科学といった男性中心になりがちな分野や組織で差別を受けたり、無視されがちな女性や子どもたち、そして外国人にも光を当て、現代日本のマスメディアと、そこから派生する文化言説の問題に注意を喚起する。

このような差別問題の根源となる文化的コンテクストとは何だろう。一つは、戦後の環境汚染とともに波及した日本的環境主義に代表される人間中心主義（anthropocentrism）的価値観の偏在であり、もう一つは、社会に根強く蔓延《はびこ》る内向性、言い換えれば国家的アイデンティティーと深く結びついたローカル主義（localism）、およびそれを保持するための装置とも言える文化全体主義（cultural totalitarianism）の存在である。極端な男性優越主義（male chauvinism）や外国人嫌い（xenophobia）に至っては、ここで改めて指摘する必要もないだろう。ただし、これらの要素を「日本独自の特質」とする、文化本質主義の立場を取るつもりはないこともあらかじめ明記しておく。こういった文化的コンテクストは強度の差こそあれ、日本だけでなく、どのような国家や共同体にも存在する。むしろ本稿では、二〇一一年三月十一日に福島で起きた取り返しのつかない人災を、「公の歴史（History）」や「国民文化（national culture）」といった、通常では人々の意識に上《のぼ》らない事柄に改めて気づかせてくれた決定的衝撃と捉え、その衝撃によってもたらされた文化現象の分析を通し、この社会の差別構造を見つめ直す。「歴史」や「文化」や「国家」とは、あくまでも流動的な連鎖（nexus）に過ぎない。そのような連鎖から生まれ出た文化現象に対する考察を積み上げることによって、われわれは初めてより良い生き方を見極めることができるのだと信じる。

本稿で文化現象の具体例として取り上げるのは、震災以後、日本で製作された幾つかのドキュメンタリー映画である。これらの作品は、政治性を前景化した日本の多くのドキュメンタリー映画がそうであるように、非常に限られた映画館においてのみ上映され、その後の普及は「自主上映」に委ねられている。先に紹介した『福島生きものの記録』シリーズ（二〇一三―二〇一七年）をはじめ、『小さき声のカノン――選択する人々』（二〇一五年、鎌仲ひとみ監督）、東京在住のアメリカ人監督イアン・トーマス・アッシュによる『A2-B-C』（二〇一三年）といった三つのドキュメンタリー映画に焦点を当て、さまざまな意味で抑圧される原発被災下の差別構造を考えてみたい。差別の構造は、映像／テクストに現れるだけではない。弱者の「声」を映像化するインディペンデント映画という存在自体が、現代の日本社会で沈黙を迫られる状況にある点にも言及することになるだろう。

2 動物から学ぶ

動物の声に耳を傾ける、あるいは動物について考えることによって現実世界を再認識する。そのような研究が、文化理論だけでなく、映画・メディア研究においても今あらためて台頭しつつある。例えば、ジャック・デリダ思想の影響下で、*Electric Animals: Toward a Rhetoric of Wildlife*（二〇〇〇年）を著したリピット水田堯は、この本のなかで「獣性」(animality) という歴史的概念を転倒する。彼は、一般に人文科学で否定的に用いられてきた「獣性」の新たな概念定義を、視覚芸術や文学領域内における事例を再考することによって模索し、そこから文化そのものの再考を試みた(4)。ブライアン・マスミの *What Animals Teach Us about Politics*（二〇一四年）は、人間中心的な認識あるいは事物への関わり方の代替法を提示することによって、現代社会における価値観の趨勢を逆転しようと試みた(5)。ジョルジョ・アガンベンは『開かれ――人間と動物』（二〇一一年；*L'aperto: L'uomo e l'animale*, 2002）のなかで、「人間の開放的な世界」対「動物の閉ざされた世界」といった既成の世界観における二項対立を否定し、これら二つの時空間に分割しがたく横たわる「閾《いき》」と「残余」といった文化現象に注目する(6)。

動物について考えることは、今に始まるわけではない。動物の話題は、デカルト、ショーペンハウアー、カント、ヘーゲル、ハイデッガー、ニーチェなどの歴史的言説が示すとおり、哲学の世界では決して新しい話題ではないからだ。例えば、アリストテレス以来の「目的因」あるいは「目的論」的考え方、つまり、紀元前四世紀に構築された「万物は、最高の純粋な形相である神を究極目的として生成展開する」といった思考パターンは、長く自明視されてきた。これが、十九世紀ダーウィン以後の科学的現実認識との折り合いの結果、「生物は――動物を含め――最高の純粋な形相である人間を究極目的として生成展開する」という目的論的公式にすり替えられ、その公理が時代の変遷過程で挑戦を受け、修正され続ける。人間にとって「他者」である動物は、哲学史のなかで繰り返し引き合いに出されてきたのである。しかし、上記の目的論に裏打ちされた人間中心主義が、一九六〇年代に現れたディープ・エコロジー運動によって疑問視され、環境哲学における一つの「ターン」を引き起こしたことは周知の事実である。[7] このような思想史的含意を持つ「動物」とは、人間世界を異なる角度から眺めるため、あるいはよりよい営みのアイデアを構想するために、今なお必要とされる仲介者（agent）だと、私は思う。

ディープ・エコロジー運動は、日本ではどのように受容されてきたのだろう。一九六〇年代、われわれは人種差別に対する社会的な運動に直面した。七〇年代には女性解放運動が起こり、そして八〇年代にはＬＧＢＴコミュニティーが自己のジェンダー・アイデンティティーを守るために立ち上がった。さまざまな環境においてこのようなアイデンティティーにまつわる権力闘争が繰り広げられるなか、六〇年代には「種差別」に対する戦いも、ディープ・エコロジー運動を筆頭にグローバル・レベルで始まった。レイチェル・カーソンの『沈黙の春』（一九六二年）に大きな影響を受け、環境学とガンジーの非暴力哲学とを組み合わせて、「ディープ・エコロジー」という概念を提唱したアルネ・ネス、リチャード・D＝ライダーを含むいわゆるオックスフォード・グループの活動、ピーター・シンガーの『動物の解放』（*Animal Liberation*, 1975; 日本語訳 一九八八年、改訂版 二〇一一年）などは、動物をめぐる「新しい波」の牽引役となった。[8] しかし、日本においては、上記書籍が翻訳を通して紹介されたにもかかわらず、「種差別」という考え方が一般市民の間に浸透することのないまま、現在に至っている。それは一体なぜなのか。『福島　生きものの記録』を一つのケーススタディとして考えてみよう。

3　折り込まれた複数の矛盾

このドキュメンタリー映画シリーズの監督である岩崎雅典は、従来、原子力発電に真っ向から反対する運動家であったわけではない。二〇一一年以前の彼は、野生動物についてのテレビ番組を幾つか製作する、いわば「動物もの」というサブジャンル番組の専門家にすぎなかった。そんな彼が取り組んだドキュメンタリー映画プロジェクト『福島　生きものの記録』は、現在も製作進行中である。著者が岩崎監督本人にインタビューを行った二〇一七年六月時点では、ちょうど第五作目の撮影を手がけており、完成版ＤＶＤがシリーズ第五弾「追跡」として、同年十一月に発売されている。

『福島　生きものの記録』シリーズは、あくまでも「マイナー」な作品である。少数の映画館でのみ上映され、作品はその後自主上映、あるいはＤＶＤ販売のみで市場に流通されている。岩崎自身が数人のスタッフと運営している群像舎は、「おもに野生動物・地球環境をテーマに、記録映画・テレビ番組を製作して」おり、「テレビ番組『生きものばんざい』[9]で意気投合したフリーランスのスタッフによって自主映画を作るために」一九八一年に設立された[10]。群像舎によって販売されている映像作品／ＤＶＤの多くは、そのジャケット・デザインの「平凡さ」が物語るように、人々の注意を惹起する政治性の高い煽情的な映像ではなく、膨大なインターネット市場のなかにひっそりと埋没する感のある作品群である。シリーズ五作にはいずれも「被曝」「異変」「拡散」「生命」「追跡」と、副題が付されており、その撮影や編集は、テレビ・ドキュメンタリー番組を数多く手がけてきたベテラン作家たちらしく、「解りやすさ」を重視する手法に貫かれている。同時に、わずかな製作費ゆえに、ジョン・グリアソンに見られるような直接視聴者に訴える形式（direct-address style）ではなく、監督自身が最少人数のクルーメンバーとともに撮影に出向き、被写体――多くの場合、動植物を採集している研究者や、写真撮影を続けているカメラマン、被災地に残された動物を飼育する農夫たち——に対して質問をするという、映像作家と被写体とのインターアクションを映し出し、いわゆるシネマ・ヴァリテ（cinéma vérité）方式を採っている。岩崎自身の肉声も頻繁に映像に被《かぶ》せられているため、アメリカのドキュメンタリー作家フレデリック・ワイズマンや、彼を信奉する想田和弘の観察映画（observational cinema）とは一線を画す。販促のために目先のきいたキャッチ・フレーズが使われることもなく、あくまでも地味なこのシリーズは、そもそも原発事故被災以後の環境問題に興味のある人々には非常に訴えかけるとしても、実のところ、最も観てもらいたいターゲットである、原発問題に関心の薄い人々の視界まで辿り着くのは難しいかもしれない。しかし、その映像には、福島原発の事故後、日本に住む人々が直面している多くの矛盾が記録されていることに、われわれは気づくのである。

二〇一七年六月に行われた岩崎監督へのインタビューから得たものは大きかった。単に映画製作過程の逸話にとどまらず、政治と映画との関係性、さらに拡大視するならば、政治と現代の日本文化との関係性を、憶測のレベルを越えて共有することができた瞬間だった。実際、このドキュメンタリーは、日本の映画評論界をはじめ、日本政府からもかなり高い評価を受けている。シリーズ第一弾は、二〇一三年に文化庁のベスト・ドキュメンタリー映画賞を受賞し、最初の三作はいずれも、文化芸術振興財団から各一〇〇万円の製作助成金を受けている。しかし、問題はその後である。四作目以降は、国からの製作支援補助金が打ち切られてしまう。群像舎のような弱小製作配給会社にとって補助金の打ち切りは決定的な打撃である。補助金停止という政府の決定について、監督自身、どう捉えてよいか理解に苦しむ、と述べていた。しかし、放射能汚染について継続的にレポートを行うこの企画が、日本政府にとって文字通り「不都合な真実」となったに違いないことを、われわれは容易に推測できる。(11)

では実際に、『福島　生きものの記録』シリーズが、いったいわれわれに何を提示するのか、概要を紹介しよう。この作品は、野生動植物だけでなく、帰還困難区域に残留を余儀なくされた家畜やペットたちが、放射能汚染による徴候をいろいろな形で露呈している姿を丹念に追っている。また、動物だけでなく、福島の帰還困難区域で現地調査を続ける研究者たちが、将来に向けた情報をさまざまな方法で記録する姿も撮影されている。彼らの多くは、大学だけでなく研究所やＮＰＯ法人などに属しており、調査作業が必ずしも組織だってなされているようには見えない。むしろ、個々人の関心や目的によって自発的に調査を続けている様子が、このドキュメンタリー映像からは読み取れる。

研究者らが調査対象とするのは、例えば、理由の分からない白い斑点ができたツバメや、不規則に尻尾の部分が割れてしまったツバメなどであり、同じような白い斑点は多くの牛の皮膚にも現れ、その子牛は生まれながらに障害を抱えている。眼が見えず、皮膚がただれた子牛の寿命は短い。このシリーズでは、その他にも実に多くの生き物を扱っている。馬、イノシシ、猿、野ネズミ、モグラ、サギ、鹿といった哺乳類、あるいはモリアオガエルなどの両生類、イボニシなどの貝類、アイナメやヒラメなどの魚類のほか、異常な枝分かれを繰り返すイタコリヤナギといった植物も被写体の一部である。これらすべての生物に、緩やかではあるが、確かな異変が起きている様子が静かに映像化されている。

このシリーズはさらに、調査対象としての「動物」と、それらを情報化する「科学者」だけではなく、帰還困難区域に残された人々の「矛盾」をも捉える。その一例が、福島県浪江町にある「希望の牧場」を運営する吉澤昌巳を撮影したシークエンスだ。数多くのマスメディアに登場している吉澤は、いまや反原発を唱えるアクティヴィストとして認識されている。映像のなかでも路上演説を行い、現・自民党政府、東京電力、そして福島から送られる電力を無自覚に消費する東京都民に対し、福島の畜産農家や家畜の現状を訴え、賠償に応じない政府や東電への怒りを繰り返し主張する。このシリーズの特筆すべき点はまさに、吉澤の政治声明そのものではなく、彼が抱えたまま決して解消されることのない「矛盾」を露呈するところにある。

吉澤は、震災後もなお三七〇頭以上の牛を飼っているが、それらの牛を売って生活の糧にすることはもはやできない。牛たちは肉牛であり、文字通り家畜（livestock）だが、放射能に汚染されている家畜を売買することは不可能だ。政府は実際に、このような帰還困難区域に居住している畜産農家に対して家畜殺処分令を出している。(12)
だが一方、畜産農家に課せられたこうした経済的不利益に対し、政府も東電も賠償金を支払っていない。多くの農家が持続不可能な畜産業に見切りをつけ、牛を置き去りにして避難地へと移動するなか、吉澤は福島に留まり、手持ちの牛を殺すのではなく飼育し続けることに決めた。牧場主から置き去りにされた牛の多くは、牧舎に繋がれたまま飢え死にし、避難時に辛うじて放牧され、野生化しながらも生き延びた牛たちもまた、のちに捕獲され、殺処分令を受けた。このような状況下、吉澤は全国から牧草の寄付や募金、ボランティアによる援助を受けながら、震災から八年経った今も「希望の牧場」を運営し続けている。

ここで注目すべきは、吉澤が抱えた「矛盾」である。その矛盾に対して、彼がどのような答えを見出したか、正確にいえば、ドキュメンタリーがそれをどのように映し出したか、という点に注目してみよう。吉澤の矛盾とは、単に自分が育ててきた牛を売ることができなくなったという「経済的な矛盾」ではなく、被曝した牛たちを生かし続けておく、その人道的な行為に対する「自己矛盾」である。彼のこの自己矛盾が映像化される瞬間、観客は更なる疑問の連鎖へと誘われる。

彼の自己矛盾とは何か。吉澤は、売れない肉牛をいつまでも育て続ける行為を正当化する唯一の理由を、「畜産業者としての誇り以外の何物でもないですね」と、カメラに向かって告白する。牛たちは元来、食用のために育てられた肉牛であり、原発事故が起こらなければ逆にそのまま死ぬ運命にあったはずだ。家畜としての牛を殺すのは許す一方、殺処分とすることは許さないと主張する真意はどこにあるのか。吉澤は、自己のアポリアに対する答えを見出そうとする。最終的に彼がたどり着いた答えは、ある科学者から受け継いだ考え方だという。「後の世代のために放射能汚染の影響を研究する貴重な素材として、肉牛を生かし続ける」という発想への転換であった。

先に述べたように、藤木秀朗も「希望の牧場」のこのシークエンスに言及しながら、岩崎のドキュメンタリーは「動物福利」に徹しているわけではないが、「エコロジー的媒介」としての役割を果たしている、と賞賛している。藤木の文章を引用してみよう。

> 吉沢が結局、牛を学術調査に資する「生きた証人」として利用するという功利主義的結論に至った点はすでに指摘した通りだが、その結論の賛否はともかく、ここで放射能汚染が動物の生死の意味を人間に考えさせるという、吉沢と家畜の関係性自体に影響を及ぼしていることが示唆されている点が決定的に重要である。〔…〕この映画では〔…〕、動物を人間に対する脅威として扱うのではなく、むしろ動物の視点やその立場をも考慮に入れながら、多様な動物と人間の関係性と、それらが共有する場としての環境を問題にしていることが窺える。〔…〕『生きものの記録』が問題視するのは、人間だけでなく、あらゆる生き物が生ける場であり、それは行政的に規定される領土的な場ではなく、物理的・現実的に汚染の広がる脱領土的な場なのである。[13]（傍点は引用者）

藤木は、「脱領土的な場」を注視しながら、「アントロポセン」の時代[14]――「人間が前例のないほど広範囲に渡って地球に介入するようになった時代、とりわけ産業革命以後の時代[15]」――における人間と、人間にとって「他者」である動物との関係性を脱自然化しているこの映画は、それゆえに「エコロジー的」だ、と結論付けている。

藤木の考察は鋭い。確かに、『福島　生きものの記録』シリーズは、行政に規定された線引き可能な空間ではなく、むしろそういった線引きではもはや囲いきれない被曝空間を、動物たちの存在を手がかりにしながら表象している。そして、藤木がこの作品をエコロジー「的」だと形容している点にも、改めて注意を向けてみよう。藤木が引用論文中で比較する3・11原発災害後の他のドキュメンタリーに比べ、『福島　生きものの記録』は確かに「アントロポセン」、すなわち人間中心主義から一定の距離を置いた作品と言える。だが実際のところ、このシリーズを見続けていくうちに、そこに拭いきれない人間中心主義の情動を感じることは否めない。

もしかすると観客のなかには、吉澤が見つけた矛盾正当化への「筋書き」に、更なる矛盾を感じる人もいるかもしれない。吉澤の論理、さらにいえば、このドキュメンタリー映画の論理は、被曝肉牛たちが、あるいは帰還困難区域に置き去りにされてしまったその他の動物たちが、人間と等価の権利を保持しているとは決して語らない。藤木も指摘しているとおり、被曝した動物たちは、科学史研究者ダナ・ハラウェイが提起する「伴侶種」的な関係性を持った生き物としては紹介されていない。[16] 被曝した肉牛を「生き証人」として長らえさせることは人道主義（humanitarianism）かもしれないが、脱人間中心主義（anti-anthropocentrism）ではない。「希望の牧場」でボランティアとして働く、大阪出身の女性は、「われわれ（人間）には、彼らを殺す権利はない」と言う。一見ナイーブに響くこの考え方こそが、脱人間中心主義にとっての紛れもない真実である。しかし、興味深いことに、映像はさらなる意味を彼女の発話に付加する。プロの畜産農家で、がっしりとした体躯を持つ吉澤と対比される時、「ボランティアとして初めて来ました」と話す彼女のアマチュア性や、華奢な体躯によって、その発話は効力を失い、むしろ「ナイーブさ」というシニフィエ（signifié）だけが残る。映像を通して吉澤が提示する人間と動物に関する考え方は、科学という合理主義に基づく、プロの畜産農家としての論理であり、そして男性の論理である。こういった偏ったジェンダーに依拠する論理が、原子力発電を安全だと繰り返す政府や東電の「男性の論理」と共鳴していると感じるのは、私だけだろうか。吉澤が見つけたという自己矛盾への解決策には、さらなる矛盾が含まれている。

4 マスメディアの矛盾

『福島 生きものの記録』が露呈する矛盾は根深い。そして、その矛盾を、マスメディア一般における矛盾と読み取ることも可能だ。吉澤が最終的に辿り着いたという矛盾正当化のための「筋書き」を、『福島 生きものの記録』のカメラが静かに捉える時、それは、ドキュメンタリー映画という一つのメディアが、被写体に共鳴してしまう瞬間でもあった。その意味で岩崎の作品は、「現代日本のドキュメンタリー映画」という媒介の本質的な限界、映画史において日本のドキュメンタリーが培った規範を越えることのできない限界を体現しているように思える。その限界とは、はたして何であろうか。日本の一般的なマスメディアは、動物を人間と等価に扱ったり、社会的弱者に同等のアクセスを与えたりすることを得意としない産業として、その歴史を築いてきた。アイデンティティー・ポリティックスに関して日本のマスメディアがさらけ出す矛盾は、枚挙にいとまがない。「人間」に対する「動物」（人間も動物だが）、「在日」という名のエスニック・マイノリティー（いつまで経っても「日本人」と見なされない、朝鮮・韓国系日本人）、身体障害者（NHK Eテレ『ハートネットTV』やパラリンピック番組以外、ブラウン管には登場しない）、LGBTといったジェンダー・マイノリティー（映像に現れるのは、ステレオタイプ化された華やかな男性ゲイばかり）、そして老人・女性・子ども、といった社会的弱者たちの声はなかなか聞こえてこない。

これらマイノリティーの一つである「動物」に対するマスメディアの無自覚な側面が、「日本人」あるいは「日本社会」の特徴だ、と侮《あなど》るような本質主義を打ち出すつもりはない。しかし、歴史学者サイモン・アヴェネルが提唱するように、環境や環境主義に対する歴史的な「日本的」アプローチが、「人間中心的環境主義」であるとするならば、ドキュメンタリー映画を含むマスメディアが、それを踏襲してきたと言えなくもないだろう。(17)

吉澤の「筋書き」に内在する違和感は、『福島　生きものの記録』をはじめとする3・11以後の多くのドキュメンタリー映画に共通する「内省する力の欠落」によるものかもしれない。つまり、空気のような存在となっている「人間中心的環境主義」に無自覚であり、「日本」に強く結びついた「ローカルな視点」と同居する形で長く展開されてきた単一言語文化内における「内向性」といったものが、今まさに精査されなくてはならない時を迎えていることを強調したい。

再び藤木の分析を顧みよう。『福島　生きものの記録』は、彼が指摘しているように「動物の視点やその立場をも考慮に入れ」た作品なのであろうか。シリーズ最新作の第五作「追跡」では、岩崎のカメラは数多くの科学者を被写体に、彼らの約六年間にわたる調査の軌跡を映し出している。監督自身がインタビューで答えているように、この作品は、「原発事故の風化が顕著な中、これから何が起こるかわからないという研究者たちからの警鐘、恐怖を伝えることを主眼に描いている」[18]。研究者の動物に向けるまなざしは、穏やかだ。しかし、彼らの調査の目的は、動物たちの未来に向けられてはいない。実際に動物たちそのものの立場や視点に向けられるのでなければ、いずれにしろ、動物を人間の運命に奉仕する立場に貶めていることに変わりはないと言えるのではないだろうか。

5　女性から学ぶ

『小さき声のカノン』からの一場面（図3）に見られるように、原子力問題に関する言説では男性の発話が圧倒的に多い。政府高官も、東電の責任者も、そして微量の放射能は安全だと唱える科学者や医者も、その多くは男性である。「日本だから仕方ない」と等閑視することは簡単だが、この事実については敢えて考えてみる必要があるだろう。動物の声同様、原発問題に関して、われわれはもっと女性の声を聴いてもよいのではないだろうか。

映画作家・鎌仲ひとみは、弱者の声に耳を傾け続けてきた。彼女の「反核映画三部作」と名付けられている映画は、福島原発事故が起こる随分前から核の危険性を訴えている。まず『ヒバクシャ　世界の終わりに』（二〇〇三年）では、湾岸戦争以後のイラクでの取材で知り合った、米軍が使用した劣化ウラン弾による体内被曝が原因で白血病にかかった一四歳の少女ラシャとの会話をきっかけに、世界中の被爆者に会いに行くことを決意した鎌仲の旅が描かれている。『六カ所村ラプソディー』（二〇〇六年）では、原発で使った燃料からプルトニウムを取り出す再処理工場が建設された青森県六カ所村で、再処理計画に反対する菊川慶子さんや無農薬米を作り続ける苫米地ヤス子さんらの姿を取材している。『ミツバチの羽音と地球の回転』（二〇一〇年）では、脱原発を国民投票で決めたスウェーデンの人々の日常や、原発建設計画と三〇年近くも戦い続けている瀬戸内海の小さな島・祝島の島民との対話を通して、新しいエネルギーの可能性を問いかける。

放射線による影響は
これまでの知見から言うと考えにくい
図３　『小さき声のカノン』より。男性の発話が圧倒的に多い

二〇一五年に公開された最新作『小さき声のカノン』で、鎌仲が新たに耳を傾けたのは、福島県の母親たちの声である。福島県二本松市、そこは同県双葉町や浪江町のように政府によって帰還困難区域に指定されているわけではない。しかし、だからといって安全ではない。政府はこの地域の住民を避難させるのではなく、「除染」という、誰が考えてもそれによって住民の健康が完全に守られるものではない方策によって、震災後の復興を進める方針を採った。日本政府による原発事故後の大気汚染状況報告と、アメリカ政府によるそれとのギャップは大きく、二本松市もこういったグレーゾーンに属する地域の一つである。日本政府によれば「安全」と言われ、

一方、他国データによれば「危険」地域と見なされる。そんな住空間に暮らしながら、被曝を受けやすい子どもたちの安全を一番に考える母親たちが、自分たちの考えを手探りでまとめ、行動を起こすまでの過程を、このドキュメンタリー映画は追っている。

この作品は一見、「母親」対「政府」、「私的な声」対「公的な声」といった二項対立に寄り添った作品に思われがちだが、実のところ、そのような対立関係を強調しない。むしろ、「二本松市の母親」と、チェルノブイリ原発事故後に被曝問題を抱え続けている「ベラルーシの母親」との共通性に着眼する。鎌仲ひとみは、こういった海外の先達と核問題を抱えた日本の一地方との対比という手法を使うのが上手い。『ミツバチの羽音と地球の回転』では、スウェーデンの小さな村オーヴァートーネで、村民がどのように持続可能な新しいエネルギーを使いながら無理なく生活しているかを観客に見せた。持続可能なエネルギー、そういった新たな生活の可能性を実際に目の当たりにすることによって、観客の多くは、瀬戸内海に取り残されたような祝島の島民が発する反原発の叫び、あるいは原子力エネルギー無しの持続可能生活への切望が、決して無謀な理想主義ではないことに納得する。『小さき声のカノン』でも同様に、三〇年以上になろうとする被曝経験を乗り越えてきたベラルーシの医療体制や、母親たちの努力と現在の姿を見せることによって、日本の母親たちの不安や、子どもを守ろうとする工夫が決して非現実的ではないことを証明する。

「保養」がその一つだ。「保養」の意味は一般に二つある。一つは、身体を休めて健康を増進すること、そしてもう一つは、美しいものを見て心を楽しませること。(19)「目の保養をする」という慣用句にもあるように、「保養」という言葉は、「楽しみ」や「喜び」との親和性が高い。しかし、いくら子どもたちを被曝から守りたいという理由であっても、一カ月もの間、あるいはそれ以上、どこかへのんびり「保養」へ行くのは、多くの母親にとってはハードルが高い。男女不平等の家事体制を保持している日本の一般的家庭環境では、夫や残された家族が持ちこたえられない。経済的な理由もあるだろうが、それ以上に社会のモラルが母親たちを苦しめる。『小さき声のカノン』では、ベラルーシの母子の保養体験を取り上げ、子どもたちを被曝から守るにはこの方法しかないと提唱する。

では、福島の子どもたちはどこで「保養」できるのだろう。政府にそういった予算があるのだろうか。現実は厳しい。福島の子どもたちを受け入れる保養地などは、日本のどこにも用意されていない。映画では、二本松市の真宗大谷派の真行寺と大谷大学とのつながりから、二本松市の母親らが子どもたちと岐阜県にある大谷大学のレクリエーション施設へ保養に行く様子が描かれている。そこでの母親たちの何気ない会話の場面は重要だ。「いままで〔震災後にお寺で開かれる青空市場を手伝うまで〕、こんな付き合い全然なかったわよねえ」。日本社会に女性の、特に母親のコミュニティーが少ないことを、この作品は見逃さない。一方、北海道のルスツにある「チェルノブイリへの架け橋」というNPO法人が、見過ごされがちな関東圏の子どもたちの保養を引き受ける様子も描かれている。映像が捉える「チェルノブイリへの架け橋」の建物は小さい。代表者野呂さんを中心にしたスタッフの脱被曝のための介護は手厚いが、建物のサイズが彼らの置かれている経済状況を暗示している。しかし、子どもたちの尿から取り出されるデータが、人々の努力から生まれた「保養」の効果を明らかにする過程は感動的だ。一方政府は、これから何十年も必要とされるだろう「保養施設」を経済的に支援していくだろうか。被災により仮設住宅に避難した人々が次第にそこから自立していく経緯を、「震災の終焉」「復興の兆し」と賞賛しがちな今の日本社会で、今後ますます必要となるだろう「保養」という行為や、そのための施設と人材の必要性に、いったいどれだけの国民が気づいているだろうか。

6　信頼できる女性という「素材」作り

『小さき声のカノン』は、日本国内と海外という空間的な対比だけでなく、時間の対比も効果的に利用している。周知の通り、一九八六年四月二十六日にチェルノブイリで原子力発電所事故が発生した。チェルノブイリはウクライナの最北部にあるため、その真北にあるベラルーシへは放射性物質が国境を越えて広がり、特に南東部に大きな被害を及ぼした。原発事故による汚染と甲状腺がんの相関性がこの地域には多く認められ、三〇年に及ぶ医療データの集積と治療の実態が映画では紹介されている。

時間的な対比はドキュメンタリー映像における編集作業ではよく使われる技法だが、『小さき声のカノン』の場合、単に ビフォー&アフターといったかたちで一つの場所の過去と現在を対比するだけではなく、空間の対比（ベラルーシと福島）との複雑な組合せとともに時間の流れを見せていく。このような時空間の対比の文字通りの架け橋として、作品には数人の医療メンバーが登場する。長野県の医師、現在は松本市の市長になっている菅野谷昭、ベラルーシの内科医ヴァレンチナ・スモルニコバなどだ。映像では抽象的になりがちな時空間の繋がりを、「人」という素材、特に「信頼できる」と誰もが納得する女性スモルニコバ医師の存在を通して、母親たちへの応援歌という「物語」が展開する。この時空間の繋がりこそが映画の「肝」であり、それによって最後の大きなメッセージが鮮明に浮かび上がる。

ドキュメンタリーの素材主義に関しては、さまざまに批評されている。多くの場合、素材の良さに頼り切った、技術や質の見合わない作品に対する揶揄として「素材主義」という表現を使う。一方で、被写体である「素材」の面白さが、確かにドキュメンタリーの面白さを左右することも事実である。『小さき声のカノン』の場合、スモルニコバ医師自身の人間性という「素材」とは別に、彼女に対する「信頼感」が映像を通してゆっくりと少しずつ築き上げられ、それが新たな「素材」として機能する。映像のなかで「信頼感」を築き上げることは、実はそれほど容易なことではない。

森達也の『A』（一九九七年）、『A2』（二〇〇一年）、『FAKE』（二〇一六年）といった一連のドキュメンタリー映画は、被写体のアンチ・ヒーロー性が覆る瞬間を「素材」として上手く利用している。『FAKE』を一例に挙げてみよう。森は「ドキュメンタリーは嘘をつく」と発言するとともに、いわゆる「ドラマ」とドキュメンタリーの違いを認めない[20]。つまり、どちらも編集され、製作されている作り物である、と強調する。森の多くの作品は、映像を通じて提示される被写体の「真実」を追求、あるいは被写体に付加された風評の「真実」に疑問符を投げかける。反面、われわれが「真実」と考えるようなものは存在しないのではないか、と感じさせるような、自己を反映した（self-reflexive）エンディング手法を採ることもある。ゴーストライター問題が発覚し、マスコミから犯罪者扱いされた作曲家・佐村河内守は、果たして実際に自分で音楽を作ることができたのか。自己の身体障害も含め、彼はどこまで嘘をついていたのか。結局、いずれの真偽も明らかにされることなく『FAKE』は終わる。

『小さき声のカノン』における、鎌仲の被写体構成法は、森のそれとは大きく異なる。端的にいえば、信頼のできる女性という「素材」／化身（avatar）作りに成功している。そこに、自己言及的な懐疑心は存在しない。「素材」を捏造するのではなく、「信頼」という抽象概念を、異なる層の関係性のなかから視覚化することに成功している。スモルニコバ医師はまず、自分の後継者として何年も前にクリニックにやってきたザンナ・エフトクホバ医師を紹介する。同僚との信頼関係と後輩からの敬意が表現される瞬間、われわれはこの老医師のプロフェッショナル度を推し測る。同様の人間関係は、スモルニコバ医師が立ち上げた財団「チェルノブイリの子どもを救おう」でのスタッフとの会話にも見ることができる。さらにカメラは、スモルニコバ医師が、オシペンコ家を訪ねる様子を追う。当時の苦労話を分かち合う姿を捉えたシークエンスは、震災後に避難を強いられ、おまけに家族の多くが甲状腺がんを患った一家と医師との風化することのない長年のつながりと、共に病気と闘った歴史の重みを映し出す。やがて、この年老いた女医に対する信頼は、彼女が自身の家族を紹介する場面で確固としたものになる。原発事故が起こった時に一五歳だったという娘スベトラナは、多くの娘が母親に語る時の独特な気安さで、仕事に生きる母親が家庭では何もしてくれなかったと文句を言う。しかし、続く会話のなかから、子どもには気づくことのできなかった母親としての心配や不安を密かに抱えていたこと、そのために必死になってさまざまな対策を講じていたことなどが明るみに出る。アルコール中毒を患い、現実逃避へ向かったという今は亡き夫について語る場面に至っては、人生を賭けて核汚染と対峙してきた女性の負の歴史が浮き彫りにされる。観客の医師に対する決定的な親近感と信頼を、映像が勝ち取る瞬間だ。『小さき声のカノン』は、長い時間をかけて一人の女性被写体に「信頼感」を与え、最後に彼女の言葉を借りながら、観客へ力強いメッセージを送る。その言葉の重みは忍耐と機知による映像から生成されており、それによって初めて観客の心に深い情動（affect）を起こしていることを指摘したい。スモルニコバ医師／『小さき声のカノン』は言う。


やっているのは国家ではない、民間人です。

普通の人にはおおきな力があるんです。

彼女ら〔二本松市のお母さんたち〕は、「溺れる者は自らを助けるべし」ということができています。

日本には私たちのシナリオは完全には当てはまりません。

まず政府に日本人らしいやり方で対話を要求して下さい。

何でもいいから行動をすることです。

7　反ロゴス主義の力

スモルニコバ医師の確固とした発言とは対照的に、二本松市の母親たちの発話は力強さに欠ける。しかし、『小さき声のカノン』は、それを効果的に使用している。「保養」という、日常生活ではなかなかできない勇気ある行動を、子どもたちのために断行する彼女たちだが、七〇年代のウーマンリブの闘士のような理論武装は持たない。むしろ、登場する母親たちは、よく泣く。見方によれば、メロドラマっぽい女々しい行為に映るかもしれない。しかし、自己の抱く感情が言葉によって形状化できない現実があることを、映画は確実に捉えている。彼女たちの泣くという行為そのものが、言葉（ロゴス）では決して解決することのできない、現在の日本社会の抱える不条理――どのようにして自分たちの子どもの未来を守ればよいのか、途方に暮れる現実――を如実に表していると感じさせる。映像の強みは、そこに在るものを写し撮るだけではなく、そこに在るけれども見えないもの、この場合、言葉による表現の不可能性を映し出すことにより、ロゴスの限界であったりロゴス中心主義を推し進めてきた現代社会の行き詰まりといったものを表現できる点にある。

『小さき声のカノン』は、単に母親たちの行動を撮影するだけでなく、その周囲の「位相差」――複数のトポロジー間に起こるギャップ、抽象空間に与えられる適当な構造（部分集合）間の差――を捉えている点も特徴的だ。母親の一人である佐々木ユリさんが、子どもの通学路に汚染度の高い空き地を見つける。彼女は仲のよい母親グループ「HAHA RANGERS」を招集し、その空き地の除染を開始する。すると、空き地の近所に住む主婦たちが、彼女らの行動を訝《いぶか》しげに眺めながら、汚染土の詰められた袋を指差し「自分たちが勝手にしたことだから、ちゃんと自分たちで処分するように」と諭す。HAHA RANGERSの無償の行為は、必ずしもすべての人々に受け入れられるものではないこと、つまり同じ女性間にも位相差があることを明らかにする。それに加え、この作品は夫婦／男女間の位相差にも光を当てる。東京からルスツに保養にやって来た母親チハルさんは、夫婦の間の被曝に対する関心に温度差があり、自分の思っていることを容易に相手に伝えることができなくなってしまった、と愚痴る。

震災後に起きた位相差についての言説は多い。哲学者・一ノ瀬正樹は著書『放射能問題に立ち向かう哲学』のなかで、「道徳的位相差」と「地域の位相差」について言及している。前者の例としては、原発事故の責任を負うべき大人と、責任を帰することのできない子ども、あるいは将来世代との差を指摘しており、後者としては、

「福島の人々と東京の人々」といった地域性に起因する差を指摘する。[21] しかし、震災がもたらす位相差は、そのような世代差や地域差といった画一的な違いからのみ生まれるものではなく、たとえ同じ地域に住んでいようとも、同じ世代、同じジェンダーに属していても、あるいは、同じ「母親」という属性を共有していても、多面的に、複合的に起こりうる問題である。『小さき声のカノン』は、女性、特に母親たちの声に耳をすますことによって、震災後に幾重にも積み重なった被災地コミュニティーの複雑な様相を明らかにしている。

8　子どもと外国人から学ぶ

最後に、『A2-B-C』について考えながら本稿をしめくくりたい。この作品は、映像を通して子どもの声を聴かせることに成功していると私は思う。ここで言う「子どもの声」とは、単に子どもによる発話のみを指すのではなく、子どものような声という意味合いも含んでいる。

アメリカ人の映画作家イアン・トーマス・アッシュによって製作されたドキュメンタリー映画『A2-B-C』は、原発事故後の初期被曝によって、甲状腺に囊胞ができていると診断された子どもたち、またその母親たちとのインタビューを基調にしている（図4）。囊胞無しが「A1」、囊胞ありが「A2」。登場する子どもたちの多くは、「A2」という甲状腺障害ありの診断を受けている。母親たちはカメラに対して訴えかける。「騙された、裏切られた、うちの子たちに囊胞があるのは、初期被曝がかなりあったんだと思います」。

『A2-B-C』は、衝撃的な意見のぶつかり合いから始まる。アッシュが、福島放射線健康リスク管理アドバイザー・山下俊一医師に「僕たちは〔ママ〕癌になりませんという保証はできますか?」と質問するのに対し、山下が「ごめんなさい。言えない。確率ものだから。絶対ということは誰も言えない。絶対安心ということは誰も言えない」と反論する。周知のように山下医師は、戦後最大の危機的状況下で、健康リスク管理アドバイザーと

図４ 『A2-B-C』からの一場面

いう要職に就いているにもかかわらず、「フクシマの名前が世界に轟く時、ピンチはチャンス」と訳の分からない冗談を言ったり、「放射線の影響はニコニコ笑っている人には来ません」という爆弾発言をしたことで有名だ。[22] ここでは、アッシュと山下のどちらが正しいかということではなく、二人の間で何が異なるのかに注目しよう。山下の問題は、福島地域で引き続き暮らす人々に、放射線被害についての真実を解りやすく説明するのではなく、修辞を弄《もてあそ》びながら根拠のない安心感を与えることを使命と考えている点にある。一方アッシュは、人々が最も知りたいと思っていることを、単刀直入に質問する。同じ日本語を介しながら、それぞれの発話が、全く異なる生き方や価値観に裏付けられていることは明らかだ。

　ドキュメンタリー『A2-B-C』の魅力は、アッシュが発するこの単刀直入さである。言い換えれば、「子どものように」真っ直ぐな視線と発話だ。二〇一一年の福島原発事故以来、被災者の多くは、あらゆる「矛盾」や「疑惑」「不条理」と対峙しながら生活を続けている。アッシュの忌憚《きたん》のない質問は、多くの人々の心をつかむ。

　『小さき声のカノン』にも、たくさんの子どもたちが登場する。しかし、カメラのレンズは明らかに子どもたちというよりも、主に母親たちに向けられていた。一方、アッシュは、子どもたちの声を確実に拾い上げている。小学生がランドセルに「ガラスバッチ」を付けている。「ガラスバッチ」とは、新語時事用語辞典に、「放射線を照射すると発光する性質を持つようになる、特殊なガラス素材を使用した、一種の線量計。個人が受けた積算の放射線量を計ることができる」とある。[23] アッシュは、ランドセルに黄色いカバーを付けた小学一年生の男の子に

「これは何？」と聞く。「ガラスバッジ」「ガラスバッジって何？」「計るやつ」「何を計る？」そこで、言葉に詰まってしまったその子の姉（または妹）が助太刀をする。「放射能計るやつ」。この会話シーンからわれわれが感じることは、安全性をチェックするためにこういう工夫がされているのか、素晴らしい、ではなく、このように放射線被曝量が計測されるようなところで子どもを学校に通わせていてよいのか、であろう。『A2-B-C』は「子どもたちの未来は安全か？」と問いかける。[24]子どもは、社会における一個の主体として十分な権利を与えられていない、よってその「声」は軽視されがちだ。今回の福島原発事故で最も被害を受けた生き物ともいえる彼ら子どもたちの声を、『A2-B-C』は巧みに引き出している。

ただし、この映画は難しい作品だ。それは子どもたちから学ぶのが難しいという意味ではなく、作品に辿り着くこと自体が一苦労なのである。映画の配給が開始されたのは二〇一四年五月。それからわずか一年足らずの二〇一五年三月には配給委員会が劇場への配給打ち切りを決めた。「東京の映画配給会社を母体とした上映委員会」が作品から手を引く過程については、二〇一五年八月二十九日の『朝日新聞』に掲載された山田理恵の記事「福島に暮らす人々を描いた映画、打ち切りから再上映へ」に詳しい。「上映委は中止の理由を明らかにしていないが、関係者や監督によると、映画に出た一人の女性と、子どもの甲状腺を検査した福島県内の診療所が、過激派組織の「中核派」と関係があるという指摘が外部から寄せられたからだという」[25]。実際に映画を見ると明らかだが、『A2-B-C』は、中核派の宣伝など何一つ行っていない。現保守政権の復興計画の問題性を指摘するという点を除き、政治的な偏りはどう見てもこの映画には見受けられない。同記事は引き続き、「上映委側は「組織の宣伝に利用される恐れもある。自主上映する他の市民グループに迷惑がかかる可能性がある」として該当部分のカットを提案。だが、指摘されるまで知らなかったという監督は応じなかった」と報告している。「中核派」に関する中傷がそもそもどこから来たのか、今となってはわからない。イアン・トーマス・アッシュはその後、配給に関する委員会との衝突に関して、インタビューを受けたり、記者会見を開いたりした。しかし、率直な議論を求める彼の姿勢に対し、唯一反応を示したのは、日本国外からやってきた「外国人」プレス記者だけだったという。

「子ども」と「外国人」、いずれも参政権を持たない二つの集団は、それだけに「政治」からは蔑《ないがし》ろにされがちだ。しかし、彼らには大きな可能性があることを『A2-B-C』はつまびらかにしている。それは、両者に共通する真っ直ぐな視線と単刀直入な言葉ゆえである。日本の現代社会の「空気」を十分に読まないとも言える『A2-B-C』のカメラの立ち位置こそが、誰もがどこかおかしいと思っていても、何となく指摘しにくい震災後の現実を可視化したと言えないだろうか。

日常生活では自分自身を常に「外国人」だとは思わない、しかし、日本でドキュメンタリー映画を作る限り、自分が「外国人」であることを意識しないわけにはいかない、とアッシュは告白する。そして、それをある時点で好機に変えた。彼は原発に関するドキュメンタリー映画製作に関して、鎌仲ひとみと対談インタビューを行ったことがある。そのなかで、二人は「外国人」の映画作家であることについて触れている(26)。アッシュが日本で映画を作る時、また鎌仲ひとみがドキュメンタリー製作の過程で世界各地へ取材に行く時、それぞれが「外国人」として、地元の公用語あるいは共通外国語を話すことになる。鎌仲の場合は英語であり、アッシュにとっては日本語だ。そこで彼が指摘するのは、どんなに鎌仲の英語が堪能であろうと、外国人が母国語でない言語で話をする時、聴き手の多くは心理的ガードを外すということだ。つまり、相手の質問の内容がたとえ核心を突いた、答えにくいものであっても、言葉遣いが子どもの言葉のようにレトリック抜きの単純明快な時には、同じようにストレートで、解りやすい答えが返ってくることが多い。そこが好機だと言う。二人は引き続き、日本社会での、研ぎ澄まされ隠喩に富んだ日本語("a sophisticated, indirect way of communicating")によるコミュニケーションの難しさにも共感を示す。

＊

イアン・トーマス・アッシュがここで指摘したことは、実はジュリア・クリステヴァが『外国人──我らの内なるもの』ですでに指摘している。「我々のアイデンティティの隠れた顔、我々の住まいをばらばらに壊してしまう空間、合意も共感もずたずたにしてしまう時間、それが外人だ」。そして、そのような力を持った「外人は、我々自身の中に住んでいる」のだと。[27]「同意しないこと。いつでも、何ごとにも、誰とでも。外人にあるのはただ好奇心、そして驚きだ、探検家や人類学者のように」[28]。「外国人性」を内在するすべての人々に必要なものは、このように簡単には同意しない好奇心なのかもしれない。聞き取れないような小さな声を聴く好奇心。

さて、本稿で紹介した震災後のドキュメンタリー映画にどのような類似性を見るだろう。取り上げた三作品はいずれも、自身の意見を述べるだけの主体性を持っていないように見える、か弱いと同時に尊敬に値する存在に光を当て、それらの内なる抵抗や、声なき「声」を視覚化している。

しかし一方で、どの作品も、現在の日本社会にあっては不遇である。岩崎の動物シリーズは当初政府から製作援助を受けていたが、「不都合な真実」を記録し始めた途端にその支持を失った。『A2-B-C』の配給委員会は自己センサーシップを働かせ、劇場公開や、その他メディアによるプロモーションから一切手を引いた。鎌仲ひとみ作品に関しては、クラウド・ファンディングを利用した製作費の集め方からも明らかなように、政府からも特定の企業からも支援を受けていない。加えて、これらの作品を取り上げない日本のマスメディアは、異なる見解を持つ映画作品に対しての「好奇心」の無さを露呈していると言えるだろう。与党の決定と響き合う日本社会における全体主義の力が、文化的な「対話」を多様化するにはあまりにも強すぎるように私には見える。

注

（1）「東日本大震災」をカタカナ表記の「フクシマ」と呼称することに対する批判もある。「福島」ではなく、「フクシマ」と表記されることによって、「終わってしまった場所の象徴としてレッテルを貼られたように感じてしまう」（箭内道彦）被害者が存在するからだ。そういった考えがあることを念頭に置きながら、本稿で扱うのは実際に存在する福島ではなく、メディアによって震災後に構築された「フクシマ」という時空間であることを再確認しておきたい。「フクシマ」という表記に関する批評の一例として以下の記事を参照されたい。「「フクシマ」は差別？ 現地の人を苦しめるカタカナ表記」（『週刊朝日』二〇一四年十一月二十八日）https://dot.asahi.com/wa/2014112600078.html?page=1（二〇一八年六月二日アクセス）。

（2）『朝日新聞』二〇一八年二月十日。

（3）藤木秀朗「アントロポセンの脱自然化――3・11原発災害後のドキュメンタリーによるランドスケープ、動物、場（所）」『JunCture 超域的日本文化研究 08』二〇一六年、五〇頁。

（4）Akira Mizuta Lippit, *Electric Animals: Toward a Rhetoric of Wildlife*, Minneapolis, Minn.: University of Minnesota Press, 2000.

（5）Brian Massumi, *What Animals Teach Us about Politics*, Durham and London: Duke University Press, 2014.

（6）ジョルジョ・アガンベン『開かれ――人間と動物』平凡社、二〇一一年。

（7）Arne Næss, *Ecology, Community, and Lifestyle: Outline of an Ecosophy*, translated and revised by David Rothenberg, Cambridge, New York: Cambridge University Press, 1989. アルネ・ネス『ディープ・エコロジーとは何か――エコロジー・共同体・ライフスタイル』斎藤直輔・開龍美訳、文化書房博文社、一九九七年。

（8）Peter Singer, *Animal Liberation: A New Ethics for Our Treatment of Animals*, New York: Avon Books, 1975. 本書は日本で二度、別々の版元から翻訳出版されている――ピーター・シンガー『動物の解放』（技術と人間、一九八八年）、『動物の解放』（人文書院、二〇一一年）。

（9）ＮＥＴ系列局とＴＢＳ系列局で放送されていた教養番組。一九七三－八二年にかけて放送。毎日放送と岩波映画の共同製作とされており、新日本製鐵（現・新日鐵住金）グループの単独提供。

（10）「群像舎とは」http://gunzosha-july.tumblr.com/company（二〇一八年五月二四日アクセス）。

(11) ドキュメンタリー映画『不都合な真実』（二〇〇六年）は、地球温暖化を問題視するアル・ゴア元アメリカ合衆国副大統領の主演作。周知の通り、第七九回アカデミー賞長編ドキュメンタリー映画賞を受賞し、環境問題啓発に貢献したとしてゴアがノーベル平和賞を授与された反面、この作品の当時の共和党・ブッシュ政権との確執は有名である。地球温暖化など単なる学問上の仮説で、温暖化現象は現実に確認できていないとしたブッシュ政権の公式見解に対して *Inconvenient Truth*（『不都合な真実』）というタイトルが付けられた。放射能汚染について「問題は終結した」とする安倍政権にとって、このシリーズが提示する「有害な原発被害」の証左も、同様の確執を生み出すものと想像される。

(12) 二〇一二年四月五日、原子力災害対策本部長（総理）は、避難指示区域における離れ家畜の対策として「旧警戒区域内に放れている家畜については捕獲を進め、原則として所有者の同意を得た上で、家畜に苦痛を与えない方法（安楽死）による処分を実施」という指示を出した。http://www.maff.go.jp/j/kanbo/saisei/sinsai/pdf/siryo_12_2_3.pdf#page=3（二〇一八年五月十三日アクセス）。

(13) 藤木前掲、六二-六三頁。

(14) 大気科学者パウル・クルッツェンの概念。

(15) 藤木前掲、四八頁。

(16) ダナ・ハラウェイ『伴侶種宣言——犬と人の「重要な他者性」』水野文香訳、以文社、二〇一三年。

(17) サイモン・アヴェネル「方法としての環境アクティヴィズム——日本の人間中心的環境主義」『JunCture 超域的日本文化研究 08』二〇一六年、六七頁。

(18) 「原発事故の怖さ　動物が伝える」『東京新聞』二〇一七年七月八日、二三面。

(19) 三省堂『大辞林』より。https://www.weblio.jp/content/%E4%BF%9D%E9%A4%8A（二〇一八年五月二十六日アクセス）。

(20) 森達也『ドキュメンタリーは嘘をつく』草思社、二〇〇五年。

(21) 一ノ瀬正樹『放射能問題に立ち向かう哲学』筑摩書房、二〇一三年、四五-五二頁。

(22) 「山下俊一トンデモ発言」https://www.youtube.com/watch?v=PuwFrNEgDTg&feature=youtube_gdata_player（二〇一八年五月二十七日アクセス）。視聴回数一四万七二二一回。

(23) 「ガラスバッチ　別名：ガラス線量計、個人用ガラス線量計」二〇一一年六月二十二日更新 https://www.weblio.jp/

content/%E3%82%AC%E3%83%A9%E3%82%B9%E3%83%90%E3%83%83%E3%82%B8（二〇一八年五月二十八日アクセス）。

（24）「'A2-B-C'（予告編　Japan Theatrical Trailer 2015）」http://www.a2-b-c.com/trailer.html（二〇一八年五月二十八日アクセス）。

（25）「Hatena::Diary　shuuei のメモ　2015-08-30　福島に暮らす人々を描いた映画、打ち切りから再上映へ」http://d.hatena.ne.jp/shuuei/20150830/1440875392（二〇一八年五月二十八日アクセス）。

（26）"Filmmakers Ash and Kamanaka Discuss Radiation, Secrets and Lives," *The Japan Times* Community (May 13, 2015). https://www.japantimes.co.jp/community/2015/05/13/issues/filmmakers-ash-kamanaka-discuss-radiation-secrets-lives/#.Wwv2HKIFPow（二〇一八年五月二十八日アクセス）。

（27）ジュリア・クリステヴァ『外国人——我らの内なるもの』池田和子訳、法政大学出版局、一九九〇年、三–五頁。

（28）同上、二四頁。

社会学・現代思想

エンゲストローム／山住勝広 監訳

張的学習の挑戦と可能性 いまだここにないものを学ぶ

『拡張による学習』の実践編。教育，企業，病院，図書館など多岐にわたる領域における具体的研究と到達点，未来への可能性。

ISBN978-4-7885-1569-7　A 5 判 288 頁・本体 2900 円＋税

＝G.メラー／吉澤夏子 訳

ディカル・ルーマン 必然性の哲学から偶有性の理論へ

彼が企図した西洋思想史におけるパラダイムシフトと核心にあるラディカリズムを喝破した，読んで面白い「ルーマン入門」。

ISBN978-4-7885-1553-6　四六判 256 頁・本体 3500 円＋税

林多寿子・浅野智彦 編

己語りの社会学 ライフストーリー・問題経験・当事者研究

一人ひとりのライフ（生活と人生），自己表現，人生の転機，当事者の生きづらさの語りとは。質的研究の最前線を凝縮した論集。

ISBN978-4-7885-1586-4　四六判 304 頁・本体 2600 円＋税

尾浩一郎・根本雅也・小倉康嗣 編

爆をまなざす人びと 広島平和記念公園八月六日のビジュアル・エスノグラフィ

八月六日の広島平和記念公園の人びとの営みの全体像を理解し，その意味を解きほぐす，ビジュアル・エスノグラフィの成果。

ISBN978-4-7885-1585-7　A 5 判 304 頁・本体 2800 円＋税

田孝治・遠藤英樹・松本健太郎 編

ケモンGOからの問い 拡張される世界のリアリティ

ポケモン GO は何を問いかけているのか。社会学，観光学，メディア論，ゲームなどの研究者が真摯に応答する，学問的試み。

ISBN978-4-7885-1559-8　A 5 判 256 頁・本体 2600 円＋税

現代史・震災

北学院大学震災の記録プロジェクト・金菱清（ゼミナール）編

.11霊性に抱かれて 魂といのちの生かされ方

海の慰霊，寄り添う僧侶，亡き人への手紙と電話，原発に奪われた家族と故郷，オガミサマ信仰，疑似喪失体験にみる霊性の世界観。

ISBN978-4-7885-1572-7　四六判 192 頁・本体 1800 円＋税

杉亮子

2 刷重版！

大闘争の語り 社会運動の予示と戦略

党派や立場の異なる語り手 44 人が明かす東大闘争の全局面とは。1960 年代学生運動の予示的政治の力を描いた社会運動史。

ISBN978-4-7885-1574-1　A 5 判 480 頁・本体 3900 円＋税

■新刊

杉浦京子・金丸隆太 編

スタディ&プラクティス　はじめての描画療法

描画療法のなりたちや，準備する道具，さまざまな実践方法の
類と違い，解釈と分析にかかわる留意点，近年の研究課題や実
事例など，基本的な事柄をわかりやすく懇切に解説。学生さん
ら現場で働く心理士の方々まで広くおすすめできる入門書。

ISBN978-4-7885-1594-9　四六判 160 頁＋口絵 6 頁・本体 1800 円＋

横田正夫

描画にみる統合失調症のこころ　アートとエビデン

統合失調症の人びとが描いた絵に共通する特徴とは？　患者さ
が実際に描いた約 80 点の描画を収載してユニークな心象風景を
介するとともに，個別の解釈（アート）と描画特徴の統計的な
析（エビデンス）という両側面から障害像の解明を試みる。

ISBN978-4-7885-1593-2　A 5 判 160 頁・本体 2200 円＋

熊谷高幸

「心の理論」テストはほんとうは何を測っているのか？　子どもが行動シナ　に気づくとき

「心の理論」テストにパスできない――でも，そのことにも積極
な意味がある！　他者の心を読む能力を測る「心の理論」テス
の実施現場に立ち戻り，集団の中で生活しはじめた子どもの「
のあり方」と，対人世界の発達の様相を詳細に読み解く！

ISBN978-4-7885-1597-0　四六判 232 頁・本体 2200 円＋

ティム・ラプリー／大橋靖史・中坪太久郎・綾城初穂 訳

会話分析・ディスコース分析・ドキュメント分析　【SAGE 質的研究キット

どうデータを収集し，書き起こすか。どのように分析するか。
キュメントや音声・ビデオデータのとり方と分析の実際，ノウ
ウを，具体例を用いて懇切に解説。質的研究に馴染みのない院生
研究者が挑戦できるよう工夫された，実践的な入門書。

ISBN978-4-7885-1599-4　A 5 判 224 頁・本体 2400 円＋

土屋廣幸

文科系のための遺伝子入門　よくわかる遺伝　リテラシー

iPS 細胞，遺伝子診断，遺伝子編集，がん関連遺伝子……毎日の
うにニュースになる「遺伝子」。でも，いまひとつよくわからない
そんな人のために，遺伝と遺伝子のしくみとはたらきを，最新
トピックを交えながら，基礎からわかりやすく説明。

ISBN978-4-7885-1595-6　四六判 144 頁・本体 1400 円＋

新曜社 新刊の御案内

Sep.2018〜Dec.2018

新刊

智正博 編集代表,香川秀太・川島大輔・サトウタツヤ・柴山真琴・鈴木聡志・藤江康彦 編

質的心理学辞典

拡大と深化を続ける質的探究の「いま」を概観し理解するための1098項目を精選。基本的な概念から注目の研究テーマや方法論，知っておきたい人名まで簡潔かつ明快に解説。多様な学問的背景をもつ人びとの対話と協働を促す必携の書！

ISBN978-4-7885-1601-4　A 5 判 432 頁・本体 4800 円＋税

野健治・勝又陽太郎 編

学校における自殺予防教育プログラムGRIP《グリップ》 5時間の授業で支えあえるクラスをめざす

子供の自殺予防で効果を発揮するのが相談する／されるスキルを獲得すること，そして大人とつながること。GRIPはそれを実証したプログラムで，本書は豊富な図表とともに具体的な実施方法をていねいに解説。教材はオンラインで入手可能！

ISBN978-4-7885-1596-3　A 5 判 136 頁・本体 1800 円＋税

村忠正

ハイブリッド・エスノグラフィー NC研究の質的方法と実践

毎日10万単位のコメントが投稿されるニュースサイトのビッグデータ，場所や時間を共有しないオンライン交流のログなど，多時的・多所的なネットワークコミュニケーションのデータを，定性・定量の両面から分析した複合的エスノグラフィーの集大成。

ISBN978-4-7885-1583-3　A 5 判 328 頁＋口絵 4 頁・本体 3200 円＋税

幸枝

障害者と笑い 障害をめぐるコミュニケーションを拓く

「障害者を笑ってはいけない」といわれ，障害者と笑いはもっとも結びつきにくいテーマと考えられてきた。しかしこの常識に根拠はあるのか？『バリバラ』などのTV番組を取り上げて，「差別から自由」なコミュニケーションの可能性をさぐる。

ISBN978-4-7885-1590-1　四六判 256 頁・本体 2200 円＋税

第三部　表象の可能性と不可能性

生者と生きる——〈ポスト3・11〉の死者論言説

坪井秀人

1　よみがえる〈演説〉——SEALDsの衝撃

二〇一五年五月、第三次安倍内閣は平和安全法制関連二法案、いわゆる安全保障関連法案を衆議院に提出し、同年七月十六日、衆議院本会議で可決、参議院に送られた。そして九月十九日、参議院において、日本国憲法第九条によって規定されてきた戦後日本の平和主義を根本から修正する意味を持つ同法案が可決成立した（施行は二〇一六年三月二十九日）。その成立に至るまで、かつて一九六〇年から一九七〇年にかけて行われた市民運動や学生運動にも劣らない、激しい反対運動が全国的に展開された。これまで政治活動に関わってこなかった市民が多数参加し、若い世代からシニア世代まで幅広い人々によって継続されたこの運動のなかでも特に注目され、また重要な役割を果たしたのが、この法案を〈戦争法案〉と捉えて反対の声を上げた学生団体、SEALDs（自由と民主主義のための学生緊急行動）による運動であった。

SEALDsは東京の他に関西、東北、沖縄そして東海にも組織が結成され、運動の中心的な場所となった永田町の国会前だけでなく、全国の街頭で反対行動が行われた。とりわけ二〇一五年七月の衆院本会議での同法案可決後から施行までの期間の運動は、メンバーの奥田愛基《あき》らを中心に彼らのメディアへの露出度も高かった。インターネットの浸透性と速達性を効果的に活用した彼らの運動の方法論は、政党や労働組合を基盤とする従来の運動のそれとははっきりと一線を画したものであった。同時に日本国内だけではなく、前年の二〇一四年に台湾・立法院を学生たちが占拠した「ひまわり学生運動」（太陽花學運）、同じく二〇一四年の後半に行政長官の適正な〈普通選挙〉を求めて学生たちが激しい抵抗運動を展開した香港の「雨傘運動」など、アジア近隣の同世代の若者たちによる同時期の運動ともSEALDsたちの運動は確実に共振し、深い次元で連帯していたといえよう。台湾の運動も香港の運動も、それらが基盤としていたのは、非暴力的な運動方針を強く維持したことであった。当然のことながらこうした運動の世界的同時性という視点からも、彼らの運動の意義は評価されるべきだろう。

因みに台湾の「ひまわり学生運動」には前身があり、リーダーの一人である林飛帆も参加していた二〇〇八年の「野いちご運動」（野草苺学運）という運動がある。「野いちご運動」は集会・デモを規制する集会デモ法の改正を求めて学生たちが台湾各地で坐り込みを行った運動である。私は台北の中正記念堂前で行われていた坐り込みにほんのわずかな時間ながら参加したことがある。雨が降るなか、いくつかのテントが張られていて、学生たちのグループはメディア担当や食糧担当、医療担当などのセクションが役割によって組織化され、驚くほど体系的に運営を行っていた。台湾の各地の拠点ともインターネットで常時繋がっていて、組織のなかで物事を決定していくための投票などもそれによって行われていた。テントには支援者の市民も随時参加し、食糧などをカンパして、学生たちと同じようなスタンスで気軽に参加していたのが印象に残っている。「ひまわり学生運動」もこうしたかつての運動の経験の蓄積の上に、それを学び、継続して構築されたものであった。

ともあれ、一九七〇年に全共闘運動が挫折して以降、比較的沈静化していたデモやシュプレヒコールなどの街頭運動を、今回の反安保関連法案運動は従来よりも広い層を担い手として引き入れて、あざやかによみがえらせた。何よりも今回の運動は、SEALDsの運動を含めて、運動の方法を進化させたことで、今後も記憶に刻まれていくことであろう。街頭運動の再活性化の具体的な例としては、高円寺など地域に根づいた運動が局所的に起こったこと、サウンド・デモという二〇〇〇年代から登場したデモの祝祭的形態が定着して新しい運動の主体を誘い入れたことなどが挙げられる。

だが、SEALDsたちの運動の方法について注目できることがもう一つある。それは、政治運動の古典的な手法であった〈演説《スピーチ》〉というものの文化を新しいかたちで二十一世紀によみがえらせたことである。

《演説とは英語にて「スピイチ」と云い、大勢の人を会して説を述べ、席上にて我思う所を人に伝るの法なり[1]》

とあるように、もともとは西欧由来で、福沢諭吉らによって導入された演説だったが、近代以来、日本の政治文化の表舞台に導入されながら、為政者＝スピーカー／国民主権者＝聞き手というように、演壇（ステージ）の上と下とが階層的に分断されてきた。

本来、十九世紀半ば以降の日本では、幕末から明治新体制にかけて、世直し一揆や〈ええじゃないか〉、明治新政府に対抗する一揆など、民衆蜂起の場面では、たとえ口移しで（御札が天から降ってくるとか〈ええじゃないか〉などいった囃子言葉を言い伝える等々）言葉を広めていくだけであっても、庶民たちの言葉の連なりのなかには、そうした階層的分断を揺るがす力が溢れていた。このような民衆主体のあり方は演説会というメディアを最大限に活用して日本全国に浸透し、一八八〇年代にピークを迎える自由民権運動にも受け継がれた。

だが、やがて演説の主体（スピーカー）は代表者ひいては権力者の立場に固定されていき、その音声は演壇やラジオあるいはテレビのスピーカーによって特権化され、演説者と聴衆（観衆）との間のフラットな関係は破壊されてしまった。

こうした〈演説〉の文化を、SEALDsをはじめとする反安保関連法案運動は、スピーカーと聞き手が同一平面上に隔てなく位置するような、アクティヴなものとして復活させた。このことの意味はけっして小さくなかったと思われる。衆院平和安全法制特別委員会で安保関連法案が賛成多数で可決された二〇一五年七月十五日、そして戦後七〇年、すなわち一九四五年八月十五日の日本の敗戦からちょうど七〇年目である二〇一五年八月十五日という一つの節目を一カ月後に控えていたこの日、SEALDs KANSAIのメンバー、寺田ともかは、梅田駅

のヨドバシカメラ前でスピーチを行って、次のように声を上げはじめた。(2)

こんばんは、今日はわたし、本当に腹がたってここにきました。

国民の過半数が反対しているなかで、これを無理やり通したという事実は、紛れもなく独裁です。だけど、わたし、今この景色に本当に希望を感じてます。

大阪駅がこんなに人で埋め尽くされているのを見るのは、わたし、初めてです。この国が独裁を許すのか、民主主義を守りぬくのかは、今わたしたちの声にかかっています。

そして彼女はスピーチの宛名を国民主権者の代表者に明確に定めて、きっぱりと彼に呼びかけたのだ。

安倍首相、二度と戦争をしないと誓ったこの国の憲法は、あなたの独裁を認めはしない。国民主権も、基本的人権の尊重も、平和主義も守れないようであれば、あなたはもはやこの国の総理大臣ではありません。

民主主義がここに、こうやって生きている限り、わたしたちはあなたを権力の座から引きずり下ろす権利があります。力があります。あなたはこの夏で辞めることになるし、わたしたちは、来年また戦後七一年目を無事に迎えることになるでしょう。

安倍首相、今日あなたは、偉大なことを成し遂げたという誇らしい気持ちでいっぱいかもしれません。けれど、そんな束の間の喜びは、この夜、国民の声によって吹き飛ばされることになります。

今日テレビのニュースで、東京の日比谷音楽堂が戦争法案に反対する人でいっぱいになったのを見ました。足腰が弱くなったおじいさんやおばあさんが、暑い中わざわざ外に出て、震える声で拳を突き上げて、戦争反対を叫んでいる姿を見ました。

この七〇年間日本が戦争せずに済んだのは、こういう大人たちがいたからです。ずっとこうやって戦ってきてくれた人達がいたからです。

そして、戦争の悲惨さを知っているあの人達が、ずっとこのようにやり続けてきたのは、紛れもなくわたしたちのためでした。ここで終わらせるわけにはいかないんです。わたしたちは抵抗を続けていくんです。

武力では平和を保つことができなかったという歴史の反省の上に立ち、憲法九条という新しくて、最も賢明な安全保障のあり方を続けていくんです。わたしは、この国が武力を持たずに平和を保つ新しい国家としてのモデルを、国際社会に示し続けることを信じます。偽りの政治は長くは続きません。

そろそろここで終わりにしましょう。新しい時代を始めましょう。

二〇一五年七月一五日、わたしは戦争法案の強行採決に反対します。ありがとうございました

SEALDsは戦後七一年を迎えた二〇一六年八月十五日に解散を宣言し、現在はその活動を終えている。しかしSEALDsの若者たちが行ったスピーチは、国会前や街頭に集まった人々に、そこを通り過ぎていった人々に、大きなインパクトを与え、そしてネットの力を借りて国内はもとより海外にまでその声はどんどん拡散していくことで、世論にも大きな影響を残した。

私はパソコン上の動画で寺田ともかの右のスピーチに出会い、その小さな画面を大きくはみ出すような力をもった彼女の声を聞いた時、感情を大きく揺さぶられるのに抗することができなかった。時の総理大臣、安倍晋三に向けて《あなた》と二人称で呼びかけ、彼を政治的に打倒すると未来形で宣告する、その語りの直截さに打ちのめされたのだ。国会の中には入れず街路に溢れた人々、梅田の雑踏の中で足を止めて寺田ともかの声に聞き入っていた人々、そのおびただしい人の数に包囲されていたにもかかわらず、その権力の中枢にいた《あなた》とその仲間たちはまるで外の世界では何ごとも起きていないかのように、その人々の存在を無視し、寺田たちの声

を無視し続けたのである。

2　オバマ・広島スピーチをどう聞くか

しかしながら、一方で情動に訴えてくる声というものは、それが情動的な喚起力を発揮すればするほど、それを聞く側の熱をさまして、かえって冷静にさせ、そして身構えさせることもある。例えば二〇一六年五月二十七日、アメリカ合州国大統領としては初めて広島の地を訪れたバラク・オバマが行った、いわゆる〈広島スピーチ〉のことを考えてみよう。私はたまたまリアルタイムで、一七分間にわたって行われた、その演説のテレビ中継を見ていたのだが、彼の演説には、日本の為政者たちが行う、たいていはきわめてアマチュア的な演説などにはまったく期待することのできないような、抗いがたいほどの詩的な美しさが湛えられていた。あろうことか私は思わず耳を欹《そばだ》てて聴き入っている自分に気づいた。これまでもたびたび引用されてきたものだが、そのオバマ・スピーチの冒頭を見てみよう(3)。

71 years ago, on a bright, cloudless morning, death fell from the sky and the world was changed. A flash of light and a wall of fire destroyed a city and demonstrated that mankind possessed the means to destroy itself.

七一年前、よく晴れた、曇りのない朝、空から死が降ってきて、世界は変わってしまいました。閃光が、炎の壁が街を破壊し、人類が自らを破壊する手段を所有するに至ったことが示されたのです。

オバマのこのスピーチは良くも悪くも一個の〈詩〉として発表されたと言っても過言ではない。核兵器廃絶のヴィジョンを示した二〇〇九年のプラハ演説を、すでに政治的にはレイム・ダックの段階に入っていたオバマが自ら締め括るという舞台として、広島という場所があらかじめしつらえられていたことは誰の目にも明らかだったし、大半の日本の人々は彼が被爆者に謝罪することにあまり期待も抱いてはいなかった。日本の多数のメディアにしてからが、オバマにその場で原爆投下の赦罪を求めることに対しては抑制的だったように見受けられた。

案の定、スピーチの途中からオバマが原爆被害の痛みについての言及を人類史的な普遍的次元に転嫁していく展開となり、最初は感動を覚えながら聞いていた私の耳も心も、急速に萎み、冷めていった。とはいえ《空から死が降ってきた》と語り出された、彼の（レトリカルな）言葉の美しさに一度は強く情動を揺さぶられていたことは、これもまた紛れがなかったのである。

にもかかわらず、私たちの代表者として彼の隣に立っていた人物、日本の政治の代表者がまさにオバマの引き立て役を見事に演じていたように、日本の少なからぬ人々は、本来なら謝罪に来るべきであるその人間を、あたかも主人を待つ奴隷のように恭しく出迎え、そして私のように彼が唱える言葉の〈詩〉に胸打たれてしまったのではなかったか。

そのとき私は困惑し、そして思った。私たちはなんと惨めな存在なのだろうかと。この〈惨めさ〉という感覚は、被害者史観によって構成されてきた日本の戦後ナショナリズムにつながるものであるゆえに、私には余計に居心地の悪い、割り切れないものであった。しかし、この割り切れないという感覚は被爆者の人々には、さらに深く、複雑なものであったのではないだろうか。オバマの広島訪問の後、二〇一六年六月十五日と十六日に開かれた総会で、広島・長崎の被爆者団体の全国組織である日本原水爆被害者団体協議会が、このスピーチの冒頭部分を取り上げて、アメリカの責任回避を示すものとしてきびしく批判したのは、そのあらわれの一つであった。(4)

私たちはこうして声の喚起力に巻きこまれながらも、一抹の割り切れなさを感じることが多い。それは最初に掲げた寺田ともかのスピーチにおいても例外ではないだろう。だが、両者のスピーチは行われた状況も違えば、発声もパフォーマンスも、そのありようはまるで異なる。その異なりを端的にいえば、一方は生者が生者へと訴える語りであり、もう一方は死者と、そして死者と共にある生者へと語りかける語りであることであろう。オバマは次のようにも問いかけていた。

Why do we come to this place, to Hiroshima? We come to ponder a terrible force unleashed in a not so distant past. We come to mourn the dead, including over 100,000 in Japanese men, women and children; thousands of Koreans; a dozen Americans held prisoner. Their souls speak to us. They ask us to look inward, to take stock of who we are and what we might become.

どうして私たちはこの場所、広島に来るのでしょうか。私たちはそれほど遠い過去ではない時間に解き放たれた恐るべき力に思いを致すためにここに来るのです。死者たちを、一〇万人以上の日本の男性、女性、子供たち、何千人もの韓国人、そして捕えられていた一二人のアメリカ人捕虜たちを悼むためにここに来るのです。彼ら死者たちの魂は私たちに語りかけてきます。彼らは私たちに内面を見るように求めています。私たちが何者であり、どんなふうになり得るのかを見定めるように求めています。

この部分に典型的に見られるように、オバマの語りは、現在と未来の時間を生きる生者が死者の魂の声に対して耳を傾け、その声から学ぶことによって、死者たちを弔い慰めるというモードで一貫している。一方、寺田の語りは、このさきそれほど長くない時の間に生を終えていくであろう世代に対して強烈に対抗して、なおその先に続いていくであろう短くない時間を生きていかねばならない生者の言葉を、ためらうことなく、思い切り解き放つのだ。

オバマの語りが日本の聞き手たちに残していった割り切れなさ、寺田の語りの持つある種の思い切り。前者の言葉はまさに《空から……降って》くる超越の言葉として聞き届けられる。その超越は、彼が生者の一員として耳を傾ける死者の声の場所のごく近いところに位置している。

日本という国の政治文化に、このような超越としての〈詩〉を受け入れる素地がはたしてこれまであったのかどうか。それを諾《うべな》えるとは、とても思えない。だが、この声の場所に近い人物が日本という国にもちろんいないわけではない。オバマの横に並んで立った首相安倍晋三のように、かつて占領統治のトップに君臨したマッカーサーの横に並んで写真に収まったあの人物、敗戦後、原爆投下で廃墟と化した広島の地を含めて全国を巡幸して廻った人物、そしてもう一人付け加えれば、その巡幸の伝統を〈慰霊の旅〉という別のかたちで受け継いだ、その人物の息子のことだ。被爆の地で、そして今日では〈東日本大震災の〉被災地で、彼（ら）の〈お言葉〉だけが世俗（政治）の及ばない超越＝死者の言葉、つまりは〈詩〉として聞き届けられてきたのではなかっただろうか。

3　〈ポスト3・11〉の死者論言説——小説における

二〇一一年三月十一日に起きた東日本大震災は戦後の日本社会の発展の神話を根柢から打ち砕く未曾有の出来事であった。二〇一八年九月十日現在で、震災による死者・行方不明者はあわせて一万八四三二人を数え、さらにそこに震災を生きのびて後に命を落とした、いわゆる震災関連死の死者の数が加わる。個別に、孤独に死んで行く人の死というものが、個別的存在として評価されるのではなく、その個別性を捨象されるかのように、量として数えられることで表現されてしまう——このような不条理に直面して、日本に住まうすべての人々は言葉を失うほかなかった。

また、震災によって引き起こされた福島第一原子力発電所事故は周辺地域の住民の家と土地、そこで長年培わ

いとうせいこう『想像ラジオ』（河出書房新社）

れた地域的なコミュニティを根こそぎ奪った。国民主権者の大多数の反対にもかかわらず、時々の政権は巨大企業である電力会社との癒着の伝統を断ち切ることができないまま、従来の原子力依存の政策を温存し、一時的にはゼロ稼働になっていた原発の再稼働に着手していった。

いち早く原発依存の停止を決定したドイツや、草の根の反対運動が原発ゼロに結びついた台湾などと、これだけの被害を負いながら原発からの脱却ができないままでいる日本とでは、政治的風土があまりにも違うことを意識せざるを得ない。原発難民を生み出した政治の暴力は、例えば彼らの避難を解除するに際して、残留放射能の基準値を他の地域よりも高めに設定するところなどに、きわめて陰湿にあらわれていた。それは明確に〈棄民〉政治と呼んでしかるべきものであろう。このことを、今後も私たちは記憶に刻んでいかなければならない。

さて、東日本大震災以後、おびただしくうみ出された死者と向き合う経験、そして彼ら死者の記憶と向き合う経験は、日本の文学や批評の世界に〈死者論〉的な言説を導入することになった。このたびのオバマの広島スピーチにおける原爆被害への〈哀悼〉のモードも、原発が引き起こした故郷喪失、そのディアスポラ的な〈喪〉の状況と重ね合わせて受け取られたところがあったように思われる。

死者の声への共振ということでは、小説ではいとうせいこうの『想像ラジオ』（河出書房新社、二〇一三年）がそのわかりやすい例だ。そのなかから、全篇、恋人同士の関係にある生者と死者の対話から構成される第四章を取り上げてみよう。死者の女性は大震災の半年以上前に亡くなっている。生きていた頃、夫ある身で今も生きているその男性と恋愛関係にあり、死後の今も、その関係はある。一方が《触りたいなあ》と持ちかければ《触って欲しいな》という答えが返ってくるような、生者と死者のうるわしいカップル。しかし生者の男性にとって個別の死者である彼女の存在は、東日本大震災以後の〈国〉のすがたと相似している。

東京大空襲や広島・長崎の経験のなかで、死者と共に生きてきた日本だったはずなのに、《いつからかこの国は死者を抱きしめていることが出来なくなった》《死者と共にこの国を作り直して行くしかないのに、まるで何もなかったように事態にフタをしていく僕らはなんなんだ。この国はどうなっちゃったんだ》と、自虐の色合いも含んだ批判が続く(5)。震災以後を想定したこの現在批判には、戦後日本のナショナル・ヒストリーが死者との共生にもとづいて築かれてきたということが前提に据えられる。

そして《悲しみがマスメディア》となって、その〈悲しみ〉を媒介に死者の側から生者にも声が届くことを祈るという、この小説の主題の根幹にも関わるような次の語り。

「亡くなった人はこの世にいない。すぐに忘れて自分の人生を生きるべきだ。まったくそうだ。いつまでもとらわれていたら生き残った人の時間も奪われてしまう。でも、本当にそれだけが正しい道だろうか。亡くなった人の声に時間をかけて耳を傾けて悲しんで悼んで、同時に少しずつ前に歩くんじゃないのか。死者と共に(6)」

この世にいない死者のことにとらわれていたら生者の時間も奪われるという指摘も含まれるが、メッセージの眼目がそこにないことは明らかだろう。ここで唱えられるのは、死者の声に耳傾け、悲しみ、悼み、《死者と共に》生きること、それ以外ではない。そして、いまだ悲しみ癒えぬ震災以後ちょうど二年の二〇一三年三月十一日という日付で初版が発行された『想像ラジオ』という作品は、小説という形式ながら、この《死者と共に》という志向性を強く訴えて、〈ポスト3・11〉の国民的な〈死者論〉の空気の基本形の一つを作ったと言ってもよ

いだろう。(7)

『想像ラジオ』における《死者と共にこの国を作り直して行くしかない》という信念にもとづく現在（震災後）批判は、しかしむしろ戦後日本の総体に向けられた批判を本質としているのかもしれない。なぜなら東京大空襲や広島・長崎の二度の被爆体験がはたしてテクストの生者の男性が言うように《僕らは死者と手を携えて前に進んできた》という道筋を歩んだかというと、そうはならなかったことは、戦後復興後の歴史、特に高度経済成長やバブル期そしてそれ以後の歴史を振り返れば、誰にでも思い当たることだからだ。《死者と共にこの国を作り直》すというナショナル・ヒストリーの構想は、〈死者〉とははたして誰のことを指すかという別の重要な問いにも関わって、戦後の靖国的被害者史観に容易に絡め取られてしまうだろうが、そもそものような《死者と共に》ある国民史すらも、戦後日本は一度も構築することなどできなかったのではないだろうか。私たちがここで考えておかなければならないことは、《死者と共に〔…〕作り直》すという発想のなかにひそめられた戦後に対する根底的な問い直しあるいは批判（戦後再考、戦後批判）というモメントが立ち上がる前に、こうした批判的想像力が、現在の困難な生を引き受けなければならない〈難民〉〈棄民〉状況へのコンパッションを欠いた国策的な復興言説のなかに容易に回収されてしまうことではないだろうか。

〈ポスト3・11〉の日本の社会を題材にした小説はもちろん少なくない。そしてその多くが未来小説（近未来小説）として、しかもその幾つかが一種のディストピア小説として書かれていることは重要である。吉村萬壱『ボラード病』（文藝春秋、二〇一四年）と桐野夏生『バラカ』（集英社、二〇一六年）などをその例としてあげることができる。興味深いことに、両作の主人公はいずれも一人の少女、しかも物語の途中で初潮を迎える少女である。

これらの作品では、二〇一一年三月十一日以後、日本の社会は私たちが実際に経験している、あるいは知っているものとは、まったく別の歴史を歩んでしまっている。表面的に維持された秩序の下に真実は隠され、人々の生活はあたかも虚構の生を虚構とは知らないままに生きることを強いられている。だが、それが虚構であることに堪え難くなった人が、抵抗を試みたとき、その虚構的世界は悪夢のような残酷なリアリティをもってその人々を蝕み、容赦なく抑圧を始めるのである。

『ボラード病』のテクストの書き手である少女はその名も《海塚市》＝海の墓場という名前の街に暮らしている。街は震災で避難していた市民たちがそこに戻ってからは、郷土愛と地縁による暴力的な〈絆〉によって完璧な監視社会になっている。学校のクラスメイトたちが理由を伏せられたまま次々に病死していくなかで、彼女は安全と復興の虚構に同調することを迫る共同体の同調圧力を嫌悪し、自らが病んで孤立することを守ることで、それを拒否し続けるのだが、最後には街の支配者たちに囚われてしまう。

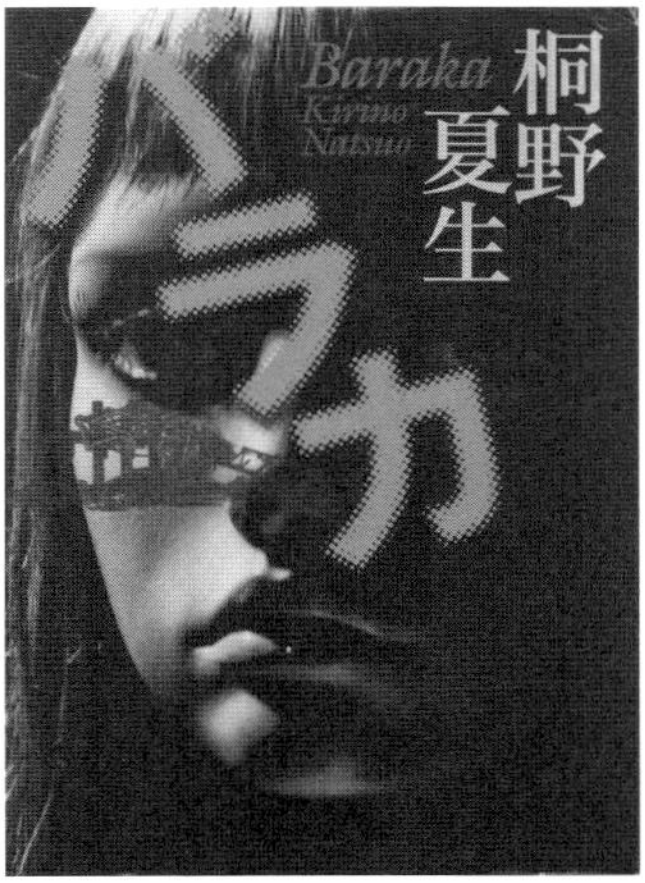

桐野夏生『バラカ』（集英社）

『バラカ』は、東日本大震災で原発四基が全て爆発して、東日本は原発汚染で荒廃、首都は大阪に移転して東北地方は棄民政策が進んでいるという虚構的な前提にもとづく[8]。主人公の少女、薔薇香は日系ブラジル人の両親から生まれながら捨てられてドバイで人身売買され、日本に戻ってくる。震災以後は甲状腺ガンに罹患しながらも、《棄民の象徴》として反原発運動の支援者グループにかくまわれていたが、戸籍上義父にあたる男に拉致されて、震災後の復興と安全の象徴のプロパガンダに利用されてしまう。

『バラカ』では、復興言説のキャンペーンに利用しようと薔薇香を狙う原発推進派の手から彼女を庇護する「爺さん決死隊」のグループのなかにいて、自らも《震災履歴》を持つ健太という青年が、薔薇香に向かって次のように語るのだった。

「俺たちみたいに不満を溜めている者の多くが、いろんな目に遭ってるんだ。突然、仕事がなくなったり、職場で苛められて辞めることになったり。そうかと思えば、罠に嵌められたり、騙されたり、脅されたり。行方不明になった人間も大勢いるし、交通事故に遭って半身不随になったヤツだっている。その始まりは小さなことなんだ。ブログが閉鎖されたり、アカウントが使えなくなったり、知らないうちにネットに顔が晒されたりする。だから、身を隠して気を付けるに越したことはないんだ。あいつらと国は、俺らに金をこれ以上払いたくないから、不満分子と呼んで殲滅しようとしているんだ。放射能と一緒さ。敵は見えないんだよ。気が付いたら、仲間はどんどんいなくなっている。[9]」

震災後八年が経過した日本では、体制側にとってもはや《日本の東側なんて関係ない》《今や西日本と海外しか頭にない[10]》という政治が横行し、富裕層はハワイとシンガポールに逃げ出してしまっていて、拡大された格差社会が完成されようとしている。そんななかで棄民政策の犠牲になり、それを批判したり抗おうとしたりする人々は《不満分子》と見做され、全体主義的な復興体制のなかではきびしい監視の対象にされている。右の引用にもあるように、その監視はネット社会の不可視の暴力をもとに形成されている。この暴力（敵）の不可視性を《放射能と一緒さ》とするどく見抜いている健太の言葉は、放射能が人々の身体の身近な場所に残存し続け、人々の生活や行動を規制し、その精神まで蝕み続けるという、まさに〈継続するフクシマ〉としての〈ポスト・フクシマ〉〈ポスト3・11〉の状況を明るみに示したものと言えるだろう。

そしてこのような強い怒りの感覚が健太のような若い世代に仮託された理由は、彼が別に発する次の言葉《俺たちは違う。これから五十年以上生きなきゃならないんだ[11]》と深く通底しているところからも推しはかることができる。健太のこの悲鳴のような訴えはしかし、甲状腺ガンを病んでいる薔薇香その人に向けられたものなのであって、それが彼女に向けられた瞬間に否みがたい暴力になり得ることを健太もすぐに自覚させられる。この小説のメッセージの奥深さを垣間見せるところでもある。

さて、『ボラード病』と『バラカ』は、両作とも、現実世界と非現実世界とがすぐに入れかわるような一種の平行世界《パラレル・ワールド》を描き出している。いずれにおいても不条理な状態で人が死んでいく。『ボラード病』の少女は死者と交信し、『バラカ』の主人公・薔薇香は津波で死んだ義母の亡霊に彼岸の世界に誘われる。これらの平行世界の表象は、生の世界が単独では成立し得ず、死の世界と平行的にしか存在し得ないことを強く印象づける。にもかかわらず、これらの作品の少女たちは死者たちの牽引を振り切って生きようと、生きのびようとしている。死者ではなく生者に寄り添おうとする。そのことを記憶に留めておきたいと思うのである。

4　〈ポスト3・11〉の死者論言説——批評における

一方、今日の批評の世界で、死者との共生を説く〈死者論〉を唱道している中心にいるのは、若松英輔であろう。若松は例えば妻を亡くした自身の体験をもとに次のように書く。

妻が亡くなってぼくは、彼女をより近くに感じる。生きているときは、彼女の思いがわからないときもあったけれど、今は、かつてよりもずっと、はっきりと彼女の気持ちがわかる。僕は彼女と死別して、はじめて本当の意味で出会った、とすら思う。

想像してみてほしい。今、君は、親友といっしょにいる。親友が自分はひとりだといって泣く。そのとき君はだまってそばにいるだろうけれど、心のなかでは、ぼくがそばにいる、ぼくがいっしょにいるから大丈夫だ、そう思うんじゃないだろうか。

死者たちも同じことを思っているかもしれない。よいときも悪いときも、楽しいときも苦しいときも、悲しいときも、惨めなときも、自分のことがいやになるときも、自分を見失いそうになるときも、いつもだまってそばにいて、本当のぼくから眼を離さないでいてくれる人がいたら、そんな人に僕らは、嘆きの声を届けるのではなく、「ありがとう」って言わなくちゃならない。釈迦もそう言っているんじゃないだろうか。(12)

さらに中島岳志との共著『現代の超克――本当の「読む」を取り戻す』（ミシマ社、二〇一四年）では、生者主体の〈死者と生きる〉生ではなく、《死者の世界が生者の世界を包んでいる》生、すなわち〈死者を生きる〉生を提唱している。

死者を生きるという。このとき中軸は生者の世界にあります。しかし、本当にそうでしょうか。死者の世界が生者の世界を包んでいるのかもしれないのです。死者を感じるとは、同時に彼方なる世界を感覚することでもあるわけです。中心が二つある楕円のように、さらにいえば立体楕円のように生者と死者の世界は結びついている。(13)

若松のこの〈死者論〉は、無数の死者たちの思いによってつくられた歴史を受け止めて、不可視の共同体を《背負う》べきことを説いている。そして、死者の声に満たされていく〈ポスト３・11〉の時代の空気に、小林秀雄の次の歴史観的テーゼが接合される。

歴史には死人だけしか現れて来ない。従つて退つ引きならぬ人間の相しか現れぬし、動じない美しい形しか現れぬ。(14)（『無常といふ事』）

このような戦時期の時代が刻印された小林の死者論的伝統論を系譜的に継承した若松の死者論言説は、上記のオバマのスピーチなどとも共振し、もの言わぬ死者たちを保証人として、無謬にして無垢なる超越の声〈お言葉〉とも接続しているだろう。私たち生者はいつの間にかこのように横溢する死者たちの声に包囲されてしまっているのである。

『想像ラジオ』に提示されたような《死者と共に》生きること、〈死者と生きる〉ことは、とりあえず生者を主体とする次元にある。ところが若松は〈死者を生きる〉ことを提唱することを通して、死者を主体とする次元を選び取っていると言えよう。なまなましい死者の記憶を消し去ることなどとてもできない状況のなかに、〈ポスト3・11〉を生き延びる日本の人々は閉じ込められている。こうした閉塞状況が若松らが唱える死者論言説への共感を拡げていることには一定の理由がある。このことは認めざるを得ない。

歴史学・民俗学者の岩田重則は、折口信夫の事実上の最後の仕事となった論考「民族史観における他界観念」（國學院大学編『古典の新研究』角川書店、一九五二年）において、折口の最愛の養嗣子折口春洋が硫黄島で戦死したことが成立の背景にあることに着目し、春洋やアジア太平洋戦争の戦死者の霊魂が、他界に行くことができないで彷徨《さまよ》っている《未完成の霊魂》（未成霊）となったことを受けて、この《未完成の霊魂》が常世にある祖霊である《完成した霊魂》に従属するのではなく、それから独立して存在すると見做したことを重く受け止める。そして、戦争と同じように大量死に見舞われたこのたびの東日本大震災がその《未完成の霊魂》の《大量出現》を引き起こしたことについて考察をめぐらしている。[15] 歴史としての戦争が終わっても最愛の人間を喪った折口のような個人にとっては戦争は終わらないように、《東日本大震災でも、復興がすすんだとしても、震災が継続している人たちがいる》[16]。死者の霊魂の未成性は、まさに〈継続するフクシマ〉としての〈ポスト3・11〉状況の中核であり続けている。

しかしながら、〈死者〉の存在を中心化して生者の生をそれに従属させる今般の死者論言説は多くの危うさを孕んでいることも確かなことである。死者論言説がこの現世に蔓延し、生者が自らの自我を消して謙虚に死者と対話せよと説くのは、政治言語において権力を握った特定少数の人々が黙して語らぬ死者を（ちょうど『バラカ』における薔薇香が原発推進の復興体制側と反対運動グループの両側から象徴的に利用されたように）利用する前提作りを容易にしてしまうだろう。このことは、靖国問題に象徴される、戦没者の追悼と死者たちの戦争責任追及にまつわる議論とも無関係ではない。大震災よりも遡る世紀転換期以降から、死者たちがまさに空虚な中心としていかに歴史修正主義者たちによって政治利用されてきたかを、今こそ思い返しておく必要があるのだ。

安全保障関連法案施行前日の二〇一六年三月二十八日、寺田ともかは今度は国会前で演説して次のように語りはじめた。(17)

この前たまたま電車の中で、年配のサラリーマンの方が、私たちの運動のことを話してるのを耳にしました。

「社会なんかはじめっから終わってんねやから、無駄な体力使わんでええのにな。自民党もたいがいやけど、野党も野党やし、今の日本は何しても無理やろ。」

寺田はこのサラリーマンの言葉に軽い反感を覚えつつも、毎日へとへとになるまで働かされている彼らの実感に共感と理解も示す。その上でしかし、次のように付け加える。

でも、今日はひとつだけ言いたいことがあります。
その人は、社会は終わってると言った。
だけど、若い私は、私たちは、その終わってる社会で、これからも生きていかないといけないんです。
このまま明日、戦争法が施行されようと、私たちはこの国で、この先何十年と生きていかないといけないんです。

寺田はこのように訴え、スピーチを《私は、安保法制の施行に反対し、人が生きるための、新しい政治を求めます》と結んだ。

寺田のスピーチは余りに希望的で楽観的に過ぎると思う人もいるかも知れない。だが、そう思う人は《これからも生きていかないといけない》と述べる彼女の世代の絶望の深さに気づいていない（その絶望は『バラカ』の作中にいる健太の《これから五十年以上生きなきゃならないんだ》という言葉においても共有されている）。戦争を行うことなく、〈戦後〉の時間を維持したまま、日本では同じ年、二〇一六年の八月に《戦後七十一年目》を迎えることができた。その〈戦後〉は良くも悪くもあやうい糸の上を毎年更新されているかにも見えるが、彼女が名指しした《あなた》に当たる人物は、そしてその追従者たちは、依然として権力の座にいる。それに〈戦後七〇年〉から〈戦後八〇年〉、この一〇年の間に、〈戦後〉そのものを語り得る生者の大半は退場して、死者たちが多数派を占めることになる。その間にも〈生きる〉ではなく〈生きていかないといけない〉、あるいは〈生かされる〉という過酷な生のありようは進行していくであろう。

このようなおぞましい生権力に対抗するためには、私たちはどうしても《人が生きるための、新しい政治》を求めて、死者論言説を乗り越えていかざるを得ないのである。〈戦後八〇年〉までの残り数年、私たちは死者たちの声の前に何よりも生者たちの声に耳傾けなくてはならないだろう。聞くことと語ることが、まさにそこでは闘いの場となるだろう。

注

（1）福澤諭吉「演説の法を勧るの説」（『学問のすゝめ　第十二編』［一八七四年］）、『福沢諭吉著作集』第三巻、慶應義塾大学出版会、二〇〇二年、一二六頁。

（2） 二〇一五年七月十五日の寺田ともかのスピーチの全文と動画は以下を参照。https://iwj.co.jp/wj/open/archives/253905（二〇一八年十月十六日閲覧）。

（3） オバマのスピーチの原語テクストについては、次の『ジャパン・タイムズ』のウェブサイトのページを参照した。"Full text of Obama's speech in Hiroshima" https://www.japantimes.co.jp/news/2016/05/27/national/full-text-of-obamas-speech-in-hiroshima/

なお、日本語訳は拙訳である（以下同）。

（4） 日本原水爆被害者団体協議会（被団協）の事務局長、田中熙巳はオバマ・スピーチ直後の記者会見で、スピーチを評価したことを悔いて、次のように述べた。「七一年前、死は自然現象のように「降ってきた」のではない。原爆を投下して「作った」んだ。人の世であってはいけない地獄を作ったんだ」（「被団協事務局長、米大統領「所感」評価を後悔」『毎日新聞』二〇一六年八月二日）。

（5） いとうせいこう『想像ラジオ』河出書房新社、二〇一三年、一三二頁。

（6） 同上書、一三一－一三二頁。

（7） 作者のいとうせいこうは『想像ラジオ』執筆中に後述の中島岳志に問われて、これは《死者論》を書いているのだと答えたという。「対談　いとうせいこう×星野智幸　想像すれば絶対に聴こえる」（『文藝』第五二巻第一号、二〇一三年二月）。

（8） 『バラカ』の物語は《大震災八年後》までの時間をカバーしているが、この時間設定は、この小説の位置づけを〈未来小説〉と呼ぶにはかなり微妙にさせている。それは正確には、過去の、〈3・11〉という起源の時間に遡って、その時点からの、あり得たかもしれない〈未来〉の時間を描いたとも言えるし、別の見方をすれば、その〈未来〉は〈隠された現在〉というアイロニカルな時間を寓意しているとも言えよう

（9） 桐野夏生『バラカ』集英社、二〇一六年、三三九頁。

（10） 同上書、三三一頁。

（11） 同上書、三三八頁。

（12） 若松英輔『君の悲しみが美しいから僕は手紙を書いた』河出書房新社、二〇一四年、六一－六二頁。

(13) 中島岳志・若松英輔『現代の超克――本当の「読む」を取り戻す』ミシマ社、二〇一四年、一三〇―一三一頁。
(14)『小林秀雄全集』第七巻、新潮社、二〇〇一年、三五九頁。
(15) 岩田重則『日本鎮魂考――歴史と民俗の現場から』青土社、二〇一八年。
(16) 同上書、一六五頁。
(17) 二〇一六年三月二十八日の寺田ともかのスピーチは以下の動画より文字起ししている。https://youtu.be/NLAePrFghhA?t=90（二〇一八年十月二十二日閲覧）

＊本稿の一部は内容的に別稿「死者論言説と戦後八十年」（『日本文学』第六五巻第八号、二〇一六年八月）と重複するところがある。また関連する論考として「学問批判と〈終焉〉のディスクール」『跨境　日本語文学研究』第五号（二〇一七年十二月）がある。

ジャンルとしての「震災後文学」と表象の限界

アンヌ・バヤール＝坂井

二〇一七年七月、第一五七回芥川賞は沼田真佑の『影裏』に決まった。それ自体は小さな日本の文壇で起きた、取るに足らない、どうでも良いようなニュース、と片付けてしまうこともできるだろうが、そうともいかないのは『影裏』が「震災後文学」に属する受賞作品と捉えられ、紹介されたからである。日本の文学場での正当化付与装置として機能する芥川賞が「震災後文学」に分類される作品に与えられたのははじめてで、それは「震災後文学」がジャンルとして公けに認められた証拠、と考えることもできる。(1)

しかしそうだとすると、「震災後文学」がジャンルとして成立するには、3・11以降六年以上かかったことを意味する。また、見方を少しずらせば、制度としての文学が「震災後文学」を認め得るまでそれだけ時間がかかったのだ、とも言える。ところが実際問題として、その期間に多くの作品が「震災後文学」と見做され、あるいは「震災後文学」として書かれているのだ。現実に書かれている「震災後文学」と制度としての文学が正当化している「震災後文学」はどのような関係にあるのだろうか。そしてそもそも「震災後文学」とはどのように定義され、それに属するテクストはどのように機能しているのだろうか。そしてまた、「震災後文学」がジャンルとして存在しているのだとしたら、読者、作家、そして研究者はどのようにそのジャンルの成立に加担し、そこから何を要求されているのであろうか。

ここではそのような「震災後文学」に関わる幾つかの問題点に注目し、その特徴に焦点を当ててみようと思うのだが、まず考えなければならないのは「震災後文学」といった言葉をわれわれが使うとき、何を意味しているのか、という点であろう。

1　「震災後文学」、そしてその他の名称

ある事象をどのように命名するか。周知のとおり、名称の問題は瑣末とは言い難く、ここでも、言葉の選択は示唆に富んでいる。「3・11文学」「3・11後文学」「震災文学」「震災後文学」など、さまざまな言葉が行き交い、それに英語やフランス語での用語を加えると――それがどこまで訳語なのか、あるいはまた独自に生成された造語なのか、といった問題をも含めて――いささか選択肢が過剰気味で、頭を抱えたくもなるのだが、他方、あまり唯名論的に言葉にこだわっては話が進まないのも確かだろう。要するに3・11後に書かれた文学イコール「震災後文学（3・11後文学）」と理解するか、震災を題材にしている文学イコール「震災文学（3・11文学）」と理解するか、が大きな分岐点だと考えられる。しかしこの両方の可能性を考えた時浮かび上がってくるのは、「震災後文学（3・11文学）」でありながら、「震災文学（3・11文学）」ではない作品、つまり二〇一一年三月十一日以降に書かれていながら、東日本大震災、それに続く原発事故などに言及していない作品の存在であり、それが何を意味しているのかも考察せねばならないであろう。ここでは現在定着しつつある名称の「震災後文学」を主に使いたいと思うが、それは「震災」が作品の内容としてどう取り上げられているか、といった問題を「震災文学」という名称の窮屈な枠から外して考えたいからだ。

2　メタ言説のジャンルとしての「震災後文学」とその定義

今、定着しつつある名称としての「震災後文学」、と書いたが、それはメタ言説的にこのジャンルを取り上げた最初の著書がこれを使っているからである。木村朗子『震災後文学論――あたらしい日本文学のために』（青土社、二〇一三年）と、限界研（編）『東日本大震災後文学論』（南雲堂、二〇一七年）である。[2] このような論考が出版されたことは、アカデミックな観点からはすでに「震災後文学」がジャンルとして認められていることを示しているが、厳密にいえば、それは木村によって提唱され、定着しつつあった名称を限界研が継承したことによって、アカデミック場に根付いた、ということかもしれない。この二冊の論考が可能であったことは、それらが出版される以前から、いや、企画され、書かれる以前から、その対象になり得るテクストがすでに存在し、その存在が認識されていたことを意味するが、あるジャンルの存在を確たるものにするためにはそれに関するメタ言説が必要不可欠であり、この二冊はそのようなメタ言説のジャンルの先駆けとなろう。

では、世界的な動向はどのようなものであろうか。外国の研究者、というか外国での研究者（つまり外国で、日本語以外、英語、独語、仏語などで研究の成果を発表している研究者）によって書かれた論文、著書は幾つもあり、また「震災後文学」をテーマとする国際会議、ワークショップもあちこちで行われ、それらが新しい研究分野としての「震災後文学」に正当性を付加していることは間違いない。そのような現象から、ある意味で「震災後文学」は言説ジャンルとして直接認められるより早く、メタ言説を通して制度的に認められていた、と言えるかもしれない。アカデミックな、そして科学論的な視点から見れば、われわれ日本文学研究者の新しい研究対象としての「震災後文学」への期待と欲望こそが、このジャンルを出現させ、そのジャンルが存在しているといった前提に立てば、その枠組みにすんなり嵌《はま》るテクストを見つけることが困難であるわけはない。かくして、「存在する」とあらかじめ決められていた「震災後文学」が案の定「存在していた」わけであり、その心地よい循環が今も続いている。

だが、話を「震災後文学」の定義に戻すと、ジャンルとしてアカデミックな面から認められているからといって、その定義の問題が解決しているわけではない。木村はこのように書いている。

震災後文学とは、したがって、単に震災後に書かれた文学を意味しない。書くことの困難の中で書かれた作品こそが、震災後文学なのである。今までどおりの表現では太刀打ちできない局面を切り開こうとする文学、それを本書では震災後文学と呼ぶことにしよう。(3)

3・11後に「書かない」といった安易な選択があったにもかかわらず、それでも敢えて書くことを選び、その選択によって生まれた作品こそが「震災後文学」であると定義しているわけだが、それは作者の自覚、意識の問題である以上に読者の捉え方の問題でもあろう。そして多分読者は、読書後にそれが「震災後文学」であると決める、あるいは解釈することもあろうが、多くの場合それが「震災後文学」であるという認識を前もって抱いているからこそある本を取り上げているのではなかろうか。

同じ「震災後文学」が『東日本大震災後文学論』でどう定義されているかというと、序論で飯田一史はこう書いている。

本論集では3・11以降にうみだされた「震災後文学」を扱う。今さら、と思われるだろうか。しかし、そうではないのだ。ここで言う「震災後文学」とは、狭い意味で津波や原発を扱った小説を指すのではない。その後の政治や言論の状況、社会心理を描いたものを含む。「震災後」は終わっていない。いまだつづいている。(4)

「狭い意味」での「震災後文学」が否定され、震災後の社会状況を反映したすべての作品がこの定義のなかに入るわけで、だからこそ飯田はこの序論の冒頭で「3・11以降、おびただしい数の「震災後文学」が書かれた」とも書いているのだが、このような包括的な捉え方をすると、そこに含まれている問題が見失われる危険もあるのではなかろうか。何らかの形でその書かれた時期の社会状況を反映していない文学作品はないだろうから（それが読者、批評家がどの程度の解釈、分析能力を持っているかにもかかっているにしても）、飯田論に従えば、3・11以降書かれ、出版されたすべての作品が「震災後文学」と見做されるべきで、だからこそ「おびただしい数」の「震災後文学」が書かれている、ということになるのだろうが、問題は逆に狭い意味での「震災後文学」を考えた時に、「おびただしい数」の作品が書かれていない点にある、と言えないだろうか。

3　さまざまなジャンルにおける「震災後文学」

まずここで考えなければならないのが、ジャンルによって「震災後文学」の様相が異なっており、飯田自身も序論で示している通り、ほとんどの「震災後文学」に属すると考えられている作品がいわゆる純文学のものである、という点だ(5)。より広い読者層を想定して書かれている中間小説が3・11を直接表象する狭い意味での「震災後文学」であるケースは極めて少ないと言える。そしてその理由は、至極当然、「震災後文学」のテーマが中間小説に適しておらず、端的にいえば「売れない」テーマだ、ということであろう。このような考え方の根底にあるのは、読者の期待の有無、読者がどのようなテーマのものを期待し、読みたがっているか、あるいは敬遠するか、といった読者の嗜好の把握である。「震災後文学」のテーマが嫌われているというのは、読者の実際の嗜好によるものとする考え、既成観念が出版業界、編集者層などに共有され、その結果、読者層に向けて発信されるものが狭められている、ということなのか。なかなか定かには判じがたいのだが、読者がそれほど「震災後文学的テーマ」を嫌っていないにしても、3・11を思い出したくない、忘れたいといった社会的な風潮が強い以上、それが中間小説のテーマの選択に反映されるのは必至であると言えよう。ベストセラー作家、桐野夏生作『バラカ』の売れ行きがあまり伸びなかったのも震災後小説であることがその一つの理由であろう。また、推理小説、サスペンスもの、などの出版におけるウェイトを考えると、3・11を取り扱った小説が少ないのも、3・11が如何に取り上げられていないか、の明らかな証拠だろう。

では他方、いわゆる純文学は実際にそれほど大きく「震災後文学」に貢献していると言えるだろうか。ここで問題になってくるのは、文学が3・11を取り上げるべきかどうか、といった点であろう。そしてそれは次のような疑問をわれわれに投げかける。まず、3・11が日本の社会だけではなく、世界史をも変えるような出来事であるとして、文学は必然的にそれと関わるべきなのだろうか、あるいは関わっているのだろうか。その関与を認めているからこそ、飯田は「3・11以降、おびただしい数の「震災後文学」が書かれた」と言い切っているのだが、その場合、3・11以降に書かれ、3・11を取り上げていない作品は、3・11を取り上げることを拒否しているのだということになる（拒否は関与の一つの形である）。しかしまた、文学は今日、そのような社会的な役割を持ち得るのだろうか。文学が以前担っていた機能――現実を理解するためのモデル言説を提供する、あるいは作家のコミットメントまたはサルトル流のアンガージュマン(6)の表れとして現実の変革に貢献する――を今もなお持ち得るか、といった問いに対する答えはそう簡単には出せない。そういった意味でも文学の社会的機能を3・11が試していることは間違いないだろう。

さて狭い意味での「震災後文学」に話を戻して、その純文学との関係を考える時、それほど多くの純文学系作品が「震災後文学」に属している、と言えるだろうか。多い・少ない、という判断は相対的である以上、断定はできないにしても、実際に3・11を扱っている作品の数は「おびただしくない」のは確かだと言える。自分が「震災後文学」研究者としてリストアップしたものを顧みてもそうだし、例えば『東日本大震災後文学論』が取り上げているものを見てもそう思える。そしてまた内外の研究者が研究対象として取り上げている作品は、というと、メタ言説が扱っている「震災後文学」がいかに小さなコーパスか、ということがはっきりしてくる。

純文学が中間小説と同じ商業的条件に晒されていないにしても、出版社も、生活がそれにかかっている作家も、利益の問題を完全に無視できないことは当然であろう。3・11を思い出したくない、といった風潮が強いなか、それが意識的にか、無意識的にか、創作に影を落としているのだろう。そしてここで強調したいのは、それは作家、出版社が世の中の動向に迎合している、という意味では全くなく、単に資本主義経済のなかの出版産業のあり方として必然的な傾向なのだ、という点だ。

しかしまた、読者の嗜好、期待の地平の捉え方などが創作に影響を及ぼしているのは、文学自体のあり方が変わってきているからでもある。現実を理解するための言説を今まで文学が提供してきていたとしても、3・11以降その状況は完全に変わってしまったと言える。3・11のそれこそ「おびただしい」量の映像が、テレビ、インターネットなどを通して世界中に流れ、視覚的イメージの持つ圧倒的な迫力、事実性に比べて、言葉のウェイト、信憑性は暴落してしまった。文学はそのレーゾンデートル、その存在意義を問われ、また自らに問うことを余儀なくされ、3・11を言葉によって表現することの可能性を問わざるを得なくなってしまった。このような疑念が文学場に広がったことは、作家が3・11の表象に苦しんでいることの一つの理由ではなかろうか。放射能は可視性を持たず、その被害を通してのみ表現され得るのに対し、地震、津波はそうではないにもかかわらず、その時、その場が直接描写されている作品は少ない。描写は、直接それを体験した読者たちの身体、記憶に刻まれたものと対抗できるわけはないし、皆が見、今もなお見ることのできる映像に比べると弱い。凄惨さの限界をも超えた現象――それが自然現象であろうと、大量虐殺のように人間の仕業であろうと――を前にして、言葉はその測り知れない暴力性を表現するのに常に苦しみ、その上3・11は、映像に比べ言説がいかに無力かを露わにしている。だからこそ、「震災後文学」は言葉で表象不可能なものをいかにあえて言葉で表象するか、という苦しい戦いを強いられているのだ。

4　3・11のさまざまな表象

では文学にはどのようなエクリチュールの戦略（とでもいうべきもの）が残されているのだろうか。事態をより難しくしているのは、3・11が話の背景、単なるバックグラウンドとしてはなかなか扱えない点であろう。

震災や原発事故について、それが小説の言葉となるにはまだまだ時間がかかる、〔…〕にもかかわらず、小説自体は書かれている。文学業界の光景が一変することもない。一見、何もなかったかのようにそれ以前と同じ調子で小説は書かれ、たまにいち早く震災・原発事故を扱っている作品が現れても、それは本質的に震災・原発事故を扱っているというより、視界に入ったものが映ってしまったというような感じだ。

これは『すばる』二〇一二年一月号に星野智幸が書いているのだが(7)、興味深いのは、震災後一年と経たないうちにすでに本質的な「震災後文学」といわゆる二次的な「震災後文学」、必然性を帯びた「震災後文学」と偶然から生じる「震災後文学」が区別されている点であろう。では星野にとっての二種類の「震災後文学」の違いはどこにあるかというと、二次的な「震災後文学」では3・11が背景にある、あるいは背景でしかない点であり、それはまた3・11の捉え方が表面的でしかないことをも意味している。だからこそ「本質的に」3・11を扱っていない、と星野は書いているわけだが、問題なのは本質的であるにせよ、二次的であるにせよ、そのような分類が客観的ではなく、星野自身が、あるいは読者が、あるいは作者が、あるいは批評家が、何を本質的な「震災後文学」とみなし、何を二次的な「震災後文学」と考えているか、という概念枠と解釈のプロセスに完全にかかっている点である。そのような「震災後文学」の解釈に対する依存を最も早くから、そして明確に把握しているのが吉本ばななである。吉本は二〇一一年十一月に刊行された小説、『スウィート・ヒアアフター』の「あとがき」にこう記している。

とてもとてもわかりにくいとは思いますが、この小説は今回の大震災をあらゆる場所で経験した人、生きている人死んだ人、全てに向けて書いたものです。(8)

この作品には3・11への直接の言及は全く見当たらない。したがって、少なくとも狭義の「震災後文学」には属さないと言えるのだが、この「あとがき」を添えることによって吉本はこれを「震災後文学」と読むよう読者に強制している。吉本は、作者の権限、権威を利用し、作品の正しい解釈を読者に示し(9)、それに従う読者は、例えば作品の大きなテーマである哀悼を、登場人物の個人的レベルから、3・11後の共同体レベルの哀悼のメタファーへと昇華させて捉えるよう促されるのだ。この「あとがき」がなければ、読者は自由にこの作品を解釈し、震災に結びつけることも結び付けないこともできるわけだが、この「あとがき」がいわゆる正当な解釈を決定してしまっている以上、読者はそれに従うかあるいは作者の権力行使に抵抗するかの二者択一を迫られる。

そしてもう一つ付け加えると、このように「震災後文学」の枠内に自作を位置づけることにより、吉本は将来語られ、研究されるであろう「震災後文学」のパイオニアの一人として名前を取り上げられる、といった象徴的利益をも確保しているのである。

しかしこのようにここで吉本が上手く利用している「震災後文学」と解釈の関係は、3・11の扱い方が直接的ではない小説の全てにおいて指摘できるとも言える。「震災後文学」の一つの大きな傾向はディストピア小説であろうが、それぞれの作品は現実に対し異なる距離をとっている。例えば桐野夏生の『バラカ』は3・11以前に始まり、3・11後の世界へと続いており、小説の進行はある時点で現実の3・11後とフィクション上の3・11後の分枝点を通過する。(10) それに比べ、例えば川上弘美の『大きな鳥にさらわれないよう』の設定は遠い遠い未来であり、そこでは滅亡寸前の人類が描かれている。興味深いのは、両作品とも「震災後文学」として読めるにもかかわらず、そこで機能する解釈の余地が全く異なる点である。『バラカ』は「震災後文学」という枠組みを外して読むことは不可能であるのに対し、『大きな鳥にさらわれないよう』は、現在では、読者の人生経験に形成されるコンテクストの枠内で「震災後文学」として読むのが（多分）普通であるだろうが、3・11といった解釈枠以外でも読める作品になっており、時が経つにつれてそのような解釈も（多分）増えていくだろう。ある意味で、『バラカ』は一次的な「震災後文学」の典型であり、『大きな鳥にさらわれないよう』は解釈的な「震災後文学」の典型、だと言えるかもしれない。その点では、『スウィート・ヒアアフター』と同じだとも考えられるが、川上弘美は読者に特定の解釈を強制するようなことはしない。

5　沼田真佑『影裏』の解釈

さて、このように「震災後文学」のジャンルとしてのいくつかの側面を確認してきたわけだが、その延長線上に芥川賞受賞作、沼田真佑の『影裏』を置いて考えてみたい。この一人称小説では盛岡に住む語り手の今野と同僚で謎多き友人の日浅との奇妙な関係をめぐって話が展開していくのだが、日浅はある日姿を消し、後になって多分津波に呑まれて死亡したことが判明する。小説の全体はぼやけており、時間軸も崩れており、そして登場人物は皆何かを秘めている。なんでもないような文のついでに、とでも言いたいような形で、語り手には以前同性の愛人がいて、二人が別れた後その愛人が性転換手術を受けたことが語られ、最後の数ページで語り手は日浅の父から彼が学歴を偽証するようなペテン師であったことを知らされる。小説で唯一はっきりし、一種の透明感を読者に与えるのは自然の描写、それも語り手と日浅が二人とも何より好きな釣りを楽しむ場面である。3・11には何回か言及されてはいるが、それは例えば日浅が波に呑まれる瞬間を今野が想像するといった場面のように、主に日浅の死に関連している。

このように3・11は小説の前面にでてきているとは言いがたいのだが、にもかかわらず『影裏』に関するほとんどの書評がこれを震災小説として捉えている。例えば、二〇一七年八月二十七日付の『東京新聞』で、小澤英実はこう書いている。

震災のような「語りえない出来事」をいかに語るか。デビュー作にして芥川賞を射止めた本作は、フィクションに許された資質を存分に活用してその問いに答えた野心作である。

芥川賞決定後に開かれた記者会見に臨んだ選考委員は高樹のぶ子である。七月十九日付『産経新聞』がその様子を伝えているが、そこから見えてくるのは高樹がこの作品を強く推したのに対し、やはり強硬に反対した委員がいたため、高樹が「ほとんどケンカ状態の激しい対立があった」というくらいの意見の相違である。では何が問題になったのであろうか。会見中高樹に向けられた質問の一つは、「芥川賞では、初めて震災をテーマにした小説が受賞作に選ばれた。震災から六年たち、こういう作品が出たことへの感想を――」というものであったが、それに対し高樹はこう答えている。

あれだけの大きい震災を文学にするのは、本当に大変だし、時間がかかります。結局、いくら震災のすごみや破壊力を書いても、それはドキュメンタリーに及びません。けれど、内面の崩壊や不気味さに対応することで、初めて（作品として）力を持つのだと思います。この作品は、震災を前面に押し出した小説ではないですよね。ひそやかに一歩引いていますが、人間関係を（テーマとして）描くことで、それを取り囲む大きな自然の怖さというものに言及していると思いました。

ここで高樹が確認しているのは、まず文学が直接3・11を描こうとすればするほど、その無力さを晒すだけである、という点で、それはすでに指摘した、可視的なものの前での言説の弱さと同じことである。したがって残されている唯一の道は間接的に3・11を描くことなのだが、間接的な描写が3・11のものであると認識されるためにはどうしても解釈が必要になる。ここで高樹が言っている『影裏』にある人間と自然の関係性はメタファー、つまり隠喩的でもあり得るし（例えば自然を内面の、あるいは内面を自然の隠喩として機能させる場合）、メトニミー、つまり換喩的でもあり得る（例えば自然と人間関係を相互に近接的延長線上にあるものとして捉える場合）。だが、すべてのレトリックの関係はその成立条件として解釈を必要とする以上、いやより精密にいえば、その関係自体が解釈である以上、『影裏』を「震災後文学」と認めるためには読者の協力が必要不可欠になる。そして高樹が一人の読者としてその協力を承諾したわけだが、明らかに選考委員のなかには同じような認識論的好意、とでも言いたくなるような態度を示さなかった者もいたようだ。

『影裏』の選評を読んでいると、3・11が何らかの形でこの小説に表象されていると書いている選考委員は四人しかいないことがわかる。他の六人があえてこの点に言及していないこと自体、いかにその取り扱いが微妙で困難であるかの証拠であろう。では四人はどのように3・11を選評に取り入れているかというと、高樹が大震災と結びつけて評しているのに比べ、山田詠美は震災を単に小説の中の一つのエピソードと捉えている（かのように評を書いている）。そして『影裏』を3・11と結びつけながらも異なった視点から厳しく批判しているのは村上龍と宮本輝である。村上は大震災の描き方を批判しているのではなく、それが物語の中に取りいれられること に対し、読者は全く驚きがなく、「物語は「予定調和」の連続となり、読み手としての想像力を喚起されることがなかった」と書いている。3・11が読む過程での「予定調和」の中に取り入れられ得るということは、ある読者、ある作家にとって3・11が文学的テーマとしてすでに中和化されてしまっており、だからこそ物語を未知の展開へと導く力を失っているのだということを意味しているであろう。そしてそれは山田詠美が批判的ではないながらも、3・11を小説の単なるエピソードとして捉えていることにも通ずる。

村上が示唆しているのが、3・11の表象そのものが文学的な特性を失い、いわば凡庸なものになっている、ということだとしたら、宮本輝は逆にその特性を『影裏』は書き得ていないと批判している。このような指摘は、数年前に星野智幸が問題にしていた点と大きく重なるように思える。

たしかに震災が後半においてキーワードにはなっているが、私は、あの巨大な震災など、この小説のどこにも書かれていないと感じた。

大震災がありました。友だちが姿を消しました。それだけでなぜ震災を書いたことになるのか。

と、宮本は書いているのだが、星野智幸の言葉を借りれば、『影裏』では3・11が「本質的に」扱われておらず、単に「視界に入ったものが映ってしまったというよう」に書かれている、ということであろう。そして宮本の言い分と高樹の言い分を突き合わせてみると、いかにこの解釈の問題が解決されていないかが見えてくる。3・11への言及をどのように解釈を通して小説のほかの側面と結びつけるか。そしてどのように読者たちがそのような解釈を共有できるか。この問いに対する断定的な答えは多分ないだろう。だからこそ「震災後文学」が何を指しているか、といった疑問を前にして、読者は読む、といった行為の実践を通してでしか反応できないのであろう。

「震災後文学」はジャンルなのだろうか。出版産業の商業的枠組みのなかでは確かにジャンルとして機能しているといえるだろう。また、批評家、研究者が提供するメタ言説の枠組みのなかでもやはりジャンルとして機能していえるだろう。だがある文章を前に読者たちがどのようにそれを位置付けるか、ということになると、答えは難しい。

しかしまた、読む行為、そしてそれに伴う解釈が個人のレベルで終結せず、必ず解釈共同体[11]レベルで共有されるものだと考えた時、「震災後文学」を厳密に定義し、またそのコーパスを限定できずとも、読書経験のジャンルとして、そして独自の解釈共同体を生成するジャンルとして存在しているといえるだろう。本質的なものであろうと、二次的なものであろうと、あるテクストを「震災後文学」と解釈を通して認める読者がいれば、そこですでに「震災後文学」はジャンルとして機能し始める。ということはまた、そのような読者のつながり、同じ解釈を共有する読者の連帯を「震災後文学」が促していることになる。

もし今日、「震災後文学」が文学の境界を超えて重要だとしたら、そのような3・11を解釈の中枢におくコミュニティーを作り続けているからではなかろうか。

注

（1）ここでの「文学場」はもちろんピエール・ブルデューの概念 champ littéraire を指している。

（2）その後、木村は『その後の震災後文学論』（青土社）を二〇一八年に上梓している。やはり二〇一八年に刊行された芳賀浩一の著書のタイトルが『ポスト〈3・11〉小説論――遅い暴力に抗する人新世の思想』（水声社）である点も興味深い。

（3）『震災後文学論――あたらしい日本文学のために』五九頁参照。

（4）『東日本大震災後文学論』七頁参照。

（5）震災後文学研究者が分析対象として取り上げている作品もほぼ全て純文学に属している。

（6）両方の違いにはここでは触れない。

（7）『すばる』二〇一二年一月号、一八四頁参照。

（8）よしもとばなな『スウィート・ヒアアフター』（幻冬舎、二〇一一年）一五六頁参照。

（9）これは作者のテクストに対する権威を剥奪することに基づく現代読書論の考え方からいうと、相当復古的、強いていえば反動的だとも言える。

（10）桐野夏生『バラカ』（集英社、二〇一六年。連載は『小説すばる』二〇一一年八月号－二〇一五年五月号）。

（11）ここではスタンレイ・フィッシュが定義する解釈共同体を指す。

差別をめぐって震災後に起こっていること
——津島佑子『狩りの時代』を読む

木村朗子

1　おじの記したノート

『狩りの時代』について、「差別の話になったわ」と津島佑子は言ったのだという。『狩りの時代』は二〇一六年二月に他界した津島佑子が最後に取り組んでいた小説で、没後に長女津島香以氏の手によって刊行された。香以氏の付したあとがき「『狩りの時代』の発見の経緯」に、そのようにあるのである。

『狩りの時代』[1]は主人公の絵美子の兄、耕一郎が障害をもっていたことをめぐって、絵美子のおじやおばが子ども時代に、ヒトラー・ユーゲントの一行を甲府駅で迎えた経験に立ち返りながら語られる物語だ。障害者についての「差別」は、具体的かつ歴史的な経験としてたしかに存在し、そして戦後になっても消えない痕を残していると絵美子は考える。絵美子は十歳のころ、兄、耕一郎について、いとこの晃に「フテ……」というようなことばをささやかれたことを忘れられないでいた。「あんな役に立たないやつは殺せ、ころしてやる、というような意味」だということがわかって絵美子はひどく傷ついた。長じて[2]、「ナチズムについての本のなかに見つけた、「フテキカクシャ」というナチスのことば」がそれであったことに思い至る[3]。そのことばの出どころは、物語のなかで、絵美子のおじ、おばが子ども時代に甲府駅でヒトラー・ユーゲントの一行を迎えたことに結ばれている。

二世代にわたってナチスの虐殺の記憶がとりついているのである。

川村湊が指摘しているように、『狩りの時代』の「親族関係は、『かがやく水の時代』や『火の山　山猿記』の人間関係、家系図と相似的で、中心的な人物である絵美子は、この両方の作品で、主人公＝語り手である登場人物と似通って」[4]いる。『狩りの時代』でアメリカの永一郎おじを訪ね、その娘のアイリスとパリでともに過ごすくだりは、『かがやく水の時代』（新潮社、一九九四年）に描かれた美佐子と戦後アメリカに渡っていったおじの長女、アリシア（日本名、朝子）との関係に似ている。美佐子は、母親の弟であるこのおじに、母のこと、そして自分が生まれてすぐに亡くなった父のことをききたいと思ってアメリカを訪ねる。結局、おじから直接に話を聞くチャンスは訪れず、あらかじめ用意してくれていた二冊の厚いノートを託されて美佐子はアメリカをあとにする。おばは、アメリカに生まれ育ち日本語の読めないアリシア（朝子）とそのきょうだいたちのために「何年さきになってもかまわない、あなたがその内容を英語になおして、子どもたちに伝えてくださらないかしら」と頼むが、この小説のなかでおじがなにを書いたのかは明らかにされることはない。

このノートは、『火の山―山猿記』（一九九八年）[5]に登場してはじめてその内容が明らかにされる。『火の山―山猿記』は、美佐子に相当する由紀子の依頼で、おじ（有森勇太郎）の書いた「記録」が、フランスに永住してしまった長女（牧子）の息子、パトリス・勇平によって読みとかれることによって、由起子の四代前からの母方の有森家の歴史が物語られる構造になっている。

『かがやく水の時代』では、この中味の明かされないノートは、美佐子が生まれてまもなく亡くなった父親のこと、そして母親との関係について知らせるためにあった。ノートを手渡すとき、おじは次のように言うのである。

ひとつだけ、美佐子ちゃんがどうしても確認しておきたいことは、たぶん、美佐子ちゃんのおとうさんと

おかあさんは、愛しあっていたのか、ということなんだろうとおもう。ちがうかな？〔…〕
それは、美佐子ちゃんがなにも考える必要はないことなんだよ。それだけは、はっきり言っておく。あのひとたちは心から愛しあっていた。家族の問題がそもそも双方にあって、結婚がひとよりずっとおそくなってしまって、しかも、戦争がはじまり、おちつくときがない結婚生活だったし、戦争が終わってすぐに、おとうさんは病気で死んでしまった。おかあさんは何日もまっさおな顔で、涙をながしながら、あんたたちの世話をしていたよ。あんまりひどい、おとうさんも、子どもたちもかわいそうだ、とぼくに泣きながら言ったのが、わすれられない。おかあさんが変わったのは、それからだ。生きなければならなかったからね。おとうさんのことを美佐子ちゃんに話さなくなったのも、そのためだ。（『かがやく水の時代』二四一頁）

この作品において美佐子の興味は親のことを知ることにあったのだから、おじの「あのひとたちは心から愛しあっていた」ということばで充分だったといえる。ところが『火の山―山猿記』にいたっておじの書いた「記録」が開示されると、母方の一族についての、江戸時代末期から、昭和の戦時をはさんだ長大な歴史が語られることとなった。むろん、それは生まれてまもなく父を失った由紀子のために書かれたのだから、『かがやく水の時代』と同様に、由紀子にとって父親のことを知るよすがとなるという一面も継承されてはいた。『火の山―山猿記』では、由紀子の父親は、杉冬吾という名の画家で、妻以外の複数の女と関係し、夫のいる女を妊娠させたことから、その夫に殺されて亡くなったことになっている。「記録」は、由紀子の出産に冬吾がたちあったことを記し、次のように由紀子にことばをかけている。

冬吾の三番めの子ども由紀子はこうして誕生した。父親に見捨てられて生まれたのではないというこのファクトを、由紀子よ、決して忘れないでほしい。笛子の持って生まれた「正しさ」を敬愛すればするほど、その「正しさ」から逃げだしたくなるという、笛子にとっては残酷このうえないパラドックスを抱えた夫であったとしても、冬吾は三人の子どもたちの良き父親（しかし、良き父親とはなにか、この私にだってわからない）でありたい、とそれだけは祈るように願いつづけていたのだった。由紀子は父親を知らない。だからこそ、すでに加寿子から聞いて知っているにちがいないと思いつつも、由紀子が生まれたときの光景を、私はここに特に書き記しておきたかったのである。（『火の山―山猿記』下、四二七頁）

おじは「父親に見捨てられて生まれたのではない」ことを由紀子に伝えようとする。それと同時に、杉冬吾がまるで命を蕩尽するかのように生き、若くして果てたことを「戦争」のせいであったと説明するのである。

2　戦争という絶望の時代

『火の山―山猿記』に記された戦争体験は、どちらかというと、この一族が被った、時代の困難として描かれている。「記録」の書き手である勇太郎は従軍していない。にもかかわらず結核で兄の小太郎を亡くし、姉の駒子、桜子もまた同じ病いで亡くなっていくのをなすすべもなくみてきた。勇太郎にとっては、きょうだいの死は戦争によってもたらされたものではなかった。死から逃れることは、戦時下の貧しい時代を生き延びることにあったのであり、戦闘にあるのではなかった。そうしたなかで、戦後になって、病死でもなく、妊娠させた女とその夫との三者もつれで果てた杉冬吾の死は逆に戦争の直接的な影響として理解されている。

冬吾には冬吾の、女には女の、男には男の切迫した事情がそれぞれ複雑に存在していたはずなのだった。そしてその事情には言うまでもなく、戦争が深くからんでいる。敗戦後のアブノウマルな世のなかは、一般にも日々の生存のアゴニイとディスペアに重く閉ざされていたのだ。苦労知らずの私でさえ、当時、どれだけ日々の生活に疲れ、人間の生命というものに悲哀を感じていたことか。〔…〕当時の私たちは冬吾たち三人の死を自分たちにも起こり得る一瞬の凶事として受けとめ、私たちみんなの身代りに殺してしまったという「咎」に頭を垂れ、せめて彼らの魂のこれからは安らかならんことを、と心の底から祈らずにいられなかったのだ。（『火の山―山猿記』下、五二一―五二二頁）

冬吾が「生存のアゴニイとディスペアに重く閉ざされて」死したことは、当時、生きていたものたち「みんな」に共有された「悲哀」であって、「自分たちにも起こり得る一瞬の凶事」を一身に引き受けた冬吾は「私たちみんなの身代り」として死なせてしまったようなものだというのである。同様の理解は、すでに『かがやく水の時代』のおじの説明にもあった。

……あのころ、ばかな戦争でなにもかもが燃えかすになり、くずれおちて、生きのこった人間がそれでも希望をもって生きつづけるのが、どんなにむずかしいことだったか、いまのきみたちには、どう説明しても、想像がつかないだろうとおもう。食べるものもない。つまらない病気で、どんどん人間が死んでいく。生きのこったひととひとがころしあう。みにくい、絶望の世界だったよ。その世界で、ひとりになったあんたのおかあさんは、三人の子どもたちを手ばなさずに、泣くことはいっさいやめて、とにかく生きつづけることにしたんだよ。（『かがやく水の時代』二四一―二四二頁）

「みにくい、絶望の世界」では、生き延びることが難しく、むしろ死んでしまってもおかしくない時代だった。こうした戦争体験のあり方は、おじのノートに語られているせいもあって、そのノートを依頼した主人公が父親の死を理解することへともっぱら収斂していく。

戦争と戦争がのこしたものについて、「絶望」「ディスペア」として受け身でみつめるほかなかった二作に対して、『狩りの時代』は、具体的に戦後にその傷跡をさぐる物語となっていく。そしてそれは、作家の実父、太宰治の影を宿す杉冬吾の死や一族の物語をはるかに超えて、第二次世界大戦が戦後に残した人類への問いへと向かっていった。すなわちそれは、ナチス・ドイツのホロコーストという、人間が、死すべき者を選別し、虐殺したという歴史的事実についての重い問いであった。

『狩りの時代』で肝となる出来事は、一九三八年八月二十三日に富士登山、山中湖でのキャンプを終えたヒトラー・ユーゲントの一行が長野の軽井沢へ移動するのにちょうど甲府駅を通るのを、創、達、ヒロミの三人が見物にでかけたことにあった。

同じエピソードは、『火の山―山猿記』にもあって、そこでは高校生であった有太郎（勇太郎）[6]の経験として、嫌悪をもって次のように語られている。


ドイツ人と言えば、ナチスのヒットラー・ユーゲントの一行が日本を訪れ、かつて有太郎が源一郎に伴われておもむいた山中湖のキャムプ場に姿を現わし、日本の青少年団と日独共同集団訓練を行なった。有太郎が夏期休暇で甲府に戻っている間の四日間だった。集団訓練とは言っても、富士登山や富士五湖巡りといった内容にすぎなかったようだが、一行が甲府駅を通過した際には、「ドイツ国バンザイ」の叫び声が渦巻き、ドイツ国歌、ナチスの歌が合唱されて、映画俳優ならぬドイツの金髪少年たちを囲んでサインを求める市民も多く、なんともばかげた騒ぎがひき起こされた。

源一郎のお供で参加し、忘れがたい思い出となった山中湖のキャムプ場が、日独のファシズムに踏みにじられてしまった。有太郎は個人的にこの理由で、ヒットラー・ユーゲントの山中湖訪問に強い嫌悪を感じずにいられなかった。ナチスについて、くわしい知識を持ち合わせてはいなかったが、その強引な台頭、露骨なディクテイタシップには危険な印象があり、地元の新聞に載った写真を見ても、ナチスの例のハーケンクロイツの旗、腕章、そして右手をまっすぐ前に差しだす独特の敬礼、なにもかもが有太郎には不快だった。

（『火の山－山猿記』上、四八〇頁）

有太郎（勇太郎）は戦後、アメリカに渡って、晩年になって、このノートを書き上げたのだが、彼の語るところによると、学生時代の彼は「惰性の、自己救済的なレトリック」を振りかざすだけの「左翼思想」にも近づかなかったが、かといって「積極的なレジスタンスが自分一人の身に可能であるはずもなく」、ただ「政治の話にも無関心、性的な話題にも背を向け、酒もタバコも寄せつけず、時間を惜しんで勉強ばかりして」いる青年だったという。戦時下の日本をシニカルに見続けていたせいもあって、戦後すぐに日本を離れ、アメリカに渡っていったのかもしれない。

ところが、『狩りの時代』では、アメリカに渡っていくのは、絵美子の父方のおじ、永一郎であり、幼いころにヒトラー・ユーゲントに魅せられた母方のおじ、おばたちは日本に留まり、日本の戦後を経験することになっているのである。ただし、『狩りの時代』でヒトラー・ユーゲントを見物する者たちの年齢は、『火の山－山猿記』に描かれたよりも、だいぶ幼く設定されている。『火の山－山猿記』でヒトラー・ユーゲントの来日にふれるのは、すでに高校生であった有太郎（勇太郎）一人だが、『狩りの時代』では、最も年長の創が当時十二歳、弟の達は八歳、ヒロミはわずか六歳でヒトラー・ユーゲントを目撃したことになっている。この年齢の差異によってこそ、『狩りの時代』が中心的に扱う場面は描き得たのだし、むしろこの場面設定のために、年齢の操作が行われたといっていいだろう。有太郎（勇太郎）のように成熟しておらず、政治思想の何たるかさえも知らぬまま、幼い子どもたちが、あのドイツの少年たちに遭遇したならばどうであったか。『狩りの時代』では、このように問いが仕切り直されたのである。

3　ヒトラー・ユーゲントの残したもの

『狩りの時代』で、ヒトラー・ユーゲントの一行を迎えた出来事は、はじめ創が書いた「記録」によって再現され、のちにヒロミが絵美子に送った手紙のなかでまったく異なる出来事として語り直されることになる。『火の山―山猿記』では、有太郎（勇太郎）は、ヒトラー・ユーゲントを目撃してはいない。したがって、『狩りの時代』で有太郎（勇太郎）のような考えを持つのは創の父親で、一行をわざわざ見に行くことにした創は、次のような問答をすることになる。

けんど、列車は駅を通過するだけだっていうじゃないか、とゆうべから父親に言われつづけていた。わざわざ見に行ったところで、なにも見えやしねえよ。やめとけ、やめとけ。だいたい、ばかげていると思わんのか。ドイツの青年使節だろうが、少年使節だろうが、どうせナチスの連中なんだろう？　ヒトラー・ユーゲントだと？　名前からして、あやしいと思わんのか。ドイツ・ユーゲントじゃどうしていけないんだ？よくわかんねえが、ヒトラーに関しては妙な話ばかり聞こえてくるぞ。それで、おまえは駅まで行って、なにを見たいっていうんだ？（『狩りの時代』六一―六二頁）

父親に「やめとけ」「ばかげている」「なにを見たいっていうんだ」と問われた創は「なにも答えられ」ず、ただ「金髪に青い眼の少年たちの集団と言われれば、胸がどきどきしてくる」（六四頁）思いをかかえて、でかけていくのである。

創は、この見物の一部始終をノートに書き付けているのだが、そのノートをもとに再現されたところによると、連れていた六歳のヒロミがカノコユリを渡したいといいだして、神社で折り取った花をバケツに入れて駅へ向かっている。通過するだけだときいていた列車はホームに停車し、三十人もの少年たちが列車から降り立ち二列に並んだのをみる。ブラスバンドによる「ユーゲント歓迎の歌」が演奏された。人びとは熱狂し、記念写真をとりたがったり、サインを求めたり、「割烹着を着た女性たちがサイダーやサンドイッチ、アイスクリームの入った箱をつぎからつぎへと窓から差し入れ」たりする。やがて列車が走り出すと、ヒロミがカノコユリをつかんで列車へ向かった。創は、ヒロミからカノコユリを奪い取り、窓から投げ入れるようにしてそれを渡した。

このことを知った彼らの娘世代の絵美子は、このとき一緒にヒトラー・ユーゲントを見に行った達の息子、晃に「フテキカクシャ」とささやかれたことが気にかかりつつも、直接晃に尋ねることができずにいた。そこでおばのヒロミに次のように問うている。

> どうして、あのとき、地元のひとたちがヒトラー・ユーゲントの一行にあれだけ熱中できたのかがやっぱり理解しにくいです。そして戦争に負けてからあとは、知らんふり、ですよね。それって、あのう、無責任すぎませんか？（『狩りの時代』七四―七五頁）

絵美子が、図書館で当時の地元の新聞を見てみると、その一年前に、「ヒトラーがまたしてもへんな、ユダヤ人に対する差別的な政策を打ちだした、という内容の記事が出て」いたのだという。当時、ヒトラーに関する情報がまるでなかったわけではないのに、なぜ熱狂できたのか、その熱狂について、反省することもないままでいるのはなぜなのか。

絵美子の母親であるカズミもまた、「ナチは「あらゆる悪を集約させた記号」なのだから」、「うっかり近づいてしまった人間に、必ず、わるい影響を与えるにちがいない」と考えている。カズミが戦後に「ナチがどんなことをしていたのか、明らかにされはじめ」たころ、「アウシュビッツだって！　おそろしいわねえ、ユダヤ人をなんだって、わざわざ殺さなければならない、と思うようになったのかしら、子どもだろうが、老人だろうが、おかまいなしだったなんて」とつぶやくと、創は次のように答えている。

……だけど困ったことに、おれさ、そういうひどいことがわかっても、ヒトラー・ユーゲントの連中をわるく思えないんだよ、あいつら、きれいな顔をしていてさ、おれたちが見つめていると恥ずかしくて、顔を赤らめたりしているんだ。どうしてもあいつらをアウシュビッツと結びつけられない。だけど、必ずつながりはあるんだよな。（『狩りの時代』一二五頁）

のちにヒロミが絵美子にあてた手紙では、甲府駅での出来事はまったく異なった経験だったことが明かされる。ヒトラー・ユーゲントが列車から降り立ったとき、六歳のヒロミが尿意をもよおし、「カンナが咲く駅前の花壇」で用をたした。そこには、同じようにトイレにいきたくなったらしいユーゲントの少年がいたことに気づく。ヒロミは「とんでもなく恥ずかしいところを見られてしまい、ひょっとしたらヒロミたちを殺そうとするのかもしれない」とこわくなる。「この少年に許してもらうにはどしたらいいのだろう」と考えて、ヒロミは「少年の紅潮した頬に軽くキス」する。すると創は「ヒロミを抱きあげ」、「いいから、あいつにもっとキスをしてやるんだ。あいつが暴れないように。おまえがキスをすれば、暴れるのをやめてくれる」と言った。ヒロミが拒絶すると、達がカノコユリをユーゲントの少年に投げつけた。少年はカノコユリを投げ返し、それをきっかけに二人がもみあっている。それを止めようとしたヒロミは、ワンピースを脱ぎ捨て、裸踊りをはじめたのだった。列車の汽笛が鳴り響き少年が走って行ってしまい、創が「もう、いいよ。早く服を着ろ。なあ、安心しろ、おれが守ってやるから。あいつももう戻ってはこない」といわれるまで、ヒロミは泣きじゃくりながら踊りつづけていた。

ヒロミの姉のカズミは、このことを知らない。だが結婚してアメリカに渡ったヒロミが、日本人の夫をすてて単身ニューヨークに移り住み、他の男性と暮らしたりしているのを知って、カズミは「六歳のとき、ヒトラー・ユーゲントに花を渡したから、ヒロミはこんなに不安定な女性になってしまったのか、となかばまじめに考えたくなって」いる。おそらくこの懸念は当たっているのだろう。ヒロミが同棲をはじめた相手は「アイルランド系白人」だったのだから。アメリカでの三年の滞在を終えて夫が帰国したあとも、ヒロミはニューヨークに留まり、夫のいる日本へ何ごともなかったかのように戻ってきたのは、それから十年後だった。ヒロミは、ニューヨークで知り合ったブリジットというドイツ人女性にいっしょに暮らしたいと言われるが、代わりにブリジットにいいよっているヘルマンに近づき、ブリジットと結婚させる。ヘルマンはブリジットが「女を好きになるひと」でもかまわないと言った。だとすれば、ヘルマンもまた同性愛者であるのかもしれない。やがて在日ドイツ大使館にヘルマンが赴任し、ブリジットとともにやってくる。ヒロミは創を紹介し、創はブリジットにつきまとうが、実はヘルマンにこそ取り入りたいと思いつづけているのだった。なぜならヘルマンは「むかしのナチスだったら、模範的アーリア人種と称えただろう」、「金髪で、美しいサファイアブルーの瞳。かつて甲府を訪れたヒトラー・ユーゲントにも、このような美少年がいたのではなかったか」と思わせる「眉目秀麗」な男だったからだ。このとき、創が、ヘルマンに近づきたいと思っていたにもかかわらず、ブリジットを介しているのは、あのヒトラー・ユーゲントの少年に出会ったとき、ヒロミにキスをさせてみたり、裸踊りをさせて少年の気を引かせようとしたことと同じだ。それでいて、狂おしくも少年に魅了されていたのは創自身なのだった。大人になってなお創は、ブリジットにはおそらく何の興味もないままに、ただヘルマンに近づきたい一心でブリジットにつきまとうという奇妙な行動をするのだった。

ヒトラー・ユーゲントを見物にいった、創、達、ヒロミの三人の子どもたちは、忘れたつもりになっていても、あの日の衝撃を忘れてなどいなかった。アーリア人種の少年たちのような白人種にどうしようもなく魅了されているのである。創やヒロミだけではない。達でさえ、いつまでもヒトラー・ユーゲント歓迎の歌をうたいつづけていて、息子の晃が覚えてしまったほどだ。絵美子、秋雄、晃の三人が大学生のときにともに過ごした晩に、晃は北原白秋が作詞した「万歳、ヒットラー・ユーゲント」（独逸青少年団歓迎の歌）をうたってきかせる。しかし、子どもの頃、絵美子に「フテキカクシャ」ということばをささやいたのは、こんな歌をうたい覚えている晃のほうではなかった。絵美子は、なぜ「フテキカクシャ」などということばを言ったのか、それが知りたくて晃とつきあい、子まで宿し結局は流産する。その後、晃とは別れ、代わりに秋雄と結婚している。けれども、結婚後に「フテキカクシャ」と言ったのは創の息子である秋雄のほうだったことを知るのである。絵美子はまるで秋雄に「復讐」するかのように、彼の父親の秘密を手紙で告げる。

創おじさんはあるとき、気がついたのです。ある種の少年を見ると、自分の心臓が苦しいほど高鳴ることを。それがなんなのか、最初、かれにはわからなかった。まさか、この自分が、と創おじさんは思った。ゲイのひとたちについて、なんら偏見を持っているつもりはなかった。ただおとなになるまで、その傾向が自分にあるとは夢にも思っていなかった。

けれど実際、白人の美しい少年を見ると、目を離せなくなり、知らず知らずあとをつけたくなる。少年が振り向いてくれようものなら、おじさんは眼をまわし、倒れそうになった。白人の少年のなかでも、色が抜けるように白く、頬が淡いピンクで、唇は透明な赤で、瞳は紫に近い青にかがやいている、そんな典型的な美少年たち。年齢で言えば、十歳から十五歳ぐらいまでの、金髪の、ほっそりした少年たち。惜しげなく、微笑を向けてくれる、少女のような声の少年たち。（『狩りの時代』二五六頁）

秋雄の父親には、「白人の美しい少年を見ると、目を離せなくな」るという性的指向がある。そのことを絵美子は秋雄に告げる。秋雄自身は子どものころに「フテキカクシャ」と言ってしまったことを覚えてはいない。しかしそんな「おそろしい憎しみ」を含んだことばも、創の性愛も、ヒトラー・ユーゲントに魅了されたあの日に由来しているのだった。

絵美子に問われたヒロミは敗戦になって「ユーゲントについては思考停止のまんま」で、映画「アンネの日記」を見にいき涙を流したこととなにも矛盾を感じていなかったと語る。しかし、その体験は、子ども世代である絵美子たちにまで禍根を残す出来事だった。絵美子はその出来事を次のように総括する。

〔…〕ヒトラー・ユーゲントに二度と元の場所に引き返せないほど感動したのだ。そして、どれほど頼んでもかれらの一員に加えてもらえない自分たちの黄色い顔を悲しんだ。なぜこんなにちがうんだろうと苦しんだ。こちらは典型的なアジア人種、向こうはアーリア人種。血液まで色がちがうのではないか、と悩まずにいられない。努力で変えられることではない。自分の肌の色と顔立ちで、それほどの屈辱感と疎外感を感じたのは、はじめてのことだった。それが差別されることだ、とことばとしてではなく、痛みで知らされた。

(『狩りの時代』一六三頁)

ヒトラー・ユーゲントに魅せられた子ども時代は、戦後に創とヒロミに白人崇拝というかたちで現象した。一方でその崇拝の感情は、アジア人種である自分は「差別される」側にあるという恐怖に根ざしてもいた。白人崇拝という現象の裏の差別の問題は、戦後に、ヒトラー・ユーゲントあるいはナチスという、アーリア人種の純化の思想それ自体が、徹底した差別に根ざしており、それゆえに人間が人間を殺すという大量殺戮の温床であったことが知られると、差別の問題は、より具体的に、カズミの障害のある息子への懸念に向かうのだった。

『狩りの時代』で、戦後に渡米するのは絵美子の父親の兄である。この兄、永一郎が、戦後に創に送った手紙に「フテキカクシャ」の話題はあった。永一郎の手紙には、「ナチスはユダヤ人だけではなく、障害のあるひとたちについても集団虐殺をしていたという疑惑が持ち上がっていて、それで大騒ぎになっている」として次のようにあったのだ。

我が子の重い障害に苦しんだあげく、「安楽死」を我が子にほどこすことを希望するに至った若い夫婦からの申し出があったらしいのです。その申し出を、ヒトラーは「寛大」にも聞き入れ、その子どもを「天国に送り込んだ」。そのことから、ヒトラーはひとつの啓示を得たというのです。不治の障害、あるいは病気、老化に苦しむひと、あるいはその家族は苦しみの多い生を生き延びることを必ずしも望んではいない。だったら、手助けをしてあげなければならない。それが人間の本当の慈愛、理性というものではないか。そうした配慮が、社会の秩序を守る立場の者には必要なのだ。（『狩りの時代』二四三頁）

不治の障害や病に苦しんでいる者たちは、慈愛をもって「安楽死」させることが、「社会の秩序」を守るためには必要だという理屈で、ナチス・ドイツが大量殺戮を行っていたという、戦後に明らかになった事実を書き送ってきた永一郎の手紙に創と達は、姉のカズミには知られないようにしなければならないと語り合う。そのことを、廊下で盗み聞きしていた秋雄と晃は、そこで語られている死すべき「不適格者」が自らの従兄でカズミの息子の耕一郎のことを指していることを敏感に感じ取って、絵美子に伝えた。

絵美子が恐怖するのは、耕一郎の障害はこの世に歓迎されざるものであることを知っていたからだ。絵美子の母親は中学校の先生に兄がいることを知らせていなかった。なぜなら「こうちゃんについては知られないほうがいいの。だって、とんでもないことを言われるの、あんただっていやでしょ」というのだ。どんなことばを言われるのかは教えてくれなかったものの、それは「たぶん、ぶっ殺してやるとか、早く死ねとか、おまえみたいな汚いやつは海に捨ててやるとか、そんなたぐいのことばなのだろう」と絵美子には見当がついていた。だからこそ「フテキカクシャ」の意味をわかってはいなくても、それがおそろしいことばだと理解していたわけだ。

絵美子自身には耕一郎とのあいだに子どもらしい楽しい思い出がたくさんあった。耕一郎は、絵美子にいつまでも子どもらしくふざけてもいいと思わせてくれる存在でもあった。しかしその一方で、「十五歳の兄は本当だったら、十二歳の妹にとって、どんな存在なんだろう」とも考えずにはいられなかった。アメリカに渡った永一郎が、うっかりカズミに「耕一郎もきわだって美青年になりそうな顔立ちをしていたよね。大きくなったら頭の調子がよくなって、美青年になれるといいんだが、と思っていたものだよ。見れば見るほど、残念に感じてね」と口走ったように、耕一郎の障害は、「本当」だったら、と想像させるまちがいとしてあったのだとくり返し思い知らされていたからだ。

こうした障害者に対する考え方を極端に進めて殲滅しようとしたナチス・ドイツに、ヒトラー・ユーゲントを通して触れ、その思想を批判する契機もないままに、魅了されつづけた世代が、そのように無批判であったがために、戦後にもそうした考えが持ち越されたのではないか。それが『狩りの時代』の問いかけていることだろう。

4　いまなぜ差別が問題になるのか

ここまでみてきたように、『狩りの時代』の設定は、『火の山―山猿記』によく似ている。『火の山―山猿記』が潜在的に抱えていながら、しかし追い詰めることのなかった問いを、あらためて問い直すことになったきっかけは、二〇一一年三月十一日の東日本大震災、とりわけ原子力発電所の事故による放射能災害にある。

没後に出版されたエッセイ集『夢の歌から』に添えられた長女の津島香以氏のあとがき「母の声が聞こえる

人々とともに」によると、津島佑子は震災後、すぐに知人に「No more FUKUSHIMA!」とした脱原発のメールを送ったのだという。また日本ペンクラブが編集した『いまこそ私は原発に反対します』（平凡社、二〇一二年）に寄稿した「「夢の歌」から」をはじめ、このエッセイ集では、福島第一原子力発電所の爆発事故から考えた核の問題に多くの言がついやされている。なかでも「どうしてこんなことに」では「私の思いは、日本がたどってきた戦後の時間に向かう。さらに明治維新からの流れもたどり直さないわけにはいかなくなる」として、イギリス産業革命からはじまった近代化を無批判に取り入れてきた日本を振り返っている。(7) 震災後に津島佑子が発表した小説は、近代化する日本をたどったものではないにしろ、『ヤマネコ・ドーム』や「半減期を祝って」などはまさに「日本がたどってきた戦後の時間に向か」ったものであったといえるだろう。

『ヤマネコ・ドーム』（講談社、二〇一三年）は、『群像』二〇一三年一月号に掲載された、震災後、最初に発表された長編小説である。ここでは戦後の占領期に米兵と日本女性とのあいだに生まれた「ＧＩベイビー」たちが主な登場人物となって、戦後日本から震災までの時間が語られていく。ここで主要なテーマとして浮上する「ＧＩベイビー」は、すでに『火の山―山猿記』にふれられているのだった。一族の歴史を記したノートの書き手である勇太郎といっしょに育った父方のいとこ、キヨミは、戦後に「孤児院から引きとった二人の肌の色のちがう男の子」を育てていた。米軍兵士との「混血児」であるらしい「白い肌と黒い肌」のミッチ（道夫）とアキ（明夫）を「横浜のアメリカンスクール」に通わせていたとある。しかし勇太郎のノートの宛先である由紀子は、「理想的な孤児院を作りたかった」というキヨミのことも、幼いころいっしょに遊んだミッチとアキのその後の消息もわからないと付記しており、「白い肌と黒い肌」の子どもたちの存在は、その後話題になることもなく投げ出されていた。この問題を主題としたのが『ヤマネコ・ドーム』である。東日本大震災を経て、日本の戦後を振り返るにあたって、ＧＩベイビーと呼ばれる米軍兵士との混血児というまた別の差別の問題があらためて問い直されることになったのである。ミッチとアキは、震災後の最初の長編小説『ヤマネコ・ドーム』に登場するミッチ（道夫）とカズ（和夫）に引き継がれた。それはそのままアメリカの影響下に戦後をすごしてきた日本の来し方をたどりなおす物語となった。

そもそも『火の山－山猿記』においてミッチとアキは、由紀子の兄が「知的障害者」であることと重ね合わされており、それはそのまま「差別」のまた別の相を示唆してもいたのだった。

兄のような知的障害者が露骨にいじめられる世のなかでしたが、彼らのような肌の色のちがう、占領軍の「いまわしい置きみやげ」である子どもたちはもっと残酷にいじめられていたのかもしれない、と今になって思います。「知恵おくれ」と「混血児」。キヨミおばさんと私の母とが家庭的なつきあいを避けはじめたのは、このそれぞれの事情がからんでいたような気もするのです。戦争の終わったあとの日本ですが、私の知っている限り、「知恵おくれ」とか「父なし子」とか、父のような「びっこ」とか、そんな人たちはそれはそれは情け容赦なく、痛めつけられ、死ね、とまともに言われつづけていたようなものだったのですから。

（『火の山－山猿記』下、四〇三頁）

「混血児」たちの差別の問題は、『ヤマネコ・ドーム』では、彼らの子ども時代に一人の少女が池に落ちて亡くなった、その犯人にしたてあげられてしまう恐怖というかたちで育ての親に萌していた。だから事件後に、育ての親はミッチとカズをイギリスに留学させ、国外へ逃れさせる。人とちがっていることはいつでも「殺される」ような恐怖と隣り合わせだったのだ。

二〇一六年に「三十年後」を想像して書かれた「半減期を祝って」(8)は、福島第一原発事故以後に、さらなる原発事故が起こり、独裁政権ができ、「愛国少年（少女）団」が組織されているという筋立てである。この「愛国少年（少女）団」が、『火の山－山猿記』から引き継がれているヒトラー・ユーゲントから派生していることはいうまでもない。ヒトラー・ユーゲントが選ばれたアーリア人種によって成るのと同様、「愛国少年（少女）団」に入れるのは「純粋なヤマト人種」だけで、「アイヌ人、オキナワ人、チョウセン系、トウホク人」は入団を許されない。日本がナチス・ドイツのような国家に成り果てているという暗い未来を描き出していた。

『狩りの時代』の末尾は、アメリカに渡った永一郎が九〇歳に近い年齢になって突然倒れ、生死の境で、来し方を回想している場面となる。川村湊は『『狩りの時代』で、永一郎は核物理学者という設定」であることから、「これはむろん、３・11以後の日本社会において、「原子力／核」という学問大系が、人間社会に大きな災厄をもたらした（原水爆の核兵器と原子力発電の不正義と事故）ことへの反省がこめられている」と述べている。[9] アメリカに出発する空港の場面で永一郎は見送りの人たちに挨拶をし、亡くなった弟の子ども、耕一郎が「先天的な異常」をもっていることについて次のように語っている。

このような子どもを抱えていては、その親も、家庭も、不幸な状態から逃れることができないのではないか、と考えられがちだということは承知いたしておりますが、現実には不可思議な精神の働きがありまして、決して不幸な状態がつづいているというわけではないのです。人間とはまことに理解を超えた存在なのであります。

育てるのにこんなに手間がかかり、なおかつ、将来もひとりで生きていくことはむずかしいのかもしれない耕一郎ですが、それがひととしての価値を決めることになるのでしょうか。断じて、そうではない。役に立つ、立たない、は問題ではないのであります。体が強い、弱いも、かれの価値を決めることではございません。耕一郎はわたしにそのことを十二分に教えてくれました

耕一郎は愛情深い子どもです。家族だけではなく、まわりのひとたちに無類の笑みを見せてくれるのです。そこには計算というものがありません。自意識もございません。ひととして、それで充分なのではあるまい

か。わたしはそう思うに至りました。(『狩りの時代』二六七頁)

永一郎は、「役に立つ、立たない」「体が強い、弱い」ということが人間の価値を決めるわけではないのだと演説する。しかし、この演説に耕一郎の母であるカズミが割って入り、耕一郎を妊娠しているころに、夫以外にあこがれをもってみている男性がいたこと、その咎で耕一郎が障害をもつにいたったのだと考えていると語る。すると、突然「永一郎の体が大きく揺れ」、「永一郎の耳に爆発音が、とどろく。一度、二度、三度、四度」と。四度の爆発音は福島第一原子力発電所の一〜四号機からきている。永一郎が意識を失っているあいだに、東日本大震災は起こったのである。カズミが言う。「なんてことなの、原子力発電所が爆発したわ。こんなことが起きるなんて。わたしたち、どうなるの? 永一郎さんは原子力の可能性を信じていたけど、こうなってみると、所詮は、わたしたち人間には制御できるものではなかったんだわ」。

カズミが持ち出した、障害は罪に対する咎だとする因果の話題は、戦争と原発事故という因果関係へと横滑りする。永一郎は物理学者だった。その永一郎が、見逃してきた日本の戦後があった。「地震の巣である島国に、いつの間にか五十以上の原子力発電所が作られていた」ことを見過ごしにしてきた。それは彼がアメリカにいたせいでもある。永一郎は日本の戦後の来し方に無関心であり続けたのだった。「戦争に負けて、ドイツは考え方を根底から変えました。変えざるを得なかった。それを近隣諸国にわかってもらおうと、努力も重ね」たのにもかかわらず、「日本はなにも変えようとしなかった」と永一郎は言う。

チャンスに恵まれれば、いつでも復活するつもりでいた。その象徴が、原子力発電所だったのです。原子力発電所さえあれば、かの偉大なる日本はいつでも復活できる。そのように信じつづけ、結局、日本は原子力発電所の大爆発を経験しなければならなかったのです。

有害な放射性物質にまみれて、生きなければならなくなりました。眼に見えない放射能に、ひとびとはおびえました。(『狩りの時代』二七七頁)

原発事故による放射能汚染を引き起こしたのは、戦争になんの反省もなく、戦前に回帰しようとしつづけたせいだと永一郎はみている。ヒロシマ、ナガサキの原爆被害を経てなおも核に固執し、自らの手で三度目の被ばく国となった。『火の山―山猿記』の時代には想像だにされなかった原発事故は、いやおうなく戦後をふり返らせるものとなった。戦後に、日本はいったいなにを求め、どのような道を進んできたのか。このことを問い直すと、日本は、ドイツとは違って、戦後に「考え方を根底から変える」ことをせずに、あわよくば、戦前に復帰しようとし続けたのではないかという答えにいきつく。

すると、ナチス・ドイツに共感し、ヒトラー・ユーゲントの来日に熱狂した心性もまた、一度たりとも深い反省をへずに、そのまま温存されたのではないかという問いがたつ。だとするならば、ナチス・ドイツが喧伝した、「選別」という「科学的、かつ合理的判断で、さっさと死なせたほうがいい人間と、生き延びさせる人間との二種類にふるい分ける」考え方もまた、戦後にそのまま残されたのではないか、ということを考えねばなるまい。

このようにして、『火の山―山猿記』にあらかじめ潜在していた「差別」の問いが震災後に書かれたいくつもの作品で浮き彫りになっていった。それが『狩りの時代』にいたって「ヒトラー・ユーゲント」の来日を主軸としたのは、単に、敗戦後にドイツがナチスについて考えつめ、変わろうとしてきたのに対し、日本はなにも変えようとしなかったというだけのことではない。「半減期を祝って」の未来予想図によれば、東日本大震災の原子力発電所事故を契機として、「差別」はむしろ拡大しているのだから。

原発事故による放射能汚染があった地域の住民は、なにもかもを捨て置いて圏外へと避難せざるを得なかった。しかしそこに待ち受けていたのは、「放射能がうつる」といったような心ない差別のことばだった。転校した子どもたちにも同様のいじめがあったという。放射能汚染による被害者という圧倒的な弱者について、ただちに起こった差別は、「半減期を祝って」では、既存の差別としてあった「アイヌ人、オキナワ人、チョウセン系」に、あらたに「トウホク人」を加える事態として捉えられている。同時に、戦後の長い時間をかけても一向に「アイヌ人、オキナワ人、チョウセン系」への差別はやまないどころか、ますますひどくなっていくばかりだ。たとえば、在日韓国朝鮮人に対する差別を標榜する「在日特権を許さない市民の会」は、震災後に膨張し、街路でヘイトデモを執拗にくり返した。ヘイトデモがつくりあげた、デモとは愚かな行為であるかのような印象操作が、脱原発デモや政府の政策に対するさまざまなデモを陰らせたようにも思う。

二〇一六年二月に亡くなった津島佑子は、その年の七月に起きた相模原の障害者施設やまゆり園の殺傷事件を知らない。しかし、このようなことが起きるであろうことは、すでに小説が見通していたのである。十九人もが殺害されたこの事件で、犯人は、衆議院議長にその殺害を「障害者は不幸を作ることしかでき」ないため、「安楽死」が必要だとする手紙を書き送っていた。それは、ナチスの思考そのものだ。しかし同時に、人がごくふつうに思うことでもある、と小説は語っている。このような差別の思考について日本では真摯な反省はなく、戦後に噂話のようにしてやってくると、「フテキカクシャ」という不気味なことばによって、子どもたちに拡散された。そして、そこにまき散らされたことばは、未だに回収されずに漂い続けているのではないか。そうして人々は、人間同士でまるで「狩り」をするように標的を見つけては殺そうと狙っている。まるでナチスの時代のように、震災後の今は、「狩りの時代」となっていると小説はいう。ならば読者は『狩りの時代』の投げかけた差別の問いをとことんまでつきつめて考えていかねばならないだろう。

ショア（ホロコースト）の問題と歩んできた芸術家のクリスチャン・ボルタンスキーは、二〇一六年に東京都庭園美術家で行われた「アニミタス――さざめく亡霊たち」のインタビューで、異なる他者に対する人間の残虐性に触れて、次のように述べている。

人は自分とちょっと異なる他者に対して残忍です。ひとつ悪い冗談のようで実は深刻に受け止めなければならない話があります。「ユダヤ人と床屋を皆殺しにしなくてはならない」この言葉に対する反応はこうです。「なぜ床屋を？」

もしユダヤ人や他の属性の人々を皆殺しにする理由がたつのであれば、床屋を皆殺しにする理由も同じだけ存在するでしょう。人間をカテゴライズすることによって人類は残酷なことをしてきました。私はきっと床屋を皆殺しにする一〇の理由を言うことができるでしょう。ポルポトが眼鏡を掛けた人たちを片っ端から殺したのはカンボジアでした。人は殺す対象を見つけてしまい、もっと酷いことだってしでかしかねないのです。(10)

つまり誰かを殺さなければならない理由などは本当は存在しない。しかし、まったく理由にならない理由を並べ立てて人間は人間を殺すことをしてきた。

人間が人間を殺してもいいと考えるとき、そこには必ず「差別」が潜んでいる。絵美子は図書館でナチズムに関する本を読み、「「選別」というナチズムの考え方にめまいがするほどの恐怖を感じていた。科学的、かつ合理的判断で、さっさと死なせたほうがいい人間と、生き延びさせる人間との二種類にふるい分ける」(『狩りの時代』一三九－一四〇頁)ことに。(11)しかし、実際のところ、ユダヤ人は「科学的、かつ合理的判断」で殺されたわけではなかった。自分とは異なる者として「差別」化し、カテゴライズすることで殺すべき理由をかぞえあげたにすぎないからだ。

震災後に起こっていることを考えれば、『狩りの時代』が「差別」を扱うのは必然であるともいえる。絵美子は「不適格者」とともに言われていた「安楽死」「慈悲死」について次のように考える。

「アンラクシ」、あるいは「ジヒシ」。たとえば走れなくなったウマは殺してやったほうがいい。病気で鼻がきかなくなったイヌは生かしつづけるより、殺してやったほうがいい。役に立たなくなったイヌやウマには慈悲の死を、と人間たちは銃口をかれらに向ける。伝染病にかかったウシも、人間を守るために殺さなければならない。それが「安楽死」というものだった。「慈悲死」というものだった。人間にだって、この慈悲は応用される。(『狩りの時代』八二頁)

「伝染病にかかったウシも、人間を守るために殺さなければならない」ということばには、福島第一原発事故後、放射線量の高い立入り警戒区域にいた牧場の動物たちに出た安楽死による「殺処分」の命令を思い起こさせる。警戒区域に動物を置き去りにしたり、見殺しにしたりした事実は、潜在的に殺されてもいい命を「選別」するナチズムを想起させたのかもしれない。

なぜ震災後にヘイトスピーチが盛んになったのか。そこには、放射能災害で、命の価値が露骨に序列化されたことに対する恐怖があるのではないか。私たちは、震災後に、放射能から真っ先に逃がさなければならない者とそうではない者、あるいは真っ先に逃げられる財力のある者とそうではない者、健常者とそうではない者、若さのある者とそうでない者などが自然と「選別」されていくのを目の当たりにしてきた。未曾有の災害においてだれが弱者であるかを見つづけてきた。それは人々に不安を植えつけるものではなかったろうか。自らの生の不安が、さらなる弱者を見出し、叩くことで少しでも価値のある人間として上に立ちたいという欲望に転化されたとしても不思議はないだろう。いま世界中で起きているように、生存不安は排外主義を醸成する。つまり生存不安は差別を助長するのである。放射能災害後にこんなにも「差別」があらわになっていくことを津島佑子の震災後の作品は見通している。『狩りの時代』の戦略は、絵美子にとって大事な兄の耕一郎をめぐって差別について考えをめぐらすことにあった。絵美子はナチズムの考えを知って、「夢のなかでもおびえるように」なる。

こうちゃんが殺される。無残にその命を奪おうとするひとたちがいる。なぜなら、この社会に「不適格な」存在だから。「不適格者」には「慈悲死」、あるいは「安楽死」を、とナチスは叫ぶ。「不適格者」の排除は差別ではない、合理性に基づく「選別」の判断に過ぎない。ヒトラーはそのように主張した。「不適格者」までを養う余裕を、自分たちの社会は持ち合わせていないので、消えてもらうしかない。（『狩りの時代』八二－八三頁）

「不適格者」という「選別」は、抽象的になればなるほど「合理性」があるように錯覚される。しかし、他ならぬ兄でありこうちゃんのことであれば、「こうちゃんが殺される」という恐怖だけが手がかりとなる。こうちゃんのことを考えつめることによって、絵美子は、戦後にそのままに温存された「差別」へと行き着く。その思考は、震災後に噴き出てきた、人間が人間を殺そうとしかねない不穏な空気に抗い、徹底して「差別」と対峙する私たちに手渡されているのである。

注

（1）引用は、『狩りの時代』（文藝春秋、二〇一六年）に拠る。
（2）「中学生のころから絵美子はことばの意味を知り、夢のなかでもおびえるようになった」とある。『狩りの時代』八二頁。
（3）「ナチズムについての本のなかに」「フテキカクシャ」ということばをみつけたのは「高校生のころ」だとある（『狩りの時代』八〇頁）。中学生になって意味がわかるようになったあと、高校生になってナチスとの関連を知るのである。
（4）川村湊『津島佑子　光と水は地を覆えり』インスクリプト、二〇一八年、一一三頁。

（5）『火の山―山猿記』の引用は、『火の山―山猿記』上・下（講談社文庫、二〇〇六年）に拠る。

（6）有森勇太郎は、由紀子の要請で有森家の来し方を振り返る「記録」を書くが、自分が登場する場面を半ば小説風に書くにあたって、「有太郎」という名前を用いた。したがって小説における有太郎は勇太郎と同一人物を指している。

（7）津島佑子「どうしてこんなことに」『夢の歌から』インスクリプト、二〇一六年、五〇―五一頁。

（8）初出は『群像』二〇一六年三月号の「三〇年後の世界―作家の想像力」に寄せられた。『半減期を祝って』（講談社、二〇一六年）所収。

（9）川村湊、前掲『津島佑子　光と水は地を覆えり』一三〇頁。

（10）東京都庭園美術館「アニミタス――さざめく亡霊たち」サイトのクリスチャン・ボルタンスキーへのインタビュー動画の字幕に拠る。https://www.teien-art-museum.ne.jp/exhibition/160922-1225_boltanski.html（アクセス日：二〇一八年十月八日）

（11）絵美子は晃の子を身ごもり、「赤ん坊を産みたいという思い」がないにもかかわらず、産む決意をするとき「だれにも人間を「選別」できない」（『狩りの時代』一七七頁）と思う。ここには産みわけ技術の問題も示唆されているだろう。二〇一二年九月十九日の『東京新聞』夕刊に寄せたエッセイで、津島佑子はダウン症かどうかを妊娠中に調べられることになったことについて次のように書いている。「ところが昨年の原発事故で、内部被曝の影響のひとつとしてダウン症があげられはじめ、再び、私の胸は騒ぎはじめた。さらに最近になって、妊娠中に胎児がダウン症かどうかを調べられるようになったという報道があり、ほぼ同時に、政府発表で遺伝子の検査を福島の子どもを中心に行うとの報道もあった。どんどん、私の気持ちは落ちこんでいく。子どもの健康を願うのは親の本能だろうし、現実にダウン症の子どもが生まれれば、どんな親でも動揺するだろう。〔…〕人間は微妙なバランスのなかでひどく脆くも、意外に強く生きている。遺伝子や染色体の仕組みを知ったところで、いったい人類は幸せになったのか、と私は疑いたくなることがある。それは核分裂の力を知ってしまった人類の現状への疑いにつながる」（津島佑子「染色体と核分裂」『夢の歌から』インスクリプト、二〇一六年、九四―九五頁）。

汚染された身体と抵抗のディスコース
——吉村萬壱『ボラード病』を読む

田村美由紀

1　〈ポスト3・11〉の言論空間と同調圧力——「絆」から東京オリンピックへ

二〇一一年三月十一日に発生した東日本大震災直後、日本には「がんばろうニッポン」や「がんばろう東北」といった復興へのスローガンが溢れた。なかでも、とりわけ爆発的に流布した言葉は「絆」だろう。(1) 共同体の繋がりと助け合いの重要性を強調するこの言葉に、未曾有の災害に見舞われた被災地への援助を促す意味合いが込められていることは言うまでもない。しかしながら、一方でそれがメディアを通して過剰に連呼され続ける状況に違和感が拭えなかったことも、また事実である。哲学者の中島義道は、多くの人が感じたであろうこの居心地の悪さを次のような点に見出している。

〈絆〉という一文字の絶対化が人の目を曇らせる、細かく微妙に動く人の心の動きを見せなくするのだ。かつて「お国のため」という言葉の絶対化が人々の口をつぐませたように、人々から批判的に考える力を削ぎ落とし、ただひたすら定型的な言葉を発して外形的に動くことを強制するのだ。〈絆〉とは麗しい言葉である。だからこそ、そこには人を盲目にする暴力が潜んでいる。(2)

今回の震災によって剝き出しになった日本社会の暗部を覆い隠すかのように、人々の感傷に訴えかけ、安直な希望を押し売りする言葉の空虚さ。「絆」という言葉の裏面に張り付いた欺瞞に満ちた響きを、私たちの耳は確かに敏感に感じ取っていた。(3)

辺見庸は、特定の言葉が過剰に反復される状況を、言葉が単純化・集団化していく過程として捉え、震災後の言論空間全体の問題に敷衍しつつ警鐘を鳴らした。

3・11直後の、まるですっかり入れ替ってしまったような薄気味のわるい空気に、わたしは「戦時社会」を連想し、人々は力で強制されなくても、自分で自分を抑圧し、みずから一方向的な雰囲気に言語やビヘイビアを合わせて、集合的に無意識に統制されていくのだ、と思い知ったことです。二十一世紀における日本型ファシズムの一端をかいま見たように感じました。(4)

相互扶助的な結びつきを称揚する一方で、共同体への過度な同化を求め、それに対して異議を唱える者を徹底的に排除するという「協調主義的全体主義化」(5)が進んだ社会に対して、辺見は中島と同じく戦時期の国家統制を重ね合わせながら、「二十一世紀における日本型ファシズム」の到来を予見している。(6) 3・11以後の日本社会が直面し、未だに収束を見ていないさまざまな課題――津波被害からの復興と原発事故の処理、放射能汚染の不安と恐怖、根本から見直しを迫られたエネルギー政策――が深刻なのは言うまでもない。だが、震災後により鮮明な形で浮き彫りになった同調圧力の暴力性は、目に見えないがゆえに知らぬ間に社会のなかに浸透し、人々の思考を硬直化させていく危険性をはらんでいる。その意味では物理的な諸課題と同様に深刻だといえるだろう。

震災から七年半が経過した現在、「絆」や「がんばろう日本」といった言葉が以前ほど喧伝されることはなくなった。しかし、それはこれらの言葉を通して醸成されていた同調圧力そのものが解消されたことを意味するわけではない。時間とともに震災直後の危機感や切迫感が薄らぎ、その記憶がほとんど忘却されつつあるなかで、新たな集団論理の波も押し寄せている。

二〇一三年九月、ブエノスアイレスで開かれた国際オリンピック委員会（ＩＯＣ）総会で、二〇二〇年夏季五輪の開催都市が東京に正式決定された。東日本大震災後の二〇一一年九月に東京２０２０オリンピック・パラリンピック招致委員会が設立され、本格的な招致活動が進められたことからも明らかなように、今回のオリンピック招致には、東北や福島の復興と震災のダメージからの回復を世界に向けてアピールするという名目によって、開催の妥当性や必然性を担保しようとする性格が色濃くある。(7) 夏季大会としては一九六四年以来五六年ぶりの開催決定の知らせに大いに湧く人々がいた一方で、原発事故や放射能汚染による被害の全貌が把握できず、未だ解決の見通しには程遠い状況のなかでの開催には否定的な声も挙がっている。オリンピックが資本主義経済とは切り離すことのできないグローバルなメガ・スポーツ・イヴェントであり、同時に国威発揚の場として政治的にも利用されてきたことは度々指摘されているが、(8) 二〇二〇年の東京大会にも「二〇一一年三月の複合災害によって引き起こされた社会的亀裂、国家的危機を、スポーツ・ナショナリズムの鞭を全力で振るって正面突破しようとする政治的な思惑が多分に透けてみえるのだ。(9) 二〇二〇年夏の開催まで二年を切り、その祝祭的なムードがますます高まりを見せるなか、「東京２０２０」という「絆」に代わる新たなスローガンのもと、行政とスポンサー企業などが連携しながら市民生活への介入が本格化している。今後も震災復興の象徴としての五輪開催を強力なイデオロギーとして掲げながら、さまざまな動員戦略が展開されるだろう。ナショナリスティックな管理統制社会はますます加速するばかりである。「絆」という言葉の流布に代表されるような同調圧力は決して過去のものではない。むしろそれは形を変えて、現在進行形の問題として私たちの日々の生活に根を張っているのである。

このような３・11以後の日本社会を覆う不穏な空気を、小説という方法を通して鋭く剔抉した作品の一つが、本稿で取り上げる吉村萬壱『ボラード病』[10]（文藝春秋、二〇一四年）である。大栗恭子という小学五年生の少女を語り手とするこの小説は、彼女の日常生活が淡々とした筆致で綴られるが、そこには常に強烈な違和感が付き纏う。恭子が暮らすのは、地元で採れた魚や野菜の安全性を強調し、市民同士の「結び合い」を声高に叫ぶ一方で、クラスメイトが次々と突然死し、背広姿の男たちが人々の言動を監視する世界なのだ。物語の中盤で、実はこの小説は成人した恭子が自身の小学生時代を回想して書いた手記であるという語りの仕掛けが開示されるのだが、それとともに、その町に暮らす人々が「毒に侵されて」いるため、何らかの身体的な奇形を伴っていることも徐々に明らかとなる。[11]物語のなかで原発事故や放射能汚染といった問題が明示されることは一度もない。しかし、3・11以後を生きる私たち読者は「海塚」と呼ばれるこの架空の町に震災後の日本の姿を投影せずにはいられないだろう。[12]

手記の末尾、恭子は海塚を「嘘で塗り固められた町」と一蹴し、愛郷を謳う言説の背後に、集団へ同調することを強制しそれに異議を唱える者を排除していく社会の暴力性が潜んでいることを告発する。

しかしそこから先の海塚は、極めて異常でした。全ての抵抗を断念して、そして全てを諦めて、この町だけは何もなかったことにしようと町ぐるみで画策するなんて、どう考えても狂気じみています。そんなこととまともな人間に出来るわけないじゃありませんか。海塚だけがまともでいられる理由も根拠も、どこにもなかったのです。しかしそんなことは、誰も問題にしませんでした。ただひたすら、海塚だけが何の影響も受けずに済んで、ただ建物が壊れただけで野菜も肉も魚も皆安全で、そして海塚市民だけが健康体でいられるという神話を妄信することに町を挙げて猛進したのです。馬鹿一直線です。[13]

いとうせいこうが「これは寓話ではない。小説という名の現実だ」と評したように、[14]3・11以後の日本社会の矛盾と欺瞞を暴いてみせるこの作品の批評性は疑い得ない[15]。本稿では、この小説の一見蛇足に思われる身体をめぐる叙述を手掛かりとしながら、東京オリンピックに代表されるような集団論理が跋扈する今日において、改めて『ボラード病』というテクストが提起する問題系を取り出してみたい。

2 言語と身体の闘争

吉村萬壱は、初期から一貫して頽廃的かつ暴力的な作風で知られる作家である。「アンチ・ヒューマニズムを根幹に据えたノンセンス文学[16]」と評されることもあるように、作品にはグロテスクな殺戮や自傷行為、過激な性描写、糞尿を含む汚物への嗜好が散見される。例えば、二〇〇一年に発表され、第九二回文學界新人賞を受賞した作家デビュー作『クチュクチュバーン』では、人間と動物やモノが同化し、人間の身体が次々と不気味に変異していく地球を舞台に、秩序や理性、社会性が崩壊した人間世界を執拗に描出することで、汚穢に満ちた醜悪な終末世界を提示している。ただし、『ボラード病』では、これまでの吉村作品の大きな特徴でもある荒唐無稽な設定や、グロテスクで暴力的な描写は影を潜めている。むしろ、物語は語り手の恭子の目を通して語られる日々の学校生活や、家庭での母とのやり取りを追いながら淡々と進行する。だからこそ、何気ない日常に忍び寄る些細な違和と張りつめた緊張感が浮き彫りになる。

ロシアの新鋭監督アレクサンドル・コットによる映画『草原の実験』（原題：*Ispytanie*、二〇一四年）は、『ボラード病』と同様に、名もない人々の平凡な日常描写を軸に据えることで、それが突如として瓦解していく不条理を対比的に描き出した作品の一つである。広大な草原地帯に佇む一軒の家で、父と二人きりで暮らす少女と、その少女に恋をする二人の青年との三角関係を描くこの映画は、全編にわたって台詞を排し、登場人物の微妙な表情の変化や、暗喩的な自然の風景を捉えた映像表現のみによって物語が構築されている。物語は大草原に暮らす少女の慎ましい生活を中心に映し出されるのだが、徐々にそこには不穏な空気が漂い始める。毎朝どこかへ働きに出ていた父が体調に異変をきたすと、銃を持った作業服姿の兵士たちが家に現れ、探知機で何かの数値を調べ始める。ほどなくして父は亡くなり、少女は父を埋葬すると自らもひとりで家を出て旅立とうとするのだが、何も遮るものがないと思われていた草原には有刺鉄線が張り巡らされており、そこから先に出て行くことができない。何の説明もなしに展開されるこのような場面の積み重ねによって高まる緊張感は、突如として爆発音が響き渡り、巨大なキノコ雲が立ち上がったかと思うと、猛烈な爆風と土煙によってすべてが破壊され、飲み込まれるラストシーンへと結びついていく。

この映画は、一九四九年に旧ソビエト連邦（現カザフスタン）のセミパラチンスク核実験場で実際に行われた核兵器の爆発実験に着想を得て制作された。映画のラストに起こる核爆発によって、観客は父の体調不良とその死が被曝の影響であること、作業服の兵士たちが調べていたのが放射線量の数値であること、有刺鉄線で覆われたこの草原が核実験のために隔離された土地であることを知るのである。住民ですら知らされていなかった非道な「実験」によって、人々の生活の営みのすべてが無残に吹き飛ばされてしまう結末には、タルコフスキーの作品を彷彿とさせるような虚無感が漂うが、核爆発のスペクタクルを捉えた映像は、それまでの抑制された演出と明らかに対照的で、見る者に強烈な印象を残す。

目に見えない汚染物質が知らず知らずの内に身体を蝕んでいく恐怖と呼応するように、平穏な日常を侵食する不穏な空気やそれが瓦解する様を描出している点において、『草原の実験』と『ボラード病』は共通しているが、両者は物語の焦点をどこに当てるのかという点において異なってもいる。『ボラード病』で描かれるのはすべてが吹き飛ばされ、灰になった世界ではない。それは、なんらかの災害によって大きなダメージを負いながら、それでもなお、再びその町で生きることを選択した人々の物語、災害を経て生き延びた人々の「その後」を描く小説としてある。

私たちが一旦失ったこの故郷、再び戻ってくることが出来、やっと復興させることが出来た海塚の町。この町を、娘は心から愛しておりました。

正直、もう二度とここには住めないと諦めかけたこともありました。長い避難生活から戻った八年前のあの日、目の前に広がる変わり果てた海塚の町を見て、再建はとても無理だ、ここではとてもやっていけないと、家族で抱き合って泣きました。夜を徹して、泣きました。あんなに辛い夜はなかった。今思い出しても、辛くて辛くて堪らない夜でした。しかしそこで諦めてしまっては、私たち市民に生きる術はありませんでした。実際、他にどこに行く場所があったでしょうか。(17)

突然亡くなってしまったクラスメイトのアケミちゃんの通夜で、アケミちゃんの父は娘の死を偲びつつ、参列した人々にこのように語りかける。故郷を失うほどの災害に見舞われ、長い避難生活を余儀なくされながらも、再び海塚に戻り、町を復興させたという経緯がここから窺えるのだが、人々の間で共有されている生々しい被災の記憶は、情動的な一体感となって共鳴し合い、「海塚！　海塚！」と町の名前を連呼する狂気じみた合唱へと収斂していく。海塚で合言葉のように繰り返される「結び合い」という標語や町の名を連呼する奇妙な歌は、住民が一致団結して震災の傷から立ち上がったという矜持の象徴でもある。しかしながら、それはこの町が共同体の絆を繰り返し確認することを通して、辛うじてその安定を保っているにすぎないことの裏返しでもあるのだ。

学校や街のいたるところでこのような愛郷教育が繰り返されるのだが、恭子はそれに馴染むことができない子どもである。大人になった恭子が小学生時代の出来事を回想して綴った手記だというこの小説の語りの戦略は物語の中盤まで伏せられているので、読者は小学校五年生の恭子を語り手としてこの小説を読み進めることになる。(18)したがって、まず読者は周りの空気に馴染めずどこか浮いているような恭子の鈍さや要領の悪さの方に違和感を覚えることになる。例えば、物語の本筋とは関係なく、急に恭子が尿意を催してトイレに駆け込むような場面がしばしば差し挟まれることもその一つである。

帰り際に私は「おしっこ」と言いました。母は「おトイレと言いなさい」と言い、大小の手提げ袋を持ってベンチの上に大きな腰を下ろしました。

私はトイレの個室の中で、鎖を引き千切り、バラバラになった三つの苺のスタンプを便器の中に投げ入れて、その上から黄色いおしっこを掛けました。プラスチックの苺はクルクル回ってなかなか沈んでいきませんでしたが、最終的には下品な悲鳴を上げながら一塊りになって排水の穴に吸い込まれていきました。(19)

しかし、このような描写を恭子の間の悪さを誇張するような言動として単純に片付けることはできない。なぜなら、恭子にとって排泄にまつわる生理的な不快感は、海塚の町を覆う同調圧力に対する嫌悪感と常に連動する形で現れているからだ。先の引用部分は、母と一緒に買い物に出かけた恭子が廉価ショップのワゴンの中から気に入ったスタンプを見つけるのだが、小さな鎖で三つセットに繋がれた苺のスタンプが、実は「結び合いグッズ」と呼ばれる「結び合い」の精神を宣伝するためにすべて三つセットにして売り出されている商品の一つであることに気づいた後に続く場面である。恭子は三つの鎖で繋がれた「結び合い」グッズに強烈な違和感を覚え、自分の排泄物と一緒にトイレにスタンプを流すことでその不快感を拭い去ろうとする。

他にも、学校で海塚に対する愛郷心を煽るような授業が行われた際にも、恭子が教室で感じる居心地の悪さは、同じく尿意の感覚を通して表現されている。

設問10 「B県海塚市にとって一番大切なものは?」「結び合い!」みんなが叫びました。「そうだ。じゃあいくよ！」と指揮者が指揮棒を振り上げました。そして五年二組合唱団がいつもの言葉を唱和し始めると同時に、チャイムが鳴りました。「海塚！　海塚！　海塚！　海塚！　海塚！　海塚！　海塚！　海塚！　海塚！」

この連呼は不思議なメロディを伴っていました。それは自然発生的なもので、クラスによって違い、秋の合唱コンクールのエンディングで毎年披露されるのでした。

眼鏡の向こうで藤村先生の目が光っていました。私は浩子ちゃんの真似をして、口をパクパクさせながら健くんの方を見ていました。背中を丸め、口を押さえてこっそりと吐いている健くんの横顔と、私は目を合わせました。健くんは、指から垂れた嘔吐物で半ズボンの太腿を濡らしながら、目玉を使って「平気平気」と合図してきました。私は尿意を覚えました。

「みんなは〜」

「一つ！」(20)

おそらく海塚を襲った災害と関係する何らかの汚染物質が原因で、教室で嘔吐する健くんを尻目に、「海塚！」と自分たちの暮らす町をひたすら讃える合唱にクラス全体が熱中していく。「安心」「安全」な海塚のイメージを脅かしかねない者の存在を不可視化するこの構図自体が極めて異常なのだが、このような愛郷教育に対する違和や反発は、恭子にとって尿意の感覚として不意に訪れる。恭子を取り巻く同調圧力に満ちた外的世界と、それに対して順応することのできない彼女自身の内的世界との緊張関係が引き起こすズレや摩擦が、排泄という生理的な身体感覚によって表出しているである。それは、共同体の管理統制や集団論理のなかに絡め取られていく身体の、言葉にならない抵抗として読み取ることができるのではないか。小学校時代の恭子は海塚に蔓延《はびこ》る同調圧力に反発を感じつつも、それに対抗する言葉を持てなかった。だからこそ、それは身体からの応答に直截的に結びついていた。いわば、ここでは排泄という人間の最も根源的な欲求を通して彼女の馴致できない身体性が露わになっているのである。(21)

3　選別される生と血の流れ

この物語において制御できない身体のありようを語るもう一つの要素は、血の流れである。内藤千珠子は、この物語の「「私」の初潮や月経をめぐる記述が意味ありげに配置されて」いる点に着目し、「テクスト上で、病は明らかに女性身体とイメージの上で交合させられている。つまり、女性、血、病を連接させ、女性身体を差別化する表象の構造が、犠牲者である「私」の語りのなかに再現前している」(22)と鋭く指摘している。とりわけ、血を流す女性身体と病のイメージとの「交合」は次のような場面に顕著である。

前述の通り、恭子のクラスメイトのアケミちゃんは作中で突然亡くなってしまうのだが、彼女の身体的な不調の兆しとして、恭子はトイレで遭遇したアケミちゃんの様子を回想する。

「……ああ……もう駄目……もう駄目……」

突然、破裂音と大量の液体が流れ落ちる音がしました。

「……はあ、はあ、はあ……」と激しい息遣いがして、「……駄目だ……駄目だ……」という独り言が続きました。〔…〕

彼女はフラフラとトイレの外に出て行き、手洗いをしました。私は隠れていた個室の扉の後ろから出て、彼女が座っていた個室の便器を覗き込みました。トイレットペーパーで拭い切れなかった赤黒い点が幾つも残っていました。(23)

物語の後半で恭子の母が救急車で運ばれる際に「とうとうお尻から血を噴き出してロングスカートを真っ赤に染めました」[24]との記述があることから、体内からの出血は、海塚の人々が患っている健康被害の症状の一種であることがわかる。しかし、恭子は自分が初潮を迎えると、アケミちゃんの身体的な不調を月経による出血だと意味づけることで理解しようとする。

その日、家に戻ってから私は腹痛を覚えました。うんちは出ないと言い張りましたが母はトイレに行くようにと言い、私は初潮を迎えました。トイレで弱音を吐いていたアケミちゃんが、その後もこっそりと私に辛いと漏らしていたのはこれだったのだと分かりました。[25]

もちろん、この恭子の手記が「治癒証明を貰」うという建前で書き始められたものであることを考慮すれば、病気を病気として記述することは許されない。したがって、恭子は意図的に健康被害の症状と月経とを重ねることで、異常出血の意味を女性の生理的な身体現象へとずらしているといえるだろう。ただし、ずらすことができてしまうという事実そのものが、とりわけ女性の身体が抱える不安と危うさを浮き彫りにしているのだ。

このような女性の身体に関わる出血の描写、特に放射能のように目に見えない汚染物質に影響される身体からの出血に対する両義的な意味づけは、林京子の小説を思い起こさせる。周知の通り、林京子は自身の被爆経験に基づきながら、原爆の凄惨さと被爆の恐怖を常に言語化し続けた作家であるが、初期の小説には被爆の後遺症として現れる出血と、月経や初潮を重ね合わせるような描写が度々見受けられる。「いつ鼻から血がふき出すか、月々の生理の毎に、ひょっとすれば、このまま止まらないのではないか、と心配ばかりしている」[26]（「曇りの日の行進」）や「高子の異常出血は、丁度その頃、初潮の時期にあった私たちを、不安にした」[27]（「金毘羅山」）という叙述は、特に女性の被爆者にとって、日常的に血を流すたびに放射能による異常出血の恐怖が抗い難く立ち現れてくるものであったことを示唆している。[28]なおかつ、それは妊娠・出産の経験とも不可分に結びついている。

私たちは四十六歳になる。そろそろ更年期に入る年頃である。被爆者ではない西田を除いた三人は、放射能の障害を受けやすい血液、特に女の性にかかわり続ける血液の、異常を怖れながら、生きてきた。日常のささいな鼻血や抜糸の折の出血まで、このまま止まらなくなるのではないか、と気にしながら生きてきた。血にかかわる最も大きな恐怖が、出産である。出血多量で死亡した友人もいる。その危険な出産を、野田も私も無事に済ませ、もう心配のない年齢に達している。あとは、定期的な生理に誘発される異常出血の心配だけである。その残された心配事も、更年期という時期にきて、自然消滅してしまうのである。これほど有りがたいことはない。少なくとも私にとっては、その日は、初潮を見た日以上に、祝うべきときに思えた。[29]

「女の性にかかわり続ける血液」は、放射能による異常出血の恐怖と常に隣り合わせであると同時に、その遺伝的影響の不安にも常に曝されている。被曝者の女性の結婚・妊娠・出産については原爆文学でも繰り返し物語化されているが、それらの物語は被曝と遺伝の関係性に対する人々の差別や偏見、無理解を露わにする。前述の通り、『ボラード病』でも何らかの汚染物質の影響で住民に身体的な奇形が生じていることが仄めかされているため、月経や初潮に度々言及する語りは、原爆文学が提起してきた、被爆と遺伝の問題を引き受けさせられてきた女性身体の問題とも密接に関わっている。物語に恭子の初潮がわざわざ書き込まれているのは、それが妊娠・出産可能な身体への移行と同義であり、彼女の身体が既存のジェンダー規範における再生産の論理のなかに組み込まれていくことを示唆する事態だからであろう。手記の末尾で「こんな顔でも、あなた方には美人に見えているんでしょう？　だったら抱いてみろよ臆病者」と挑発する語りからは、被支配者である女性（恭子）と支配者である男性との間の対立が浮き彫りになっている。木村朗子が「ここで「抱いてみろよ」と呼びかけられている相手を考えるにこの物語でも女性の身体を管理するのは男性なのだ。男性の手によって管理された出生が奇形をもたらしているからこそ、その事実は隠蔽されねばならない」と指摘する通り[30]、男性側に付与された知と権力は汚染の事実や、その遺伝的影響などの問題を無かったことにするよう人々を強制する一方で、生を選別し排除するという暴力を作動させる。その意味において、確かにこの小説は犠牲者としての女性語りを利用することで、図らずも既成のジェンダー関係を反復し、補完してしまうような側面も有しているといえるだろう[31]。

しかしながら、流れ出す「血」は、妊娠・出産という再生産構造と結びつけられる危うさをもつだけではなく、同時に男性にとってコントロールすることのできない女性身体の不透明な領域としても立ち現れてくる。自らの生を排除しようとする権力に対して「血ならこの二十年間毎月出てい」ると訴える恭子は、管理統制の網目から抜け出す身体領域となり得るこの血の流れを、自らの生の生々しい痕跡として突きつけている。『ボラード病』において意図的に配置された排泄や月経の描写は、このように身体を制御し、徹底的にコントロールしようとする権力をすり抜けるような把捉できない生の流れを生み出すものとして提示されているのである。

4　不透明な身体を生きること

本稿冒頭で述べたオリンピック開催に向けて形成されていく集団論理と『ボラード病』において問題化されている身体の問題とは決して不可分ではない。なぜなら、オリンピックに代表されるようなスポーツにおける身体文化こそ、社会化・規律化された近代的身体の理想モデルを構築し、具体化する営みといえるからである。

社会学者の伊藤守は、レニ・リーフェンシュタールによって制作された一九三六年のベルリン大会における記録映画『オリンピア』の分析を通して、その映像表現のなかで規律化された身体美がいかにナショナリスティックに理想化されているのかを明らかにしている。[32] 伊藤によれば、この作品には「規律・訓練的な身体文化と競技スポーツの身体性が折り重なった地点に生成する「美」」が描き出されているが、それはドイツが抱える重層的な歴史的文脈を背景とした身体の階層秩序化と、そこからこぼれ落ちるものたちの「規格外の」身体の破棄と表裏一体となって生起しているという。スポーツにおける身体文化は、「個別的な身体的な行動・成績・行状を「体力」「俊敏性」「腕力」といった計測可能な「身体能力」という規則原理において関連づけ、個々の身体を「体育」「鍛錬」の空間に包摂することを通じて、身体が特定の政治的な文脈に布置化され、身体文化が国家のイデオロギー的秩序を体現するものとして機能した[33]」のだ。

このような指摘はフーコーのいう近代社会における規律・訓練的な権力において生み出される身体のあり方と通底しているが、それは同時に「従順な身体」でもあった。身体を対象化し、理想的なイメージに向けて規律化していく運動のなかに、そこから逸脱していくような制御できない身体は想定されていない。

手記の末尾で、確かに恭子は自らを「病気」とみなして隔離し、社会から抹殺した人々に対して、「本当に病気なのはあなた方のほうです」と糾弾するのだが、この部分の恭子の語りによって転覆させられる「病気」の意味づけ、あるいは正常と異常の境界という問題は、単純な二項対立には収まりきらない部分をはらんでいる。

末尾の恭子の饒舌な語りは、彼女の感情の起伏に共振しているため、論理的な一貫性からは逸脱した矛盾や混乱をさらけ出しているのだが、そのなかで幾度か「鏡」に言及される部分がある。まず、「こんな所に閉じ込められて誰にも会わせて貰えないのなら、自分が病気なのか正常なのかということが自分でも分からないではありませんか。鏡すら置いてないなんて」と隔離された部屋に「鏡」が無いことに触れられる。誰にも会わずに隔離された状態では、他者を参照項として自分が正常か異常かその判断を下すことができないため、恭子は自分を対象化するための道具として「鏡」を求めるのだ。しかし続く部分では、一転して「私はこの部屋に鏡がないことに感謝しています」と語られる。なぜなら「私の顔も体も醜い」ため、彼女は自分の身体を見ることを拒むのだ。

海塚に住む人々や生き物に生じている身体的な欠損や形態変容だが、それは語り手である恭子も例外ではない。もちろんそのことは明白な事実としてあるのだが、そのような身体をまなざす主体の認識の揺らぎをこの小説の末尾の文章は示唆しているようにも思われる。

もうこんな体、見たくもないのです。そこの隅っこの便器のパイプに映るんです。見たくないのに、見てしまうんですよ。こんな顔でも、あなた方には美人に見えているんでしょう？　だったら抱いてみろよ臆病者。(34)

恭子の隔離されている部屋には「鏡」がない。したがって、自分の姿を映して視覚的に確認できるのは「便器のパイプ」しかないのである。そのため、彼女は「便器のパイプ」に映り込む自分を見て辛うじて自分の存在や身体を対象化しようとする。しかし、考えてみればパイプには常に歪んだ像しか映ることがない。鏡面に代わりパイプに映る自らの歪んだ身体像と向き合うことは、この歪みが元々異形の身体であるために生じているのか、あるいはそれを映し出すのがパイプであるために必然的にそうなっているのかという割り切れない不安を生じさせるだろう。もちろんパイプに映る姿を確認せずとも、身体の大部分は自分の目で見ることができるのだが、「鏡」から「便器のパイプ」へとつながる一連の語りは、身体を正常か異常かに振り分ける境界線自体が明確な基準を持っているわけではなく、極めて曖昧で恣意的なものであること、そしてそのような正常と異常の対立が人々の個別的な認識に囲繞されているために簡単に折り合いがつけられるものではないことを暗示している。

きっと本当の世界なんて、誰も知り得ないんです。自分たちがこうだと決めた世界から、誰も出られないんです。海塚の戦略に染まらなかった母や私が見ていたものだって、それが世界の真の姿であったかどうか本当には分かりません。私たちが間違っていた可能性も否定できません。それを思うととても辛くなります。

あなた方だって同じです。人間は脳の作った世界の外に出られないんですから。そこに何を見ていようと、本質は皆囚人なんです。(35)

世界をどう捉えるかという点も含めて、身体にまつわるさまざまな現象は解釈によって意味づけられる。生理の出血が、汚染の後遺症による異常出血と重ね合わされてしまうように、正常か異常かという線引きは常に絶え間ない問いとして立ち現れてくるのだ。そのような一義的な意味づけを拒むような混沌とした不透明な身体は、身体を規律化しようとする権力に対するカウンターになり得るのではないか。

吉村は自身の創作への姿勢について「僕も回復や再生を書きたいんです。でも、例えば3・11の津波で流された人やその身内の方、あるいはアウシュビッツのガス室に向かっている人に、僕は希望を書いた小説を手渡せない」と語っている。(36)『ボラード病』にも安易な希望や座りの良い着地点はない。最後の恭子の語りは同調圧力に対する痛烈な批判として提示されているが、そこにも正常と異常を線引きすることの危うさや、それを決定する自分自身の認識への不安が潜んでいる。しかし、そのように簡単に折り合いの付けられない身体を受け止めることこそが、身体を制御しコントロールしようとする権力に対するひとつの抵抗の方途となるはずである。それは「環境という生活の基底材が汚染されていく今」、「その環境と不即不離に相関するこの身体」に立ち返ることで改めて「生の流れ」、すなわち間断のない生の運動そのものを、ままならない身体から問い直すことでもある。(37)『ボラード病』はそのような抵抗の可能性を提示した小説として読み直されるべきだろう。

参考文献

中島義道『反〈絆〉論』ちくま新書、二〇一四年。
渋井哲也『絆って言うな!』皓星社、二〇一六年。

辺見庸『瓦礫の中から言葉を』ＮＨＫ出版新書、二〇一二年。

金井美恵子『目白雑録５ 小さいもの、大きいこと』朝日新聞出版、二〇一三年。

多木浩二『スポーツを考える――身体・資本・ナショナリズム』ちくま新書、一九九五年。

清水諭編『オリンピック・スタディーズ――複数の経験・複数の政治』せりか書房、二〇〇四年。

石坂友司『現代オリンピックの発展と危機 1940-2020――二度目の東京が目指すもの』人文書院、二〇一八年。

小笠原博毅・山本敦久編『反東京オリンピック宣言』航思社、二〇一六年。

木村朗子『その後の震災後文学論』青土社、二〇一八年。

芳賀浩一『ポスト〈3・11〉小説論――遅い暴力に抗する人新世の思想』水声社、二〇一八年。

千葉一幹「『ボラード病』あるいは臆病者への処方箋」『文學界』二〇一四年八月号、二三四－二四二頁。

内藤千珠子『愛国的無関心――「見えない他者」と物語の暴力』新曜社、二〇一五年。

川口隆行編『〈原爆〉を読む文化事典』青弓社、二〇一七年。

稲垣正浩・今福龍太・西谷修『近代スポーツのミッションは終わったか――身体・メディア・世界』平凡社、二〇〇九年。

ティム・インゴルド『メイキング――人類学・考古学・芸術・建築』金子遊・水野有美子・小林耕二訳、左右社、二〇一七年。

ティム・インゴルド『ライフ・オブ・ラインズ――線の生態人類学』筧菜奈子・島村幸忠・宇佐美達朗訳、フィルムアート社、二〇一八年。

注

（1）「絆」という言葉は新聞や雑誌、テレビ、ラジオなどの各種報道媒体や、復興支援のポスターや広告などで盛んに使用されたほか、自由国民社がその年の世相や話題を反映した言葉を選定し、トップテンと年間大賞を発表することで知られる「新語・流行語大賞」で、二〇一一年の流行語としてトップテンにノミネートされている。その選定理由としては「未曾有の大災害である東日本大震災は、人々に「絆」の大切さを再認識させた。復興に際しての日本全体の支援・協力の意識の高まりだけでなく、地域社会でのつながりを大切にしようとする動きや、結婚に至るカップルの増加などの現象がみられた」ことが挙げられている（https://singo.jiyu.co.jp/old/index.html「現代用語の基礎知識」選 ユーキャン新語・

流行語大賞全受賞記録、二〇一八年八月二十六日閲覧）。

（2）中島義道『反〈絆〉論』ちくま新書、二〇一四年、一三頁。

（3）フリーライターの渋井哲也が二〇一六年にまとめた著書『絆って言うな！』（皓星社、二〇一六年）の帯文には「震災のあと、「絆」に夢中だった人たち。「絆」に飽きた今は、何に夢中なのだろうか？」という痛烈な皮肉が投げかけられている。この本で渋井は、五年間にわたる被災地取材に基づきながら、被災地や被災者、支援のイメージを勝手に作り上げ、押し付けてしまう「マジック・ワード」として流布した「絆」の意味の再検討を試みている。

（4）辺見庸『瓦礫の中から言葉を』ＮＨＫ出版新書、二〇一二年、八六頁。

（5）同上『瓦礫の中から言葉を』八五頁。

（6）作家の金井美恵子は、震災のような「非常時」には「ことばの戒厳令」が敷かれ、人々がことばを失い、いわゆる失語状態に陥ると指摘する言説に対して疑義を呈し、ファシズムとは「何かについての沈黙を強いることではなく、何かについて語ることを強いることだ」と喝破したロラン・バルトの言葉を引用しながら、紋切り型の標語が繰り返されることによって震災にまつわるさまざまな「タブー」や「自粛」が人々に内面化されていくことの危険性を指摘している（金井美恵子『目白雑録5 小さいもの、大きいこと』朝日新聞出版、二〇一三年）。

（7）東京オリンピック・パラリンピック競技大会組織委員会公式ホームページでは、「スポーツには世界と未来を変える力がある」を合言葉に、大会ビジョンとして「全員が自己ベスト」「多様性と調和」「未来への継承」という三つの基本コンセプトを掲げ、成熟国家として世界最高水準の大会運営を実現し、共生社会を育む契機となるような大会を目指すことが明言されている。なお、復興五輪という位置づけから、聖火リレーのスタート地を福島県にすることも決定された（https://tokyo2020.org/jp/　二〇一八年九月一日閲覧）。

（8）オリンピックと資本主義経済や政治文化との関わりについては、多木浩二『スポーツを考える――身体・資本・ナショナリズム』（ちくま新書、一九九五年）や清水諭編『オリンピック・スタディーズ――複数の経験・複数の政治』（せりか書房、二〇〇四年）、石坂友司『現代オリンピックの発展と危機 1940-2020――二度目の東京が目指すもの』（人文書院、二〇一八年）などに詳しい。

（9）鵜飼哲「イメージとフレーム――五輪ファシズムを迎え撃つために」、小笠原博毅・山本敦久編『反東京オリンピック宣言』航思社、二〇一六年、一七‐一八頁。

（10）初出は『文學界』二〇一四年一月号。のちに、吉村萬壱『ボラード病』（文春文庫、二〇一七年）。

（11）この物語には似顔絵を描く場面がしばしば登場するが「私は真っ直ぐな線が引けないので、全ての絵が歪んでいました」や「その絵は、普通の絵とはまるで違っていました」といった表現が、一読した時には子どもらしい絵の拙さを意味しているものだと理解される。しかし物語が進むにつれて、海塚の人や生き物に身体的な変容が生じていることがわかってくると、それまでの描写が単にレトリックのレベルではなく、実際に似顔絵に描かれる人自身が異形な身体をもっていることに由来しているのだと明らかになる。

（12）木村朗子は、この小説の設定について「震災にまつわることは何一つ語られていないし、放射能災がほのめかされているわけでもないが、舞台となる海塚市がかつての被災地であって、しかもどうやら汚染された土地であり、しかしなお「三つ葉化学」を手放さずにいることから、原発災害を思い起こさせる。あるいはまた、工場排水によって海が汚染されたかもしれないと考えれば水俣病も想起される。ここでの「毒」は、放射能災も含めた産業革命以後の公害史のすべてが読み込み可能なのだ」と指摘している（木村朗子『その後の震災後文学論』青土社、二〇一八年、六二頁）。

（13）吉村萬壱『ボラード病』文春文庫、二〇一七年、一七七―一七八頁。

（14）いとうせいこう「個人的な悪夢にむけて」（文春文庫『ボラード病』解説）、二〇一七年、一八五頁。

（15）芳賀浩一は「この作品で吉村は単に暗い未来を暗示するというだけではなく」、「現在の日本社会における表現の自由に対する切迫した危機感」を読み取っている（芳賀浩一『ポスト〈3・11〉小説論――遅い暴力に抗する人新世の思想』水声社、二〇一八年、三五頁）。

（16）千葉一幹「『ボラード病』あるいは臆病者への処方箋」『文學界』二〇一四年八月号、二三四―二四二頁。

（17）前掲『ボラード病』七五―七六頁。

（18）このような小説の構成は「信頼できない語り手」（unreliable narrator）による語りの仕掛けとして指摘されている（木村朗子『その後の震災後文学論』青土社、二〇一八年、六〇頁）。

（19）前掲『ボラード病』四〇頁。

（20）前掲『ボラード病』五四―五五頁。

（21）吉村萬壱は他の作品においても、人間の思考を抑圧するような言葉に対する懐疑や抵抗を、生々しい身体感覚とともに描いている。例えば、『虚ろまんてぃっく』（文藝春秋、二〇一五年）に収録された表題作「虚ろまんてぃっく」では、次の引用文にあるように言葉と「嘔吐物」や口から吐き出される「腐ったゴミ」が同等に扱われ、棄却すべきものとして表現されている。「箱型バンのサイドドアがスライドして、上半身に毛布を纏った裸の女が首を突き出す。女の髪が砂混じりの風に舞い上がる。女は毛布に包んだ裸の体を小刻みに痙攣させながら、数回にわたって車の外に嘔吐する。その嘔吐物は役に立たない言葉の成れの果て、即ち物質化した言葉の最終形態である。伊呂波埠頭は言葉を忌避する。女は言葉の病に冒されている」(六一頁)。「伊呂波埠頭は言葉を忌み嫌う。人間は、行動した後で言葉を捏造するエクスキューズ星人である。伊呂波埠頭には、言い訳の遮断された生身の人間の行動と、風と波、不気味な機械音、そして頼りない街灯とか細い自動販売機の光だけがあればよいのだ。人間の声帯から発せられた声の中で唯一美しいのは、動物的な唸りや叫びだけである。下手に連中の言葉に耳を傾ければ、それは雑念となって増幅し、精神を掻き乱し、毒となって脳を蝕み、こちらも口から腐ったゴミを吐き出さねば済まなくなる」(七二頁)。

(22) 内藤千珠子『愛国的無関心——「見えない他者」と物語の暴力』新曜社、二〇一五年、三三頁。

(23) 前掲『ボラード病』八三-八四頁。

(24) 前掲『ボラード病』一三八頁。

(25) 前掲『ボラード病』一三四頁。

(26) 林京子「曇りの日の行進」『林京子全集 第一巻 祭りの場 ギヤマン ビードロ』日本図書センター、二〇〇五年、九三頁。

(27) 林京子「金毘羅山」、同上『林京子全集 第一巻 祭りの場 ギヤマン ビードロ』一二七頁。

(28) 松永京子は、林京子の小説における出血の描写について「作者自身の被爆体験や「出血多量で死亡した友人」の存在が、出産や月経などの生理的現象に、特別な意味をもたせてしまう」と指摘している(松永京子「遺伝」、川口隆行編『〈原爆〉を読む文化事典』青弓社、二〇一七年)。

(29) 林京子「金毘羅山」、前掲『林京子全集 第一巻 祭りの場 ギヤマン ビードロ』一三〇頁。

(30) 木村朗子、前掲『その後の震災後文学論』六四頁。

(31) 先にみたとおり、内藤千珠子は月経の描写に着目しつつ、同時にこの物語が「少年の語りではなく、少女の語りであること」に注意を促し、「犠牲者や被害者の物語を語る声が、女性の声であることによって正当性が生まれるという言説論理が引かれている」点にこの小説の構造的な問題点を指摘している(前掲『愛国的無関心』三二頁)。

(32) 伊藤守「規律化した身体の誘惑――ベルリン・オリンピックと「オリンピア」」、清水諭編、前掲『オリンピック・スタディーズ――複数の経験・複数の政治』九一－一〇七頁。
(33) 同上「規律化した身体の誘惑――ベルリン・オリンピックと「オリンピア」」一〇六頁。
(34) 前掲『ボラード病』一八二頁。
(35) 前掲『ボラード病』一七八－一七九頁。
(36) 「今週の本棚・本と人 『虚ろまんてぃっく』著者・吉村萬壱さん」『毎日新聞』東京朝刊、二〇一五年十一月一日。
(37) 柳沢田実「〈暮らし〉の中で逃走戦を紡ぐ――ティム・インゴルド『生きていること』」『現代思想 総特集・震災以後を生きるための50冊』二〇一一年六月、一三四－一三七頁。

失墜する物語の力——震災後の高橋源一郎論

長瀬　海

1　やがて力を失う高橋源一郎

東日本大震災以後、何かが変わった。何かが？　いったい何が変わったのか。全てだ。あらゆるものが、以前と同じ形を保つだけの、維持システムを持たなかった。物理的にも、精神的にも、未曾有の破壊力を持った出来事は、人々の言葉を変容させ、表現する能力を試した。文芸評論家の川村湊はこのことについて、次のように言う。

大自然の圧倒的な力の前では人間は無力だ。そこで人々は言葉を失い、失語する。目前の、あるいはテレビ画像のなかの情景はあまりにも圧倒的過ぎて、人々は無言になる。言葉を発することができるのは、本来、言葉においても、社会的な環境においても無力だった子どもたちだけだ。彼らは、自分たちが、そして自分たちの言葉が最初から無力であることを知っているからこそ、「わたしはこわい」ということが言えるのだ。「わたしは泣きました」と書くことができるのである。(1)

東日本大震災やアメリカで起こった同時多発テロは、その映像が何度も何度も流れることで、人々に自らの言葉が社会と対峙しうるにたる力を持っていることを忘れさせる。その結果やがて人々は失語症に似た状態へと陥っていくのだと、川村は言うのである。

だが、そうだろうか。

圧倒的なショッキング・イメージが人々から言葉を奪う。日照りの気持ち良い森林を歩いていると、大群のオオカミが目の前を塞ぐ。その時、言葉を出し、立ち向かっていけるだけの力を持つ人間は少ないだろう。けれど、あの時は違った。人々は、言葉を武器に戦った。少なくとも、その姿勢は見せた。例えば高橋源一郎だ。

高橋源一郎は、被災者支援のチャリティのためにアダルトヴィデオを制作する男たちを描いた『恋する原発』(講談社、二〇一一年十一月)を、震災に対する即時反応として書いた。あるいは、『ニューヨークタイムズ』に小説家としての声明を、震災からわずか数日で、載せた。そこで彼は、東日本大震災以後に続く数々の事象を「戦争」と表現し、このように言った。

未曾有の混乱が続くなか、それにもかかわらず、わたしたちは熱狂的な連帯の気運と不思議な高揚感に包まれている。それは、「戦争」がもたらす、いちばん大きなものだ。

圧倒的に巨大な「敵」の登場は、ばらばらだったわたしたちを、もういちど繋ぎ合わせようとしている。もちろん、この「戦争」は始まったばかりで、どのように終わるのか、誰にもわからない。だが、少なくとも、「戦争」前とは異なった社会が出現するように、わたしには思える。

そこには、なにがあるのだろう。六十六年前、無から(「敵」であったアメリカの助けを借りて)、新しい理念を作りだしたように、わたしたちは、新しい「日常」や、新しい「倫理」や、そのために生きていたいと思える新しい「共同体」を作りだしているだろうか。それを知ることは、いまはできないのである。(2)

「わたしたち」に理不尽に襲いかかる数々の出来事に、高橋は新しい「日常」や、新しい「倫理」や、新しい「共同体」を構築することで立ち向かうべきだと提言する。そのような言葉を、まず真っ先に、英語圏のメディアを通じて発信した。

それからも書き続けた。まるで、書くことが、震災によって地中から盛り上がった「悪と戦う」ためであるかのように。

しかし、彼はいつの間にか、「戦うために書く」ことをやめてしまった。

彼が書いた新しい小説は『動物記』（河出書房新社、二〇一五年四月）や『今夜はひとりぼっちかい？――日本文学盛衰史　戦後文学篇』（講談社、二〇一八年八月）である。『動物記』には民主主義を問い直そうとする意欲は見られるが、震災と向き合う彼の姿勢は失われている。『今夜はひとりぼっちかい？――日本文学盛衰史　戦後文学篇』に至っては、震災は登場するものの、それはディテールに過ぎない。彼は震災というカタストロフィに釣り合うだけの言葉を生み出していないのである。

なぜ、高橋源一郎の物語は力を失ってしまったのか。

ここには、高橋だけの問題ではない、広い意味での震災と文学者の関係性を考える鍵がある。あれほど雄弁に震災に向かって言葉を投げつけた小説家たちは、現在、いつのまにか口を閉ざしている。

だから、問題は、こうだ。小説家は震災以後、無数の言葉を放ち、自らのエコシステムの生態を維持しようとした。しかし、時間が経つにつれ、彼らのうちの多くはその力を失ってしまった。なぜなのか。言葉は結局のところ、震災の渦にのまれて行き、消滅したのか。

そのことを考えなければならない。

そのために高橋源一郎のケースをもっと見てみよう。

2 『恋する原発』という戦い方

高橋源一郎は震災に対する即時的反応として『恋する原発』を書き上げた。というより、書かねばならなかった。でなければ、この小説の、恐ろしいまでの不謹慎さが、その威力をもって読者に受け入れられる(あるいは拒否される)ことがなかったからである。

震災以後の高橋のSNSをまとめた日記風エッセイ『「あの日」からぼくが考えている「正しさ」について』(河出書房新社、二〇一二年二月)を追っていくと、彼が『恋する原発』の執筆に着手することになったのは二〇一一年六月のことであることがわかる。それから約二カ月で脱稿。二〇一一年十月七日発売の『群像』十月号に掲載される。そして、単行本として二〇一一年十一月に『恋する原発』は刊行されることになった。もっとも、この極めて不謹慎な小説を刊行するにあたっては、前掲の『「あの日」からぼくが考えている「正しさ」について』によると、八月二十四日「すいません。『恋する原発』の件で。ゲラも戻したところだったんですが、「上」判断で、急遽、掲載が見合わされることになりました。やっぱり、あの内容じゃ無理だったみたいですね。詳しくは、また」とあり、講談社の上層部とかなり揉めたことが伺われる。二転三転して一カ月遅れで、雑誌掲載、そして単行本として刊行されるのだが、そこまでしてどうして、高橋源一郎はこの小説を書かなければならなかったのか。

『恋する原発』は、二〇〇一年九月十一日に起きたアメリカ同時多発テロを受けて高橋が書いた連載小説「メイキングオブ同時多発エロ」を、リサイクルする形で書かれている。高橋はアメリカ同時多発テロ事件に対して、物語で対抗しようとした。しかも、今回同様、極めて不謹慎なストーリーで、である。けれども、それは失敗してしまった。そのことは本人も認めている(3)。では、なぜ、震災以後、高橋はほぼ同じ内容(AV制作会社が悲劇を前にしてチャリティAVを作るというプロット）にもかかわらず、小説を完成させることができたのだろうか。『震災後文学論』（青土社、二〇一三年十一月）のなかで木村朗子は高橋の次の言葉を引く。

いうまでもないことだが、三月十一日以降は、それ以前と同じように「読む」ことも「書く」ことも難しくなった。以前は面白かったもの、面白かったはずのものが、そうは感じられない。以前なら、楽に書けていたことが書けない。それとは逆に、以前には無視していたものが気持ちにすっと入ってくる。あるいは、ふだん通りに書いているつもりでも、書き方が変わっている。それはこちらの問題であり、また同時に、ぼくたちが生きているこの世界の問題でもあるのだろう。(4)

それに続けて、木村は言う。

ならばなぜ、『恋する原発』は、震災以前に書かれた「メイキングオブ同時多発エロ」を利用して、それとそっくりな小説として同じ調子で書かれているのだろう。ひょっとしてこれは「以前には無視していたものが気持ちにすっと入ってくる」類の小説だというのだろうか。いやそうではないだろう。震災後だからこそ、いつものこの文体で、あられもなく軽薄で調子よく書かれねばならなかったのだ。(5)

こうして、木村は高橋の独特の軽薄体が、当時、やたらと叫ばれていた「正しさ」や「連帯」への強迫に抗するものとして、うまく機能したのだと言うのである。震災以後の日本社会は「正しさ」が強迫観念的に蔓延し、少しでも軽々しい発言をするものなら、「不謹慎」とされていた。高橋の軽薄体は、そこに風穴をあけるかのように機能し、それが小説を完成へと導いたのであった。

例えば次のような会話。「ぼく、陛下のファンなんだけど、それは知ってるよね。今度、陛下がお出ましになるAVを作らない？」「むりむりむりむり**ムリムリ**むりむりむりむりむりむり！　**絶対無理！**」〔…〕「でもさ。よく被災地に行って、腰を下ろして、話を聞いてるでしょ、あの人。すごい誠実さが伝わってくるんだよね。**いい人だぞ、アキヒトは**」。このようにあえて政治的なタブーを、ましてや震災直後の硬直化した日本社会のなかに軽々と持ち込むことで、小説を社会に抗うものとした。それには上記のような軽薄な文体が必要だったのである。

では、ここに描かれているものは何か。物語はAVディレクターのイシカワが社長に命じられて、アシスタントディレクターのジョージと一緒に、東日本大震災チャリティAVを作らされるところから始まる。彼らはビン・ラディンとアルカイーダをモチーフにしたアメリカ同時多発テロチャリティAVを撮ろうとして失敗をした過去を持つという設定になっている。政治と文学と宗教と革命を抜きにしたエロティックな映像こそが至極のアダルトヴィデオだというのである。

社長は二十年以上前レバノンのベイルートで飢餓状態に陥っていた。虐殺の相次ぐレバノンで、難民キャンプへ通じる道のまっただなか、彼は倒れた。そこへ一人の女性が糞をした。その瞬間に、糞を食べるという、いわゆるスカトロ趣味に目覚めたのだという。

まったくもって突飛な理由で、主人公のイシカワが勤めるAV制作会社の社長はAVの制作を始めた。しかも、人糞を用いた悪趣味なAVを、である。そこへ、アメリカ同時多発テロが発生し、チャリティAVを作ることになったわけだ。しかし、それは失敗に終わる。ここには、もちろん、作者である高橋源一郎の失敗が重ねあわされている。この失敗は、日本社会の重さと物語の軽さのバランスがとれなかったことにある。高橋は物語を限りなく軽薄なものとして描こうとした。それは社会の悪の「重さ」と対抗するためである。だが、日本社会は高橋の「軽さ」に耐えられるほどの「重さ」を、アメリカ同時多発テロに対してもたなかったのではないか。あるいは、高橋自身がアメリカ同時多発テロをそれだけの「重さ」をもって捉えることができなかったのではないか。そのため、アメリカ同時多発テロのためのチャリティＡＶを作るという無謀な行為は失敗に終わったのである。

しかし、今回は違った。高橋は震災後の社会に生きる者として、すなわち、当事者として、社会が抱える「重さ」を目の前にした。そこに物語の「軽さ」をぶつけることで社会の悪と戦おうとしたのである。その結果、物語では、イシカワとアシスタントディレクターのジョージはチャリティＡＶを制作することに成功した。最後、物語は、無数の死者、あるいは各国の政府の要人たちが数万人規模で性交を行う展開になる。めちゃくちゃな想像力が、社会を破壊した力と対抗しようとしているのである。この物語が描かれる意義はそこにあったのだ。

この小説を緻密に読んでみると、実は、その射程距離が今回の震災だけに限っているわけではないことがわかる。時系列を追って見てみよう。イシカワの母の妹は広島の原爆で死んだ。それ以降、母の口癖は「こんなくに、いちど、ほろんでしまえばいいんだ！」だった。また、イシカワの勤めるＡＶ制作会社の会長は戦艦ヤマトの乗組員として出征し、生き延びた。こうして物語の出発点は、先の第二次世界大戦にまで遡るのである。さらに、イシカワの社長がＡＶを制作し始めたのは二十年前である。物語にはそうとは書かれていないが、湾岸戦争が始まった年だ。そして、イシカワがＡＶディレクターになったのは約十五年前。これもまた物語には書かれていないが、阪神大震災およびオウム真理教による地下鉄サリン事件が起こった年の前後である。つまり、戦争、あるいはカタストロフィ、そして、テロリズムといった社会的な悪と抗うために物語は書かれているのである。

この作品で特筆すべきなのは、物語と物語の間に「震災文学論」というテクストが置かれていることだ。そこでは、「ある人」によるインタビューでの発言がはじめに置かれる。「ある人」――それが誰なのか、架空の人物なのか、実在する人物なのかは最後まで伏せられているのだが――は、インタビュアーの質問に対して、「ぼくはこの日をずっと待っていたんだ」と語ったという。この発言が高橋の注目するところとなったのは、「死者への追悼」や「服喪」より何より先に、この言葉が置かれたからである。そして、それはアメリカ同時多発テロに関して、テロリストによる攻撃が「「文明」や「自由」、「人道」、あるいは「自由な世界」に対する「卑劣な」襲撃なのではなく、世界の超大国を自称する合衆国に対する襲撃、つまりアメリカの行動や利益の結果に対する攻撃なのだということを誰が認めただろうか?」と書き、さらに、「アメリカのように、自らは傷つかない高みからの爆撃ではなく自らの死を賭けたテロリストたちの攻撃は、少なくとも「卑劣」ではないと書いた」、スーザン・ソンタグの論法と同型だというのだ。

われわれは通常、「人間の生命は絶対に奪ってはならないものだ」と最初に書き、そこから生命の大切さについて、戦争の非道徳さについて論じるわけだ。しかし、ソンタグは違った。彼女は、「数千の自国民の犠牲を目にして、なお、「テロとは何か。時に、テロを必要とする者もいるのではないか」という議論を冷静にできる国家(民)は、如何なるテロによっても毀損されることはないはずだ」と考えたのだ。そして、それは「ある人」の、追悼よりも前に「ぼくはこの日をずっと待っていたんだ」という言葉を置いた発言にも通じるのだ。高橋はそう、考え、彼女・彼らが教えてくれるのは「正義の論法」を疑え、ということだと言う。

そこから高橋は、カタカナ表記のカワカミヒロミ、ミヤザキハヤオ、イシムレミチコの作品を論じていく。そのうち、カワカミヒロミの『神様 2011』と石牟礼道子の『苦海浄土』は実在する作品だが、ミヤザキハヤオの『風の谷のナウシカ(完全版)』は高橋の創作である。彼女らの作品から高橋が読み取ったことは、現在の死者への服喪を通じて、未来の死者、まだ生まれてこない子供たちを追悼することの大切さだ。高橋は『風の谷のナウシカ(完全版)』を読み(想像し)ながら、次のように言う。

作者は、追悼と服喪は、起こったことに対してだけではなく、これから起こることに対してもなされるべきだと考えた。それこそが、現在に生きる者の責務であると考えた。なぜなら、そのとき、「未来の死者」が送ってくるメッセージの中に、**まだ存在していない、未知の共同体の輪郭**が書き込まれている、と考えた

のである。(6)

高橋は『恋する原発』を得意の軽薄体で書いた。しかし、この「震災文学論」は高橋には珍しい異様な「重さ」がある。それがこの小説を、浮き上がるアドバルーンをつなぎとめる重石としている。

ひどい世界に生まれてくる子供たち。そして、ひどい世界でやがて死んでいく者たち。彼女・彼らの服喪を何よりもの先にすることが、現在を生きる者、震災以後の世界を生きる者、福島原子力発電所の事故を防げなかった者たちのやらねばならないことだというのだ。

この世界は、ひどい。直視できないほどに、ひどい。しかし、それは未来の人間には関係のないことだ。そして、彼らと私たちが関係を結ぶためには、この世界は「ひどい」ということを、直截に、混じり気ない言葉で言わねばならない。

イシカワは物語の最後、ハチャメチャな展開を前にして、ジョージに言う。

「ジョージ」

「ナニ？」

「どんなに馬鹿馬鹿しい作品を作っても現実の馬鹿馬鹿しさには到底叶わない。こういうの負け戦っていうんじゃないのか？」(7)

『恋する原発』は現実の馬鹿馬鹿しさを直視するために書かれた。それでも、現実の馬鹿馬鹿しさには叶わない。震災後にわれわれが認識すべきなのは、まずそのことである。正義や義憤を振り回す前に、そこから物事は考えなければならないのではないか。高橋がこの小説を通じて伝えたかったことはこうしたことに尽きるだろう。

このテーマはやがて現実世界が与える虚無感へと姿を変えて、高橋の物語に現れる。短編集『さよならクリストファー・ロビン』(新潮社、二〇一二年四月)である。ここに収録されている短編のなかで震災以後に書かれたのは、「お伽草紙」「ダウンタウンへ繰り出そう」「アトム」の三編だ。「お伽草紙」は、なんらかの出来事があり(当然ながら、それは震災をにおわす)、母親と兄弟を失った父が子供のあまりに無垢な問いに、真摯に答えていく会話で構成された物語だ。例えば、死というものの大きさを知らない子と、父は次のような会話をする。「パパも死ぬの?」「ああ、死ぬね」「ふーん。死んだら、どうなるの?」「死んだら、たましいになるよ」(…)「ぼくも死ぬの?」「ああ、そうだ」。

「死んで、たましいになって、空にのぼって、しばらく待つの?」「ああ」といった具合の、無邪気な子供の問いかけに、父親は丁寧に答えていく。だけれども、その言葉の一つひとつには、未来への希望がない。諦念に満ちているかのようだ。しかし、その諦念を子供に悟られないように、父親は息子の無垢な質問に、ごまかすことなく答えていくのである。

物語は、後半、父が子に寝る前に「お話」をするという展開になる。そこで作中作として次のような物語が語られるのだ。

天才としてあらゆるものを知り尽くした天馬博士という人物がいた。だが彼には、一つだけ理解できないものがあった。それは「愛」だ。だから、彼は人工的に、子供を作り出した。「トビオ」という名の少年を天馬博士は心から愛した。しかし、悲劇が起きた。「戦争」によってその少年は死んだのである。悲しみに打ちひしがれる天馬博士は「トビオ」の記憶を持ったロボット「アトム」を作りだす。そうすることで空っぽになった心を埋めようとしたのだ。しかし、悲しみはなぜか増すばかりだった。そこで、もう一つ、天馬博士は手を打つことにする。「トビオ」の細胞から、クローンを作り出し、死んだ「トビオ」の身体と記憶を持つ少年を作り出したのだ。新しい「トビオ」は天馬博士を「パパ」と呼び、とても可愛がられた。だが、この「トビオ」は「アトム」

を自分の偽物とみなし、さらに、天馬博士の寵愛を独り占めにするために、「アトム」をいじめはじめる。そのことを見抜けなかった天馬博士は、「トビオ」の言う通りにして、「アトム」を捨ててしまうことになるのである。悲しい結末の物語だ。なぜ、父は子に、このような物語を話して聞かせたのか。それは、世界とは必ずしも最後に希望が残るというものではない、ということを教えるためではないだろうか。

もう一つの「ダウンタウンへ繰り出そう」は「死んだひと」たちが蘇る物語だ。この短編は次のような文章で始まる。

> **死んだひと**たちが、初めて、みんなの前に現れたのはいつのことだったのかは、誰も知らない、最初のうちは、それが**死んだひと**だってことに気づかなかった、とも言われている。でも、信じられないな。**死んだひと**の、あの独特の感じに気づかない、なんてことがあるだろうか。
> だから、おそらく、**死んだひと**たちが現れたとき、みんなは、自分だけの秘密にしたんじゃないかと思う。だって、誰だって、**死んだひと**を自分だけのものにしようと思うのが自然だからさ。[8]

この「死んだひと」は生きている人々の影でこっそりと暮らし始めた。しかし、やがて、人権をもち、政治的な権力を持ち始める。その結果、生きている人々による「**死んだひと**たちの「流入」に反対する運動が始まった」のである。結局、「死んだひと」と生きている人々は共存できずに、いつの間にか、「死んだひと」はどこかへ——作中の言葉でいえば「ダウンタウン」へ——消えていったのだ。

この作品にもやはり虚無感が通底している。「死んだひと」、それは、震災の死者を彷彿とさせる。しかし、死者と生者はともには生きられない。そのことの虚しさが、作品には込められているのだ。

最後の「アトム」は、「お伽草紙」で語られた作中作の続編である。「トビオ」の記憶を持ったロボット「アトム」は天馬博士に捨てられ、お茶の水博士に引き取られることになった。そして、彼のもとで大事に育てられていたのだが、ある「カタストロフ」によってお茶の水博士は命を落としてしまった。そんなアトムとお茶の水博士が、列車のなかで、再会するのだ。それは、どこか宮沢賢治の『銀河鉄道の夜』を想起させる。そして、生命とは何か、この世界に存在することとは何なのか、哲学的な言葉でいえば「実存」についての、問答が繰り広げられるのだ。また、そうした物語に挟まれて、人々が自分自身の記憶を「移行」してしまう世界の物語も描かれる。そこでは、人間が持っていた記憶が、一定の期間が経つと、別の記憶にすり替わり、以前の記憶を失ってしまう。そうして生きなければいけない人々の無常観が映し出されていく。

やはり、そこにあるのも、生きることの虚無感だ。この世界は希望に満ちているなどというのは、嘘で、生きることは虚しさと隣り合わせであるということを高橋は物語を通じて、読者に伝えようとしているのだ。だが、このテーマは次の作品になると、少しばかり様相が変わってしまう。

3　『銀河鉄道の彼方に』に描かれる「それでも世界を受け入れること」

『銀河鉄道の彼方に』（集英社、二〇一三年六月）は高橋源一郎が震災以前から書き紡ぎ、震災以後に完成することとなった『恋する原発』に次ぐ、長編小説だ。『銀河鉄道の彼方に』にはなにが描かれているのだろうか。先に結論を記しておくと、ここには、「それでも世界を受け入れること」が書かれている。いや、正確にいうと、高橋源一郎は宮沢賢治の『銀河鉄道の夜』をオマージュすることで、最初は「世界を受け入れることの難しさ」を書こうとしたのだと思う。しかし、その主題のもとでは物語はなかなか終わりを迎えることができなかった。高橋はそのことに気づきながらも、半ば無理矢理に物語を書き終えた。その証拠に雑誌連載時（『すばる』二〇〇五年三月号から二〇一一年二月号まで連載）、「真夜中の銀河鉄道」の章が書かれてから「終章・イン」「終章・アウト」が書かれるまで半年以上間があいている。さらに「終章・イン」から「終章・アウト」までも二カ月あいている。

この作品は、第一章「午後の授業、仮説、失踪」、第二章「手記、あまのがわのまっくろなあな」、第三章「真夜中の銀河鉄道」、終章「銀河鉄道の彼方に」という構成だ。小説は、ポストモダン的な仕組みになっており、物語らしい物語はない。宮沢賢治『銀河鉄道の夜』にも出てくる、ジョバンニとカムパネルラが銀河鉄道に乗って旅をする話。孤独な宇宙飛行士の話。近年の高橋源一郎の作品に頻出するキイちゃんとランちゃんという幼い子の冒険。これらが絡まりあいながら、「世界を受け入れること」とは何かを、追求していくように物語が進んで行く。

「世界を受け入れる」には、この宇宙の時間が無限であるのに対して、自分という存在が有限だということを知ることが必要だ。子供たちは、人はどうして死ぬの？　という哲学めいた考えをあるときに抱く。それは言い換えれば、子供たちは心の中で、宇宙の時間が際限なく続くのに、自分はいつか存在しなくなってしまう、という思いを抱くということなのだ。この瞬間に子供たちは世界というものの大きさを知る。そして、その世界を受け入れ、有限な時間で生きなければならない自分というものをちょっとずつ認めていくのだ。

しかし、震災以後の社会において、ただ「世界を受け入れる」ということを描くのは、不可能に近い。それは、ある鼎談での高橋の発言を借りれば、世界というものがあまりに「辻褄のあわない」モノとなってしまったからだ(9)。わかりやすい言葉で言い換えれば、この世界はいつのまにか不条理なものになってしまったのである。例えば、何の理由もなく大量の命が奪われる。そのことの理不尽さを知ってしまった私たちは、世界を、それじたい何か無垢なものとして受容することを拒む。子供たちがぶつかる最初の哲学的命題、どうして人は死ぬのだろう、という問いもこの世界のなかではそんなに純粋な問いかけではなくなってしまう。震災以後、「世界を受け入れるということ」は残酷な、不条理めいたものとなってしまったのだ。

この小説を読んでいくうちに、純朴な少年たちの冒険物語が実はディストピアを描いたものであると気づいたとき、そのなかで行われているのはジェノサイド（大量虐殺）もしくはそれに近いカタストロフィだと、筆者は思った。大量の人が死ぬこと、あるいは、多くの存在が消滅すること。私たちの世界では、そうした悲劇が繰り返されてきた。この物語にはそのことが描かれているのではないか。

この小説には、引用・参考文献としていくつかあげられている。例えば、埴谷雄高「標的者」という前衛的な物語風のエッセイには、無限の宇宙という空間のなかで有限な人間が感じる虚無が描かれている。それじたい、この小説に通じる主題であるが、埴谷雄高はこの「標的者」を戦争論として描いたという（ちなみに「標的者」は作中、一一九頁、一二七頁で引用されている）。あるいは、勝瞬ノ介という人物のウェブサイト（これは二七九頁）。それから、ジャン・ジュネの『恋する虜――パレスチナへの旅』。この二つの文章にはすべて大量の命がゼログラムの重さで扱われ、奪われていったことが描かれている。

高橋源一郎は、震災後、『非常時のことば』という本のなかでジャン・ジュネのまた別の文章をあげ、「世界で最も美しい「掘っ建て小屋のような文章」」と呼んだ。ジュネは『シャティーラの四時間』のなかで、一九八二年九月、キリスト教民兵による大量のパレスチナ人虐殺が行われた西ベイルートのパレスチナ難民キャンプを訪れたことを書いている。ジュネはそこで目の当たりにした夥しい数の死体を次のように綴る。「この部屋の奥にはまた別の扉が、鍵もなく、掛金もなく開いていた。深淵を越えるように、私は死者たちを跨いでいった。この部屋では四人の男の死骸がたった一つのベッドに積み上げられ、まるで一人一人が自分の下にいる者を庇おうと気遣うかのように、あるいは腐敗の過程でエロチックな盛りがついたかのように折り重なっていた」。高橋はこの文章を取り上げ、「世界でいちばん美しい文章を綴れる作家の、世界でもっとも悲惨な風景についての「文章」」だといい、これが「ことばの魔術師」であるジュネのなせる業だという。

ジュネについての高橋の言葉を、そのまま高橋にあてはめると次のように言える。この『銀河鉄道の彼方に』

は「日本でいちばん美しい文章を綴れる作家の、世界でもっとも悲惨な風景についての「文章」」であり、それは「ことばの魔術師」である高橋源一郎のなせる業なのだ。

最初に筆者は、『銀河鉄道の彼方に』について、「それでも世界を受け入れること」を書いた小説だと言った。物語のなかではジャン・ジュネの作品に負けないくらいの夥しい数の死と存在の消滅が描かれる。そして、なぜ彼らは消えていくのか、その理由は最後まで明かされない。それは無限の宇宙に生きる有限な人間の感じる絶望である。だが、高橋は自分の子供たち（と思しき登場人物）に「それでも世界を受け入れること」を承認させる。終章で、雑誌掲載時にはなかった下りが描かれる。それは、G＊＊＊という人物の乗る、どこへ向かっているのかわからない列車が、ついにある地点にたどり着く場面である。

> 長いトンネルを抜ける。
> 海だ！　小さな歓声があがり、車窓から、どっと光が飛び込んでくる。
> 窓を開けよう、光と海と風を感じたいから。
> だから、子供たちは、窓を開ける。すると、潮の強い匂いと入り交じった風が光よりも鮮やかに吹き込んでくる。
> 強烈な太陽の光にやかれ、列車と並走する草原はずっと遠くまで、うねりながら、まばゆい緑の光沢を帯びて輝いていた。
> 心地よい風に身をまかせながら、子供のひとりは、心の中で呟く。
> ぼくは、この海、この草原を、しっかりと目に焼き付けよう。過ぎ去るすべての光景を、胸に刻みつけよう。もう、この場所に戻ることがないとしても。[10]

この箇所は雑誌掲載時、次のようになっていた。

「馬鹿馬鹿しい」男は吐き捨てるようにいった。

まことに馬鹿馬鹿しいとしかいいようがなかった。宇宙の果ての、さらにその向こうからの信号? ただのノイズだ。意味なんか、ありゃしない。なのに、みんな、どうかしてるんじゃないか。正気の沙汰じゃない! なにもかも、狂ってる! でも、一番狂ってるのは、その信号を読みふけっている、おれだ![11]

後者において、「男」は「世界を受け入れること」を断念している。むしろ、世界は馬鹿馬鹿しいものだとして、唾棄すべきものだと「男」は考えている。そしてこの「男」の世界観はそのまま作者である高橋源一郎のものなのである。

しかし、雑誌の連載を終え、震災を通過し、二年の歳月を経て、単行本となった際に変更された前者の文章からは、高橋が「それでも世界を受け入れること」を子供たちに承認させていることがわかる。「ぼくは、この海、この草原を、しっかりと目に焼き付けよう。過ぎ去るすべての光景を、胸に刻みつけよう。もう、この場所に戻ることがないとしても」というのは、子供たちに「世界を受け入れること」を許す以外の何ものでもないからだ。それは「辻褄のあわない」世界において、まだその灯火が消えていない「生」の最大の肯定である一方で、とても残酷な行いなのである。

「世界は馬鹿馬鹿しいものだとして、唾棄すること」から「それでも世界を受け入れること」へ。この小説を完成させたのは皮肉にも先の震災だったのだろう。けれども、それでよかったのだろうか。いまこの物語は、確かな手応えをもって私たちに優しく語りかけてくる。この「優しさ」は、果たして、震災の直後に高橋が『ニューヨークタイムズ』に語った、構築すべき「新しい「倫理」」なのだろうか。そうではないだろう。高橋は、時間の経過とともに、「新しい「倫理」」を生み出すための「ことば」を失ってしまった。そして、文学者として震災に立ち向かう術をも失ってしまったのである。

4 なぜ、高橋源一郎は再び「ことば」を失ったのか

『銀河鉄道の彼方に』を「震災後文学」として読み返すという試みは、すでに批評家の杉田俊介が行っている。杉田は『東日本大震災文学論』所収の「高橋源一郎論――銀河系文学の彼方に」で、これまでの高橋の作品を系統立てて読み直すことをしている。その背景には、杉田なりの仮説があり、それは次のようなものである。高橋源一郎が学生闘争で失語症を経験したことは有名な話だ。高橋は、その後、何度も、回復してはまた失語症に陥り、また回復するという繰り返しを経験している。そうなってしまうのは、高橋が「『さようなら、ギャングたち』で、もしかしたら、「最初の一回」のリハビリを間違ってしてしまった」からかもしれない。高橋は「間違って快活に回復してしまった、本当の〔娘への――引用者〕〈さようなら〉を言葉にできなかった、だから、その後の数十年間の間にも「失語→リハビリ」というパターンを、コピーのコピーとして強迫反復してしまったのではないか」。そしてその結果として、高橋は二種類の小説を書くようになったと、杉田は述べる。

二種類の小説とは以下のものだ。

Aシリーズ……文学。詩・痛み。沈黙。優しさ。

Bシリーズ……非文学。饒舌。ポルノ。馬鹿馬鹿しく最低のもの。

例えば、チャリティAVを作ることを目指す、AVディレクターと謎の宇宙人の物語を描いた『恋する原発』はBシリーズにあたる。「高橋の『恋する原発』は、確かに、自粛ムードや原発に対する言論規制が静かに蔓延

する中で、堅苦しくこわばった空気を吹き飛ばし、それを笑い飛ばすことによって、人間の「言葉」の朗らかな自由をあらためて読者に示すものだった。つまりそれは、この国の震災後の硬直した現実を批判し、挑発し、笑いのめすものだった」のである(12)。

一方で、杉田は『銀河鉄道の彼方に』をAシリーズのものとして読んでいる。杉田は言う。

『銀河鉄道の彼方に』の「彼方」でつかんだもの――おそらくそれは、過剰に壊れた男性性、失語としての詩、「キャラウェイ」(かつて失った自分の娘――引用者)的な娘の喪失、我が子の突然の「死と再生」、そして東日本大震災という衝撃、それらが何十年もかけて地道に無数に積み重なった果てに、高橋が信じ直すことのできたぎりぎりの価値観だったはずだ。高橋の人生の「冒険」をここまでたどってきて、その重みを想像して、僕はやはり静かな感銘と賛嘆をいだく。この人は、散々「高橋源一郎は処女作が最高傑作。それ以降は劣化の一途」「誰も読んでいない」と揶揄され、憫笑されて、それでもなお、文学者としての使命を放棄せずに、諦めずに索漠とした無限ループの果てに、やっと、ここまで来たのだ。ついに果てまで、彼方まで来たのだ(13)。

杉田は『銀河鉄道の彼方に』のなかに描かれる、東日本大震災やそれ以前の出来事によって、高橋の世界からいなくなったものの実存的な重みを読み取っている。それゆえに、高橋的な文学の極致として成功していることに、惜しみない賛辞を送っているのだ。しかし、同時に、この作品の欠点をも見抜いている。この作品の欠点というよりも、高橋がこの作品によって達成すべきだったもの――しかし、ぎりぎりのところで到達できなかったもの、を看取しているのだ。

杉田俊介は、高橋が失語症を完全に回復するには、かつて双子として別れてしまったAシリーズとBシリーズが、もう一度、出会う必要がある、と述べる。高橋の文学・詩としての純粋な培養源と、世の中のくだらなさを文学に結実させる高橋の実験性が交差する、その瞬間に、高橋の失語症は回復するのだという。そのため、Ａシリーズの傑作として『銀河鉄道の彼方に』を読む杉田は、「ここでも相変わらず、あのＡとＢが出会い損ねてはいないか」と首をかしげるのだ。

しかし、単行本と雑誌掲載版の異同を確かめた筆者には、高橋のＡシリーズとＢシリーズが交差する、その可能性が如実に感じ取れる。既に述べたように、高橋は雑誌掲載版から単行本へと書き直す際に、物語のラストを変容させた。その結果、物語は、「それでも世界を受け入れること」を描いて終わることになったのだ。それこそ、高橋のＡシリーズ特有の倫理感が、彼にそうさせたのかもしれない。けれども、雑誌掲載版のラストは、「饒舌」な語り手が、世界のくだらなさに唾を吐いて終わる、そのようなものであり、つまるところ、Ｂシリーズへの回路を開くラストとなっていたのである。高橋が、『銀河鉄道の彼方に』をＡシリーズとして書き直すことなく、Ｂシリーズへの入り口を開くものとして書いていたら。その時、杉田が願っている、高橋の失語症の完全なる回復の途が開けていたのではないだろうか。

高橋は震災後の失語症的な状態について次のように述べている。

> とても大きな事件が起こった。ぼくたちの国を巨大な地震と津波が襲った。東日本のたくさんの町並みが、港が、津波にさらわれ、原子力発電所が壊れた。たくさんの人たちが亡くなり、行方不明になり、壊れた原子力発電所から、膨大な量の放射性物質が漏れだした。
> 災害の規模は桁外れに巨大だった。六十六年前に終わった戦争以来、もっとも大きな災いが起こったのだ。そして、人びとは、同時にことばを失ったように、ぼくには思えた。〔…〕「ことばを失う」のは、あることにぴったりすることばがわからなくなる、ということだ。なにかをしゃべろうと思う。あるいは、なにかに

ついて書こうと思う。でも、うまく、しゃべれない。うまく、書けない。そういう時、人は、絶句する。筆が止まる。キイボードの前で両手が固まる。(14)

しかし、高橋はみずからの言葉とは裏腹に、震災後、とめどなく流れる湧き水のように言葉を紡いだ。やがて、文学者としての高橋が沈黙し、そして、SEALDsなどの庇護者となったのは、むしろ、『銀河鉄道の彼方に』を上梓したのちあたりからだ。なぜ、高橋は再び沈黙したのか。それは、雑誌掲載版から作品を単行本化する際に、失語症を完全回復する道を閉ざしてしまったからだ。

高橋は二〇一七年三月に刊行された『恋する原発』の文庫版あとがきに次のように記している。

残念なことに、おれは、どんどん立派なことを言う（あるいは書く）人になりつつあるらしい。そんなことを書こうと思ってるわけじゃないんだが。悪い傾向だ。このままいくと、聖人になっちまうかも。たぶん、ボケてきたせいじゃないかな。(15)

まったくだ。「それでも世界を受け入れること」など書く必要はなかった。世界とは、受け入れるにはあまりにも馬鹿馬鹿しいものだと、唾棄すること。高橋が震災直後に『恋する原発』で感じとったのはまさにそのことではなかったか。だが、その文学者的判断を高橋は誤った。その結果として、高橋は若い学生らとともに、文学から政治へ、「ことばを失う」ことを経験しながら、歩み出さねばならなかったのだ。

川上弘美は『恋する原発』の文庫版解説で次のように書いている。

高橋さんは、いつの間にか、「世界で起こる出来事に対してどんな風に自分が反応するのか」を、「速く」書けるようになっていたのではないか。そうやって、二〇一一年、震災が起こった後のわずかな間に『恋する原発』という長編小説を書き上げた。震災を受けて書かれた小説だと思っていた『恋する原発』が、もっと広い普遍性をもっているのは、当然のことだったのです。なぜなら、震災という出来事が、高橋さんの身体を通過し、その結果が長編小説となってあらわれた時、そこには、高橋さんの中にある、すべてのことがあらわれていたからです。いちばん「速く」、高橋さんは、この小説を書きました。そして、「速い」ものは、いつだって、わたしたちの心をとらえ、決して離さないのです。(16)

確かにその通りだ。『恋する原発』は震災に対する即時的反応として書かれた。高橋は「速く」書くことで、それが震災やそれに続いて起きたさまざまな現象に抗うだけの力を物語に込めることができたのだ。しかし、あの日起きたことを前にして、「遅く」書くこともまた、必要なのではないだろうか。『銀河鉄道の彼方に』は、震災に対して「遅く」書くことの一つの試みだった。けれども、その試みは、失敗に終わった。この世界は馬鹿馬鹿しいものであるとして、唾棄すること。「追悼と服喪は、起こったことに対してだけではなく、これから起こることに対してもなされるべき」であり、過去の死者の前に、未来の死者を想定して行われるべきであること。そのことを物語として、表現することを、高橋は恐れた。その結果、雑誌掲載版を改稿し、子供たちにこの世界を肯定させるという、あまりにも酷な行いを強いることになったのである。

高橋源一郎が戦後七〇年の節目である二〇一五年に綴った文章に「死者と生きる未来」というものがある。そこで、高橋は、慰霊について次のように述べている。

慰霊とは、過去を振り返り、亡くなった人びとを思い浮かべて追悼することではなく、彼らの視線を感じることではないだろうか。そして、その視線に気がつかなくとも、彼らは、わたしたちを批判することはないだろう。「過去」はいたるところにあり、見返りを求めることなく、わたしたちを優しく、抱きとめつづけているのである。

そう思えた時、わたしは、七〇年前ではなく、七〇年後の未来を思った。彼らが、未来を見つめたように、わたしも未来を見つめたいと思った。もしかしたら、慰霊とは、死者の視線を感じながら、過去ではなく、未来に向かって、その未来を想像すること、死者とともに、その未来を作り出そうとすることなのかもしれない。いま、わたしは、そう考えたいと思うのである。(17)

ここで足りないのは、「死者とともに、その未来を作り出そう」としなければいけない者が誰なのか、ということである。高橋は、その責務を子供たちに負わせている。いや、当然ながら、その責務を負わなければいけないのは、現在の子供たちである、ということを忘れている。この馬鹿馬鹿しい世界を作り出したのが、過去の人間である以上、それを否定することを現在の、未来の、子供たちに許さなければならない。けれども、『銀河鉄道の彼方に』で最後、高橋が見せたのは、この世界を子供たちが肯定するには、すなわち、「それでも世界を受け入れる」には、どうしたらよいかということの、模範的回答なのだ。それでよかったのか。高橋源一郎の物語は、子供たちと世界を肯定しながら歩んでいく、ということがどれだけ困難を伴う、酷なことであるかを忘れているのである。それゆえに、高橋がその後、紡いだ文学的な物語は、震災といったカタストロフィに釣り合うだけの力を持たなかったのである。

参考文献

川村湊『震災・原発文学論』インパクト出版会、二〇一三年三月
木村朗子『震災後文学論　あたらしい日本文学のために』青土社、二〇一三年十一月

限界研編『東日本大震災文学論』南雲堂、二〇一七年三月
ジャン・ジュネ『恋する虜――パレスチナへの旅』人文書院、一九九四年二月
ジャン・ジュネ『シャティーラの四時間』インスクリプト、二〇一〇年六月
高橋源一郎『非常時のことば』朝日新聞出版、二〇一二年八月
高橋源一郎『「あの日」からぼくが考えている「正しさ」について』河出書房新社、二〇一二年二月
高橋源一郎『丘の上のバカ――僕らの民主主義なんだぜ2』朝日新聞出版、二〇一六年十一月
埴谷雄高「標的者」『埴谷雄高全集4』講談社、一九九八年九月

注

(1) 川村湊『震災・原発文学論』インパクト出版会、二〇一三年三月、五一頁。
(2) 高橋源一郎『「あの日」からぼくが考えている「正しさ」について』河出書房新社、二〇一二年二月、一七七頁。
(3) 『「あの日」からぼくが考えている「正しさ」について』における八月十六日の発言より(九七頁。
(4) 高橋源一郎「2011の詩」『新潮』二〇一一年十一月号、一四八頁。
(5) 木村朗子『震災後文学論――あたらしい日本文学のために』青土社、二〇一三年十一月、一九五頁。
(6) 高橋源一郎『恋する原発』講談社、二〇一一年十一月、二二一頁。
(7) 同上『恋する原発』二六五頁。
(8) 高橋源一郎『さよならクリストファー・ロビン』集英社、二〇一二年四月、一五五頁。
(9) 鼎談 市川真人・高橋源一郎・東浩紀「震災から文学へ　ゲンロンカフェ編」(於ゲンロンカフェ、二〇一三年十一月十六日)。
(10) 高橋源一郎『銀河鉄道の彼方に』集英社、二〇一三年六月、五六〇頁。
(11) 高橋源一郎「銀河鉄道の彼方に」『すばる』二〇一一年二月号、二四三頁。
(12) 杉田俊介「高橋源一郎論――銀河系文学の彼方に」『東日本大震災文学論』南雲堂、二〇一七年三月、四七八頁。
(13) 杉田同上論文、五一七頁。
(14) 高橋源一郎『非常時のことば』朝日新聞出版、二〇一一年八月、一五頁。

(15)高橋源一郎『恋する原発』河出文庫、二〇一七年三月、二九五頁。
(16)高橋同上書、三〇三頁。
(17)高橋源一郎『丘の上のバカ――僕らの民主主義なんだぜ2』朝日新聞出版、二〇一六年十月、二一一頁。

第四部　アートとデジタル空間

遊び、祈り、売る——村上隆の〈仏教アート〉と〈ポスト3・11〉の文脈

山田奨治

1 〈仏教アート〉とは何か

〈仏教アート〉という括弧つきの用語の解釈には、社会的な了解はない。それは括弧つきの（ここでは日本の）〈仏教〉と、これも括弧つきの〈アート〉という漠とした用語を合成したものだ。

いうまでもなく仏教は、釈迦にはじまり主にアジアの東部に伝えられてきた宗教である。その継承の様態には多様性があるものの、釈迦の教えとされるものを守り、釈迦とその支持者たちの図像を崇拝する宗教だとの共通理解はあるだろう。もちろん、そうした理解は絶対的に正しくはない。たとえば、公然と肉食妻帯をする日本の僧侶たちは仏教僧といえるのかといった、教義との根本的な矛盾を抱えつつも、（日本の）仏教はあいまいさを抱えた〈仏教〉として存在している。

アートは創作活動のなかでも作家性が強いとみなされる「芸術」を意味しているように思う。商業音楽の分野で作詞や作曲も手がける実演家も「アーチスト」と呼ばれることから、アートの範疇はファイン・アートの領域に留まらない。またしばしば、現代美術における理解不能な作品や、社会的なコードに抵触する作品が、「それはアートだから」との理由で「許容されるべき」とされる。仏教とは何かを問うことと同様に、アートとは何かと問うことは、あまりにも大きなテーマである。したがって、ここでは何やら作家性のようなものが表出されて

いる〈ようにみえる〉創作物と、その創作行為を〈アート〉と括弧つきで表すことに留める。

世界的に著名な現代美術家として知られる村上隆（一九六二ー）は、3・11の前後にあたる二〇一一年頃に『五百羅漢図』（図1）という〈仏教アート〉の制作をはじめた。それはたんに『五百羅漢図』という東アジアの仏教絵画の伝統の翻案なのだろうか？ それとも、震災という悲劇への、アーチストからの鎮魂を込めた応答なのだろうか？ あるいは、それらではない何かなのだろうか？ 本稿では、村上の〈仏教アート〉を介して、ポスト3・11の文脈での「日本」の主体を考えてみたい。

2 『五百羅漢図』プロジェクトのはじまり

村上の『五百羅漢図』の制作がどのようにしてはじまったのかはいささか込み入っていて、正確に記述するのは容易ではない。だが、その発端のひとつが美術雑誌の『芸術新潮』にあることは、間違いない。『芸術新潮』は、二〇〇九年十月号（九月二十五日発売）から二〇一一年十一月号（十月二十五日発売）にかけて、「ニッポン絵合わせ」という記事を連載した。その連載記事は、日本美術史家の辻惟雄（一九三二ー）が画題を示し、それに村上が新作をもって応えるという企画であった(2)。

辻は、伊藤若冲（一七一六ー一八〇〇）、曾我蕭白（一七三〇ー八一）、長沢蘆雪（一七五四ー九九）といった江戸時代の「奇想の画家」の「発見者」として知られている。連載の最後の三回（『芸術新潮』二〇一一年九月号〈八月二十五日発売〉、十一月号〈十月二十五日発売〉、十二月号〈十一月二十五日発売〉）で、東京の増上寺が所蔵する狩野一信（一八一六ー六三）画『五百羅漢図』に、辻は繰り返し言及した。その記事の掲載よりも前のことになるが、一信の『五百羅漢図』全一〇〇幅を一挙に展示する初の特別展が、江戸東京博物館で開催された(3)。幕末の江戸で活動していた狩野一信は、決して有名とは言えない画家であった。江戸期の絵師集団のなかで最も権威のある流派だった「狩野」を名乗ってはいるものの、一信はたいへん個性的な表現をした絵師で、その画風はキッチュとさえいえるものだ。辻は一信のなかに新たな「奇想」を見いだし、彼の『五百羅漢図』に匹敵する新作を期待して、村上を挑発した。

『芸術新潮』の二〇一一年九月号で、村上はつぎのように書いている。


そして、辻先生は連載ラストの3ヶ月間「五百羅漢」のことばかりの原稿を書いてこられました。

よっぽど狩野一信の「五百羅漢」にインスパイアされた模様。

「五百羅漢、五百羅漢、五百羅漢」ということで
3回も連載用のイラストを描くのではなく、
辻先生のお好きな「見世物絵画」を制作しよう。

しかも、歴史上、なかなか無いぞ！　的なもの。

大きな打ち上げ花火的な。

で、考えついたのが「五百羅漢図：100m」絵画構想。(4)


このように村上は、辻との連載こそが『五百羅漢図』プロジェクトをはじめた主な理由だと読み取れる文章を『芸術新潮』に書いた。また、村上が「辻先生は連載ラストの三カ月間「五百羅漢」のことばかりの原稿を書いてこられました」と二〇一一年九月号に書いているので、辻の原稿が村上に渡されたのは同年の夏以前だと思われる。(5)

ところが、おなじ文章のなかで村上は、『芸術新潮』の連載とは異なる制作動機があったことを、「来年の二月、カタールのドーハで行われる、僕の個展の会場で「あはははは」と笑って作品を眺めれる日を夢想して」(6)と書い

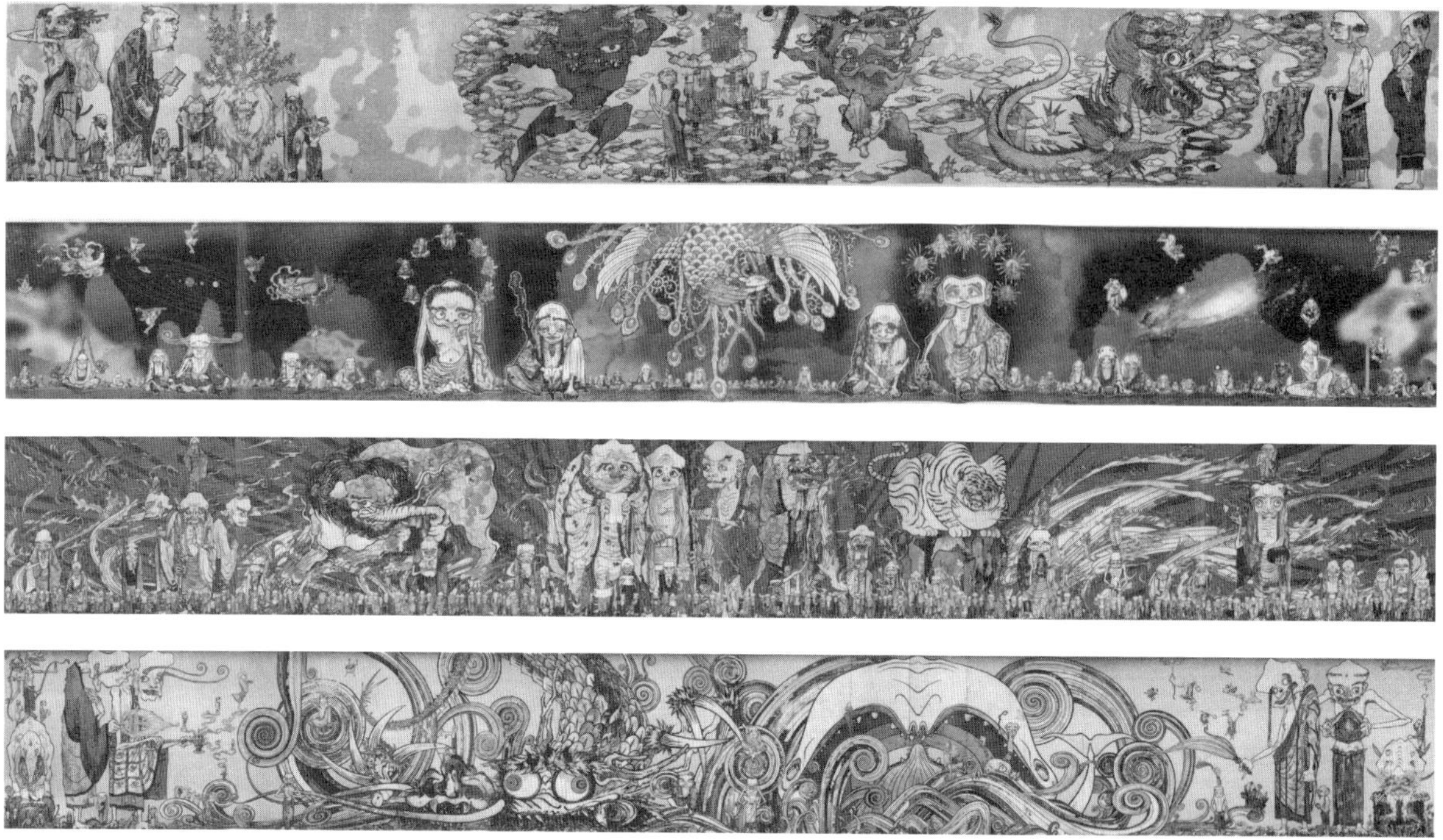

図1　村上隆『五百羅漢図』（2012年、302 × 2500cm × 4面、上から「玄武」「朱雀」「白虎」「青龍」）[1]

ている。村上は『芸術新潮』誌上で辻からの挑戦を受けつつ、そこで制作した『五百羅漢図』の展覧会を二〇一二年二月にカタールで開くことを計画していたようなのだ。

村上が「夢想」したカタール展には、3・11の前年からの前振りがある。二〇一〇年九月十四日から十二月十二日のあいだ、パリのベルサイユ宮殿で村上の個展「MURAKAMI VERSAILLES」を開いた際に、カタール美術館局（Qatar Museums Authority〔QMA〕。Qatar Museums〔QM〕ともいう）はその一部を支援し、巡回展をカタールで開くことを計画した[7]。その巡回展のためにカタール側が新しいギャラリーを建設したことを、村上はつぎのように述べている。

じゃあいったいどんな会場がいいんだと訊かれたんで、以前ロスの現代美術館でやった「@MURAKAMI」展の会場をさらさらっと描いて見せたら、この建物ができちゃった。僕のために作ってもらったようなもの[8]。

QMAは、「カタール・ミュージアム・ギャラリー・アルリワック」という名の、一〇〇メートルに及ぶ壁面と五〇〇〇平方メートルの展示スペースを持つギャラリーを村上のために新築した。

ところが、そのギャラリーが開館したのは、ベルサイユ展の終了とおなじ二〇一〇年十二月である[9]。仮にそのギャラリーが村上のためであり、広大な建物を作るのに早くても一年はかかるとするならば、カタールでの展示プロジェクトは二〇〇九年以前に始まっていなければならないことになる。ベルサイユ展の巡回展のために、村上の要望に沿ってギャラリーを建設したというストーリーは、無理があるように思える。

そのうえ、新ギャラリーの開館時点（二〇一〇年十二月）でも、村上は『五百羅漢図』のアイデアを持っていなかったことになる。その証拠に、『芸術新潮』の担当編集者は、『五百羅漢図』プロジェクトは二〇一一年六月にはじまったと書いている[10]。

後で述べる森美術館での「村上隆の五百羅漢図展」開幕時の二〇一五年十一月の記者会見で、QMAの会長でカタールの王女でもあるシェイカ・アル＝マヤッサから受けた注文のことを、村上は回想している。

カタールのマヤッサ王女に「展覧会をやって下さい」と言われて行ったら、用意されていたのは小さな空間と東京ビッグサイトのような巨大な空間。「こんなところでは出来ません」と返したら、「どういう場所がいいか教えてくれ」と聞かれた。展覧会をしたロサンゼルスの美術館の図面を送ったら、同じ面積の美術館を建てちゃって、「ここでやって下さい」と言われた。せっかく僕のために大きなスペースを作ってくれたので、それに応える形で、見たことがない作品を作ろうと思ったんですね。(11)

カタールの王女からの注文があったことが『五百羅漢図』を作った理由だったと村上はここでも語った。その語り口は前述した『芸術新潮』の記事とは少し違っているようにも感じるが、問題になるような違いはなさそうだ。

もっとも大きな齟齬は、『芸術新潮』の「ニッポン絵合わせ」の連載で村上は、カタールで展示することにはわずかに触れたものの、マヤッサ王女からの注文のことを一言も書かなかったことだ。それによって、『五百羅漢図』制作の文脈が、あいまいでわかりづらいものになってしまった。

マヤッサ王女は近現代アートの収集家でありパトロンとしてアート市場でよく知られており、村上作品を深く理解するひとでもある。(12)世界の最富裕層に属する王家からの財政的なサポートが得られたからこそ、村上はこうした巨額の費用がかかるプロジェクトに着手できたと考えるのが自然である。(13)『五百羅漢図』の背景にはどうやら込み入ったストーリーがあり、村上はその制作理由の説明を、状況とメディアに応じて変えていたようだ。(14)

3 「3・11プリズム」

『五百羅漢図』の世界初公開は、二〇一二年二月九日から六月二十四日までQMギャラリー・アルリワック（アルリワック・ドーハ）で開かれた「Murakami-Ego」展だった。同展は、村上の個展としては中東ではじめての機会でもあった。「Murakami-Ego」展では『五百羅漢図』に加えて、一九九七年以後に制作された七〇の主要作品を展示した。(15)

展覧会のオーガナイザーの公式見解では、『五百羅漢図』は3・11の地震から生まれたものだった。カタール・ミュージアムの公式ウェブページには、「最近の日本での災害へのレスポンスとして構想されたもので、この作品は伝統的で歴史的な絵画であり、自然の力へのオマージュである」（引用者訳）(16)とある。展覧会の公式図録も同様の見方を共有しており、辻の連載への言及はこれらにはない。(17)

このように、3・11の経験を日本国民の歴史として、それを通して物事を理解するやり方を、ここでは「3・11プリズム」と呼ぶことにする。オーガナイザーの公式見解を後追いして、西洋のメディアも「3・11プリズム」によるレビューを掲載した。たとえば『エコノミスト』は、つぎのような文章を載せている。

フクシマにインスパイアされたこの一〇〇メートルの絵画は、地震、洪水、あるいは戦に耐えなければならなかった、六〇〇年前の日本の僧侶によって描かれた巻物を暗示するようにデザインされている。ムラカミ氏版は、太古のイメージと薬物による幻覚のような効果の、身の毛もよだつような、超現実的でスリリングなマッシュアップである。(18)（引用者訳）

アーチスト自身も作品を「3・11プリズム」によって西洋の観客に宣伝した。たとえば「Murakami-Ego」展の公式図録で村上は、「それはわたしにとって、自然のなかの、そして歴史のなかの自分の位置を理解する方法なのだ」(引用者訳)[19]と述べた。そのうえ、『デイズド』のインタビューで、村上はつぎのようにも言った。

わたしの最大の関心事は、何か違うものをひとびとに見せて、同時に日本を宣伝することにある。わたしの狙いは、日本のよい部分をみせることで、津波後の日本に観光客を呼び戻すための、ツーリスト・アトラクションを作ることだ。[20](引用者訳)

「3・11プリズム」は、海外に対してだけではなく、日本国内の観客に対しても有効なレトリックを提供する。カタールでの展覧会から三年後に、「村上隆の五百羅漢図展」(二〇一五年十月三十一日―二〇一六年三月六日)を森美術館が開催した。日本での村上の個展としては一四年ぶりのことだった。東京展はカタール展と同様に大喝采を浴びた。『朝日新聞』は「いま　円熟の村上世界」[21]と報じ、『産経新聞』は森美術館館長・南條史生の「将来、ピカソの『ゲルニカ』に匹敵する作品になるのでは」[22]というコメントを引用した。日頃、政治的立場をまったく異にする両紙が、おなじように村上を絶賛したのだ。

近代絵画の最高峰とも評価される『ゲルニカ』と対置させることで、村上の評価を高めようとする言説は批判しうる。ピカソは『ゲルニカ』に強い反戦のメッセージを込めたとされている。戦争も災害も、市井のひとびとにとっては不条理な厄災である故に、それを表現した(とされる)ものに共通性を見いだそうという意図だろう。しかし、後述するように、村上の『五百羅漢図』は災害の不条理さを表現したとは言い切れない。『五百羅漢図』=村上版『ゲルニカ』論は、村上を神話化するための、やや軽薄なレトリックではないだろうか。

一方で、東京展の公式図録では、村上も森美術館のキュレーターも、江戸東京博物館での狩野一信の『五百羅漢図』の展示、3・11、そして『芸術新潮』での連載にも言及して、それらの込み入った背景を説明しようとした。[23] 江戸東京博物館での『五百羅漢図』展は、日本の美術界で大きな話題になったことである。また、日本を代表する美術雑誌のひとつである『芸術新潮』誌上の辻と村上の長期連載は、日本の美術愛好家には周知のことだった。東京展の公式図録が、制作の込み入った背景に踏み込もうとした理由は、カタールの王女からのリクエストがあったことだけでなく、国内での一連の出来事もまた、日本の観客にはよく知られたエピソードだったからだろう。

4 「円相」シリーズ

議論を進めるためには、村上のもうひとつの〈仏教アート〉である「円相」シリーズにも触れておかなければならない。村上の「円相」シリーズとは、同一のグラフィティ・スタイルのスプレー描画による円を、色調と背景を変えて用いた一連のコンポジションのことである。[24]

著者が知る限り、村上が「円相」シリーズを描きはじめたのは二〇一五年である。森美術館での『五百羅漢図』展とおなじ二〇一五年十月三十一日から二〇一六年三月六日までのあいだ、ギャラリー・ペロタンの支援を受けて東京のカイカイキキ・ギャラリー（村上の会社が所有するギャラリー）で最初に展示された。[25] 「円相」は無の境地を表現する書のスタイルで、白隠慧鶴（一六八六－一七六九）や仙厓義梵（一七五〇－一八三七）といった多くの禅僧によってしばしば描かれてきた。村上は「円相」に込めた彼の精神的な高みを、つぎのように強調した。

わたしは、絵筆それ自体が生命を持って動く境地に達したい。そうなれば、わたしからはあらゆる欲望がなくなるだろう。あるいはおそらく、生きる欲望からは逃れられないが故に、描くという行為から引退することになるだろう。換言すれば、人間とも幽霊ともつかない存在になって、その状態でさまよいながら描きたいのだ。

今回、わたしはそのさまよう状態に近づいたのだと思う。円相のモチーフをうまく描けたことは、とても幸運だった。[26]（引用者訳）

ここから読み取れるように、村上はまるで「無」の境地を獲得した禅僧に近づいた存在であるかのように自身を表象している。その自己評価が妥当であるかを論じるには、現代の禅僧や禅寺院の世俗化についても語らなければならない。しかし、それはあまりに大きな問題なので、また別の機会に考察を深めてみたい。

『五百羅漢図』などの仏教イメージを用いた絵画とともに、西洋の観客は村上の「円相」シリーズを高く評価した。「Learning the Magic of Painting」と題した村上の個展（二〇一六年九月十日 - 十二月二十三日、パリのギャラリー・ペロタンで開催）に対する典型的なレビューが『ウォール・ストリート・ジャーナル』にみられる。

タカシ・ムラカミが己のZENをみつける

カラフルなポップ・アートやファッション企業とのコラボレーションでよく知られる日本人アーチストは、ZENアートとアニメにインスパイアされた得意のアイコンをミックスして、彼の伝統的なルーツに立ち戻った。[27]（引用者訳）

村上は『五百羅漢図』と「円相」シリーズの制作を通して、3・11の経験から仏教の根本的な概念である苦悩、人生、無力感、空といったものを理解し、高い精神性を獲得したアーチストであるとの評価を勝ち取った。彼は

「オタク文化の搾取者」「金の亡者」といった、主に日本国内で広がっていたネガティヴな評判を克服することができたのだ。彼に対する評価の変容の最も直截な表現を、『芸術新潮』二〇一五年五月の特集号のタイトルにみることができる。それは、「まだ村上隆が、お嫌いですか?」だった。

5　縮小日本のセルフ・ブランディング

歴史に「もしも」はないとはいうものの、もしも3・11の地震がなかったとしたら、世界のアート愛好家は村上の『五百羅漢図』をどのようにみていただろうか? この仮定的な質問に答えるまえに、もしも3・11がなかったとしたら、村上は『五百羅漢図』を制作しなかっただろうかと問わなければならない。その答えは「制作した」だろう。

そう推定するのにはふたつの理由がある。第一に、カタール展の計画は二〇〇九年頃までにはじまっていたからだ。『五百羅漢図』は、村上のために建築するギャラリーの一〇〇メートルの壁を飾るのに適した画題だった。第二に、江戸東京博物館での狩野一信の『五百羅漢図』展は、地震よりも前から計画されていて、辻は「奇想の画家」の一信に関心を寄せていた。それに加えて、辻は新しく発見された長沢蘆雪の『方寸五百羅漢図』のことを『芸術新潮』二〇一一年五月号の「ニッポン絵合わせ」で紹介した。こうしたことから、辻はこのモチーフに並々ならぬ興味を持っていたといえる。たとえ3・11の地震がなかったとしても、「ニッポン絵合わせ」の企画で辻は『五百羅漢図』を村上に示し、村上は彼の『五百羅漢図』を構想して辻のリクエストに応えただろう。そして村上は、その作品でカタールの一〇〇メートルの壁面を埋めることを考えただろう。

先ほどの仮定的な質問に戻ろう。3・11がなかったとしても『五百羅漢図』はアート作品たりえたことは、『五百羅漢図』の東京展の図録に掲載された村上との対談のなかの辻の発言からわかる。

ゲラゲラ笑えるようなものではないけれども、これまでの「五百羅漢図」と村上さんの《五百羅漢図》の大きな違いは、ギャグという要素だと思えば納得がいきます。〔…〕

それと、あなたの《五百羅漢図》から感じたのは、死の影のようなものがないということでした。とくに「玄武」のパート〔…〕などは、ドタバタ的に、むしろ生命の活力みたいなものが表現されていると思いましたし、その先をどこまで観ていっても、死が忍び寄ってくる印象がなかった。(28)

辻の発言にあるように、村上の『五百羅漢図』は鎮魂ではなくユーモラスな絵画としてみることができる。彼の仏教アイコンは、宗教的な「祈り」(pray)というよりも、むしろ「遊び」(play)に満ちている。しかし村上は、カタール展の図録には、その制作意図を「3・11プリズム」を通して書いた。

『五百羅漢図』は二〇一一年の日本の地震である3・11の後に思いついた。〔…〕わたしは『五百羅漢図』は、過去の歴史的な作品に匹敵すると思っている。それは慰めを与える絵画――おそらくわたしの『ゲルニカ』だ。それはわたしにとって、自然と歴史のなかの自分の位置を理解する、ひとつの手段なのだ。(29)(引用者訳)

東京展の開幕の際に森美術館館長の南條史生がコメントした「村上版『ゲルニカ』論」の元は、村上自身のこうした自己評価にあったのかもしれない。

しかし、こうした村上の自賛を文字通りに受け取ることはできない。それは何度も述べたように、村上の発言にはあいまいさがつきまとうからだ。彼は、メディアや文脈によって自身の以前の発言を簡単に否定してしまうことがある。東京展の際に出版された『芸術新潮』二〇一二年五月号で村上は、「村上版『ゲルニカ』論」をあっさりと否定し、『五百羅漢図』を描いた(おそらく本当の)目的を告白した。

挑戦のきっかけはもちろん東日本大震災。〔…〕今また日本人の死生観のギリギリのところが問われるような状況が出現し、それに立ち向かってゆくための新たな説法が急務である、と、そんなことを強く感じ、描いた作品です。

というようなストーリーは観客には判りやすいし、これは村上の宗教画である、村上のゲルニカであると評価していただけたのはもちろん嬉しい。しかし、絵描きのプロとしての僕には、もうひとつ別の目論見もあった。僕を評価できない一群の美術業界人たちには、僕の絵描きとしての技術的な部分を、偽者だと思っている輩が多い。そういう奴らに、ふざけるな! 俺の技術力、見て見ろ! 一〇〇メートルの画面を支配しきるのがどんだけ難しいと思ってるんだ!! と、いう思いもありました。(30)

こうした一貫性のない言説をまとめるのは難しい。しかしあえていうならば、〈ポスト3・11〉の文脈における村上の〈仏教アート〉は、つぎの三つのキーワードで表すことができるだろう。それらは、「格差」「西洋中心主義」「米国の戦争」である。彼の作品からは、こうした近現代の社会問題がどうしてもみえてくる。

「格差」とは、産油国の王族や米国市民の一パーセントである富裕層と、それ以外のことだ。「現代美術が、純粋芸術である以上、客は大衆ではない」と村上は言い切る。(31)「それ以外」のひとびとは、彼の作品の買い手ではありえない。

ちなみに、二〇一六年のカタールの貿易相手国のなかでは、日本は輸出額が一〇・三億米ドルで第一位である。(32)村上の芸術活動は、カタールからマネーを取り戻すものともいえる。しかし、村上が地震の被災者のために直接的な寄付をしたといった話は聞かない。(33)

西洋の一部のメディアは、村上を含む現代アートと格差の問題に疑問を投げかけている。『ガーディアン』のウェブサイトに掲載された、カタール展についてのあるブログがその好例である。そのヘッドラインには、「ウォーホールからムラカミへ――ポップ・アートは魂を失うことなく、それを売っている」とある。

今日のアートはすべて売り物であり、ムラカミ作品のようなアートの擁護者は、それを正直に受け入れている。内面の深みに浸るのではなく、彼は深みを持つことを否定する。今日のアートの大きな問題は、それが巨額の資金と関わっていることだ。それはあまりにもあからさまで、グローバル・アートの大半は、ファッションやヨットや車とおなじくらいの気楽さで、金持ちをゾクゾクさせるものになっている。[34]（引用者訳）

これを書いたジョナサン・ジョーンズは、このブログ・エントリーで『五百羅漢図』のことには触れなかった。しかし、お金と村上作品の関係については、さらに考察する価値があるだろう。村上は『芸術起業論』などの著作で、米国のオークションでは自作が億円単位で落札されていることを誇り、西洋のマーケットで立場を築くこと、すなわち売る努力をすることが、日本のアーチストには決定的に欠けていることを説いた。

こうした「芸術家」らしくない村上の姿勢には、感情的な反発が多くあるようだ。しかし、西洋のアート・マーケットは、大富豪のスーパー・コレクターと彼らだけを相手にするディーラーから成る少数の閉じた世界である。そう割り切って考えれば、そこで勝負をしたい村上には、どうしてもお金の臭いがついてしまう。

村上が西洋での評価を最重視しているという意味での西洋中心主義や、戦争をしつづける国としての米国をターゲットにしていることは、もう繰り返す必要はないだろう。「戦争とアートの関係をずっと考えてきた」[35]（引用者訳）という村上にとって、米国は理想的なマーケットでありつづける。また、村上は彼に批判的な日本のアート・マーケットのことは眼中にない。というよりも、彼を満足させるようなアート・マーケットは、日本にはないといったほうがよいだろう。

もし村上の〈仏教アート〉を「3・11プリズム」の向こう側に置いてしまえば、この最先端を行くアーチストの隠れた野望を見逃すことになるだろう。村上は、あの悲劇的な経験を利用して、経済的にも人口的にも縮みつつある日本の「セルフ・ブランディング・ツール」にするメソッドを確立しようとしているのだ。これも好意的に理解すれば、縮小国家・日本のためになることなのかもしれない。だが、いまのところ村上は、自らの「セルフ・ブランディング」に3・11を活用しているともいえる。

6 アーチストが語ったこと

ところで、村上自身にはどのような意図があって『五百羅漢図』や「円相」シリーズのような〈仏教アート〉を制作したのだろうか？　幸運にも、美術雑誌の『美術手帖』の依頼により、筆者は二〇一六年十一月に村上にインタビューをする機会を与えられた[36]。そのインタビューを通して、3・11以後の彼の〈仏教アート〉についていくつかの事実と、アーチストの意図の一面を知ることができた。詳細はインタビュー記事に譲ることにして、ここでは要点を記すに留める。

第一に、村上は白隠にインスパイアされた達磨を二〇〇七年に描いたことから〈仏教アート〉の制作をはじめた。当時の米国はイラク戦争の泥沼のなかにあった。どの国どの時代にあっても、社会状況の影響を受けたアート作品は理解されやすい。死生観とアートが混ざり合う可能性を感じて、米国に向けて禅を再翻訳してみせたのは、彼にとってはごく自然な発想だった。つまり、彼は米国のアート・マーケットに向けた「戦略」として〈仏教アート〉を選んだ。

「円相」シリーズについては、一九五〇年来絶えず戦争をしている米国に向けたひとつの表現として、混乱し戦乱に明け暮れた中世日本を表現する禅画のようなものを創作することを村上は意図したという。[37] 彼の意図は静寂でも侘びでもなかったが、村上は彼の「禅」を、その後に起きた3・11の震災にまつわる一連の言説のなかに組み込んでいった。ここで村上は、米国の帝国主義による戦乱と自然災害とをおなじ土俵にのせている。人知の範疇にある戦争と、人間には制御不可能な大災害とを、悲惨さの一点で結びつけることには、相当に慎重であるべきだろう。

第二に、「円相」は偶然から生まれた。ある日、グラフィティが得意なひとりのスタッフが、さまざまなスプレーやノズルを試していた。段ボール紙にスプレーしているうちに、彼はたまたま出来のよい円を描いた。その円をスキャンし、パソコンで形を整え、シルクスクリーンにしてキャンバスに印刷した――これが「円相」創作の現実だった。ここにあるのは彼のスタッフが偶然描いた円であって、そこに村上の内面を見いだそうというのは無理がある。

第三に、村上の戦争観や宗教観には両親の影響がある。彼の父親は典型的な「戦争オタク」で、家には戦記物が山のようにあり、戦争についてのテレビ番組を父とともにたくさん観ていた。それに加えて、両親は仏教系の新宗教の熱心な信者だった。しかし、彼は両親の宗教の教義を疑い、そしてなぜひとは疑問もなくその教えを信じることができるのかに興味を持った。これが3・11と『五百羅漢図』の制作で深められたという、「宗教が生まれる瞬間」への村上の関心のもとになっている。

以上が村上との対話から著者が得た情報の要点である。しかしながら、村上が文脈やメディアに応じて語りを変えてきたことを考えると、彼の言葉のすべてを文字通りに受け取るのは危険であろう。村上の創作活動への評価は、まだ見ぬ将来の作品を含めて、ある程度の時を経てから総合的になされなければならないだろうとも思う。

7　〈ポスト3・11〉と「残余」の主体

最後に、村上の活動を突出した個人の特質と理解するのではなく、「日本」という「残余」に属する主体の問題として、より広い文脈で捉え直してみよう。酒井直樹の「西洋とその残余」(38)の議論にそくしていうならば、日本という国は疑いなく「残余」に属する。村上の活動は、西洋に対して劣位にある「残余」に属するアーチストが、「オタク」「震災」のイメージといった日本のグローバル化した表象を活用して「西洋」にポジションを得るものだ。

村上の〈仏教アート〉を表す三つのキーワード、「格差」「西洋中心主義」「米国の戦争」は、「富裕層とその残余」「西洋とその残余」「米国とその残余」のことと言い換えることができる。日本の芸大の貧乏学生だった村上の出発点は、いわば「残余」のなかの「残余」だった。「残余」のなかで認められず、「富裕・西洋・米国」に作品を売り、立場を築いたその手法は、「残余」に属するひとびとに示唆を与えている。

「富裕・西洋・米国」向けには、彼の〈仏教アート〉の宗教性や精神性を語り、「残余」の日本に向けては、その「後進性」に毒づいて、そこからの離脱をはかる。しかし、ときに自らの外向きの語りを笑ってみせて、自己の属する「残余」への統合を回復しようともする。村上の〈ポスト3・11〉の〈仏教アート〉からは、「残余」に属する主体の彷徨が垣間みえる。

村上が、「僕を評価できない一群の美術業界人(39)」を見返す言葉を吐くとき、彼は自己を「富裕・西洋・米国」の側に寄せ、本来自分が属するはずの「残余」を蔑《さげす》む。その行動は被支配者の典型であり、対照的にそのまなざしは帝国主義者のそれに近い。酒井によると「日本が国際世界に参加するためには、日本にとっての「残余」が必要であり、日本人が「西洋人」になるためには日本人用の非西洋人の存在が必要」になる。(40)日本人の村上隆が西洋で認められたタカシ・ムラカミであるためには、実は非西洋人としての「遅れた日本」を必要としている。その「遅れた日本」から3・11の文脈を借用しそれを売るという、「富裕・西洋・米国」からみれば二重の意味での「収奪」を村上は媒介している。それが、作品の文脈を重視してきた村上流の、「日本」の売り方である。それと同時に、〈ポスト3・11〉時代の「日本人」の実質的な支配者である西洋、とりわけ米国に対する「自己認知への欲望のあり方」(41)が、ここに可視化されている。

謝辞

本稿の英文草稿に対して有益なコメントをいただいた、グレゴリー・P・レヴィンに感謝します。

注

(1)『芸術新潮』二〇一二年五月号より引用(頁番号なし)。
(2)『芸術新潮』二〇〇九年十月号－二〇一一年十一月号。この連載を書籍化したものが、辻惟雄・村上隆『熱闘(バトルロワイヤル)! 日本美術史』新潮社、二〇一四年。
(3)特別展『五百羅漢──増上寺秘蔵の仏画　幕末の絵師狩野一信』(二〇一一年四月二十九日－七月三日)は、当初二〇一一年三月末からの予定だったが、3・11の影響で開幕が一カ月ずれ込んだ。
(4)村上隆「村上隆より──辻惟雄&「五百羅漢」」『芸術新潮』二〇一一年九月号、一六〇頁。
(5)『芸術新潮』の当時の編集担当者によると、九月号の辻の原稿は五月十日から数日以内に、十一月号と十二月号の原稿は七月四日から数日以内に村上に渡された(著者の電子メール・インタビューによる)。
(6)村上隆「村上隆より──辻惟雄&「五百羅漢」」『芸術新潮』二〇一一年九月号、一六一頁。
(7)『芸術新潮』二〇一二年五月号、四二頁。
(8)前掲書。
(9)https://en.wikipedia.org/wiki/Qatar_Museums_Authority#ALRIWAQ_DOHA_Exhibition_Space(二〇一八年八月六

日閲覧）。
（10）『芸術新潮』二〇一二年五月号、一七頁。
（11）『朝日新聞』二〇一五年十一月十四日号。
（12）小崎哲哉『現代アートとは何か』河出書房新社、二〇一八年、四〇－四七頁。
（13）『芸術新潮』二〇一二年五号、一七頁によると、製作に関わったアシスタント数は二〇〇名を超えた。
（14）英語版ウィキペディアの「Murakami-Ego」のエントリーにも、カタール王女マヤッサはヴェルサイユでの展覧会を訪問した後にカタールでの巡回展を村上に依頼したと書かれているが、本文で述べたようにそれは考えにくい。https://en.wikipedia.org/wiki/Murakami-Ego（二〇一八年八月六日閲覧）。
（15）展覧会の開会時には、『五百羅漢図』は一部が未完だった。
（16）Qatar Museums, "Ego by Takashi Murakami: Fine Art Meets Pop Culture." http://www.qm.org.qa/en/project/ego-takashi-murakami（二〇一八年八月六日閲覧）。
（17）*Murakami Ego*（New York: Skira Rizzoli Publication, 2012).
（18）"Hundred-metre Dash: The Artist Returns His Buddhist Roots to Examine a Dark Time in Japan," *The Economist*（Digital Edition）(February 18, 2012). http://www.economist.com/node/21547768（二〇一八年八月六日閲覧）。
（19）*Murakami Ego*（New York: Skira Rizzoli Publication, 2012), p.150.
（20）"Takashi Murakami's Ego," *Dazed*（Digital Edition). http://www.dazeddigital.com/artsandculture/article/12657/1/takashi-murakamis-ego（二〇一八年八月六日閲覧）。
（21）「いま　円熟の村上世界」『朝日新聞』二〇一四年十一月十四日。
（22）「美の扉　「村上隆の五百羅漢図展」　全長一〇〇メートル、極彩色の大作初公開」『産経新聞』二〇一五年十一月二十一日。
（23）森美術館（編）『村上隆の五百羅漢図展』平凡社、二〇一六年。
（24）Kaikai Kiki, *Takashi Murakami: Ensō*（New York: Galerie Perrotin, 2015).
（25）http://en.gallery-kaikaikiki.com/2015/10/enso/（二〇一八年八月六日閲覧）。
（26）Ibid., p.5.

（27） Inti Landauro, "Zen and the Art of Takashi Murakami," *The Wall Street Journal* (Digital Edition) (September 13, 2016). https://www.wsj.com/articles/zen-and-the-art-of-takashi-murakami-1473787534（二〇一八年八月六日閲覧）。

（28）「対談：辻惟雄×村上隆 《五百羅漢図》と「笑い」――村上隆による日本美術の変容」『村上隆の五百羅漢図展』五三頁。

（29） *Murakami Ego*, p.150.

（30）村上隆「ムラカミによるムラカミ――代表作でたどる二〇年」『芸術新潮』二〇一二年五月号、六九頁。

（31）村上隆『創造力なき日本――アートの現場で蘇る「覚悟」と「継続」』角川ｏｎｅテーマ21、二〇一二年、三二頁。

（32） https://atlas.media.mit.edu/ja/profile/country/qat/（二〇一八年八月六日閲覧）。

（33）東日本大震災のさいに、ニューヨークのチャリティー・オークションで得た売上げが復興支援金に充てられたとの情報はある。https://www.fashionsnap.com/article/2011-08-24/takashi-murakami-charity/（二〇一八年八月六日閲覧）。

（34） Jonathan Jones, "From Warhol to Murakami: Pop Art Hasn't Lost Its Soul, It's Selling It," *The Gurdian* (Digital Edition), Feburary 9, 2012. https://www.theguardian.com/artanddesign/jonathanjonesblog/2012/feb/09/warhol-murakami-pop-art（二〇一八年八月六日閲覧）。

（35） *Murakami Ego*, p.150.

（36）「村上隆に聞く、芸術作品に自由を宿す、修行としてのＺＥＮアート」『美術手帖』二〇一六年十一月号、六二―七一頁。

（37）ただし、白隠や仙厓は中世ではなく、戦乱が終わった江戸時代の禅僧である。

（38）酒井直樹『希望と憲法――日本国憲法の発話主体と応答』以文社、二〇〇八年、一二七頁。

（39）村上隆、前掲「ムラカミによるムラカミ――代表作でたどる二〇年」六九頁。

（40）酒井、前掲書、一三〇頁。

（41）酒井、前掲書、七七頁。

交換様式からみたデジタル空間の支配構造(1)

マーティン・ロート

1 「デジタル」に対する疑問

３・11は構造的な問題やインフラストラクチャーの重要性をあからさまな形で露呈させた。そのことは筆者に、たとえ無意識的に行われる行為であっても、日常性の背景にある構造をつねに問いつづけなければならないという課題を自覚させることになった。複雑な技術をベースにすればするほど、その構造は個人にとって理解し難くなり、このような課題はより複雑かつ重要になっていく。

原子力とは別の次元だが、デジタル空間もまた複雑な技術をベースにして日常生活に深く侵入してきている。しかも、原子力と同様、サイバースペースという言葉を通して希望や理想論が振り撒かれる。しかし、その希望の反面、資本や権力にとっても大きな可能性が生まれた。しかもウェンディ・チャンがオリエンタリズムと比較して指摘したように、サイバースペースという言葉は、その正負両面において、実質的な技術や内容も知らないまま、だれもがその空間について安易に語ることを可能にするような効果をもたらしている（Chun 2003）。

３・11があらためて提出してきたこの構造問題の重要性を受け、本稿では複雑な技術、権力と資本、さらには理想論などによって構築されたデジタル空間の構造を考察する。ここでデジタル空間と呼ぶのは、社会や日常生活のあらゆる場面に侵入しつつ重要性を増してきているデジタル技術・ネットワーク・企業・サービス・ユーザーの諸関係が増幅させている空間のことである。とはいえ、それは「アナログ」な空間と別のものではない。ハードウェアやユーザーが関わっている以上、その区別は無意味である。にもかかわらず、あえて「デジタル空間」を中心に据えるのは、その空間が引き起こしている諸現象や社会の変化がデジタル技術の特徴と深く関連しているからにほかならない。今日、デジタル技術の多くはさまざまな社会や社会制度と上手くタイアップしているように見える。しかし問題は、そのタイアップないしインタラクションが、近代社会に何らかの変化をもたらしているかどうかということである。そこでまず、その変化を具体例に依拠しながら明らかにしてみよう。

図１　自由党（FDP）のポスター

筆者の考察のきっかけは二〇一七年夏に行われたドイツの国会選挙での、自由党（ＦＤＰ）が作成した「DIGITAL FIRST - BEDENKEN SECOND」（デジタル第一、疑問は二の次）というポスターである。キャッチフレーズのなかの「Bedenken」は「疑問」の意味だろう。筆者のみならず、多くの専門家・批評家・ジャーナリストがこれをナイーブな発言として取り上げた。しかし、日常生活を振り返ってみるとき、筆者はむしろ親近感を覚え、これを「メディア・リテラシーの一旦停止」と名づけた（Roth 2018）。サミュエル・コールリッジの「不信の一旦停止」（suspension of disbelief）という概念をメディア利用に当てはめてみたのである。このような「一旦停止」は、すんなりとデジタル空間に接続するための重要な要因であると筆者は考える。

筆者のみならず、技術や法律を専門としない限り、多少ともデジタル空間に参加する人にはそうした経験があるのではないだろうか。例えば、われわれはオープン・ソフトウェアではなく、商業的なものを利用することが多

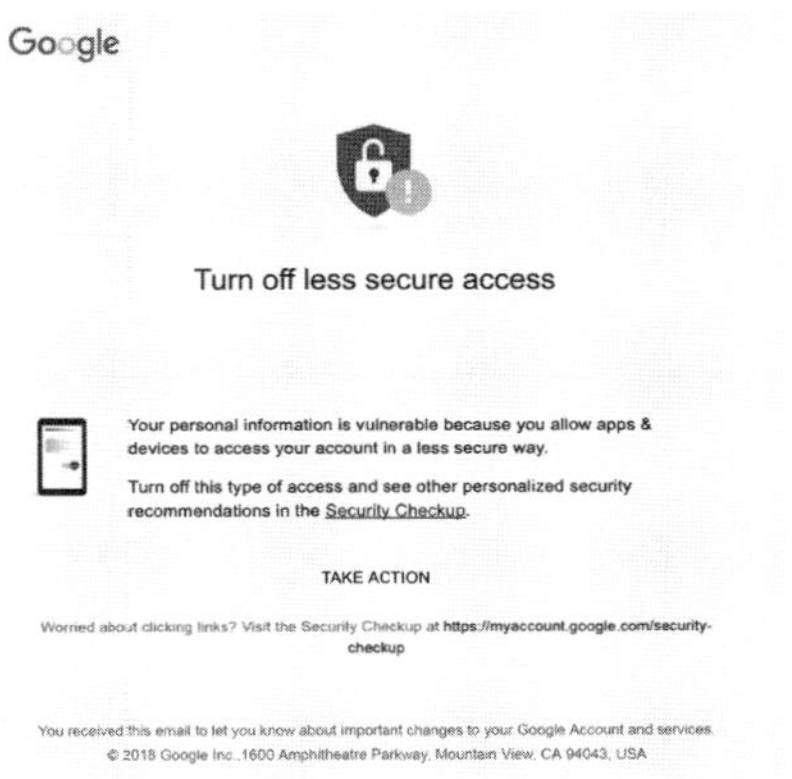

図２　グーグルからのセキュリティー忠告

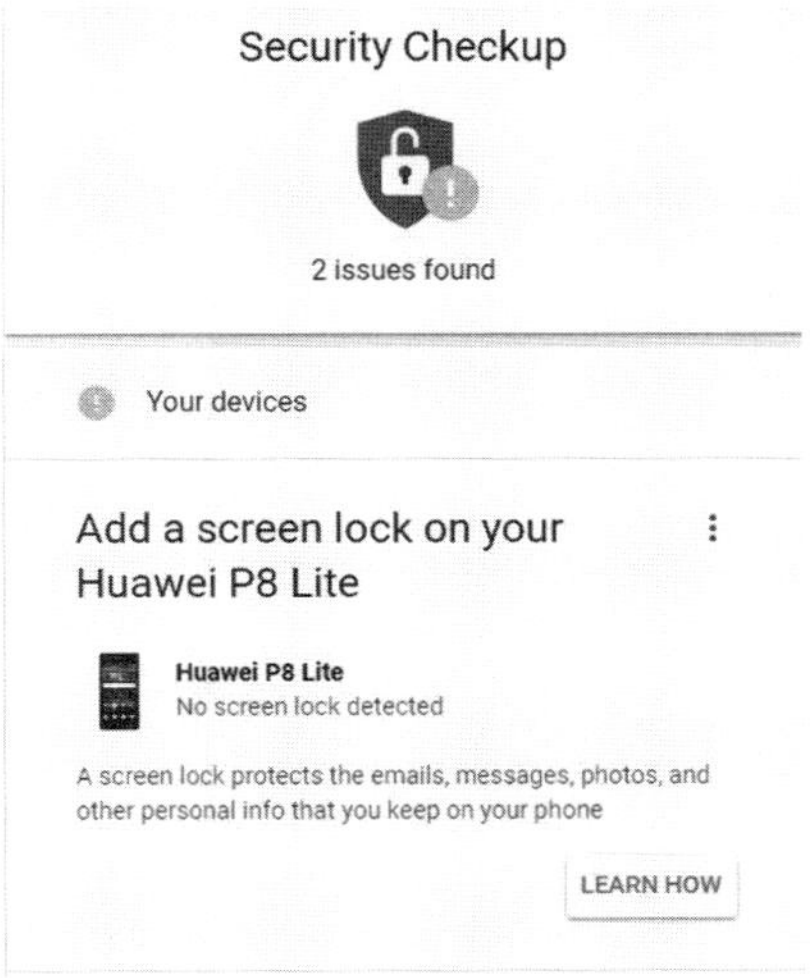

図３　グーグルが把握している個人情報に含まれる携帯電話の機種

い。あるいは、どこにあるかもわからない企業のサーバーにデータを委ね、内容もきちんと確認しないままライセンスに同意し、さまざまなサービスやプラットフォームを利用している。ドイツの自由党の標語が見事に言い当てていたのは、まさにユーザーがこの複雑な技術や法律を前にして「仕方がない」と諦める状況のことである。

　筆者は洋服や食品、エネルギー、ハードウェア（の生産や廃棄物）などにおいても似たような経験をもっている。しかし、これらの多くの場合は資本主義の論理に収まるように見える。では、デジタル空間における「一旦停止」では何が違うのだろうか。多くのサービスやプラットフォームを利用する場合、企業－消費者の関係だけではなく、それとは別の関係も形成される。しかもそれはヒエラルキーによって形成される曖昧な支配関係ではないかとも考えられる。

　例えば、上の図２と図３がその好例だが、グーグル社はそのサービスやプラットフォームを利用するときのインプットからだけではなく、われわれがそれらを通してグーグルなどに接続している機器からも可能な限りのデータを回収し、分析する。

その回収・分析には、私がどのような電話をもち、その電話に対してどのような安全装置を利用しているかも入っている。筆者のみならず多くの人は何ごとかに同意したことがわかっていても、このような情報の譲渡を理解した上で同意したという自覚はないのではないか。ここで重要なのは、たとえそれを理解したとしても「仕方なく」同意する場合が多いということである。このような「指摘」を便利で感謝すべき忠告であると感じる人は少なくない。しかし、その反面、そこからは個人データを全面的に譲渡して屈服するという支配関係も生まれてきてしまうのである。

本稿ではこのような支配関係を詳しく見ながら、それをより大きな理論の枠組みのなかに位置付けてみたい。ジョディ・ディーン、伊藤守、ウェンディ・チャン、北野圭介、フェリックス・シュタルダーなど多くの学者・批評家がこの問題について多様な観点から考察を提出しているが、それらの論議が本稿の大きな手がかりとなっている。そして筆者は、この試みのために柄谷行人の唱える交換様式論が有効ではないかと考える。したがって、デジタル空間を論じる前に、最初にこのよく知られた柄谷の交換様式論を簡単に確認しておく。そしてそれに沿って、それぞれの交換様式を出発点としながらデジタル空間を考察していくことにする。この交換様式のデジタル空間への適用という試みが今後の研究のための手がかりとなれば幸いと思うからである。そして、その価値は具体的な分析においてこそ試されるだろうと筆者は考えている。本稿が扱った限りでいえるのは、デジタル空間においては柄谷が提案した近代の交換様式の諸関係が歪んでいるということである。つまり、その空間は近代的交換様式の制度と重なりながらもそこにズレを生じている、いいかえれば、別の関係性が出来上がりつつあるのではないかということである。

2　柄谷行人の理論モデル

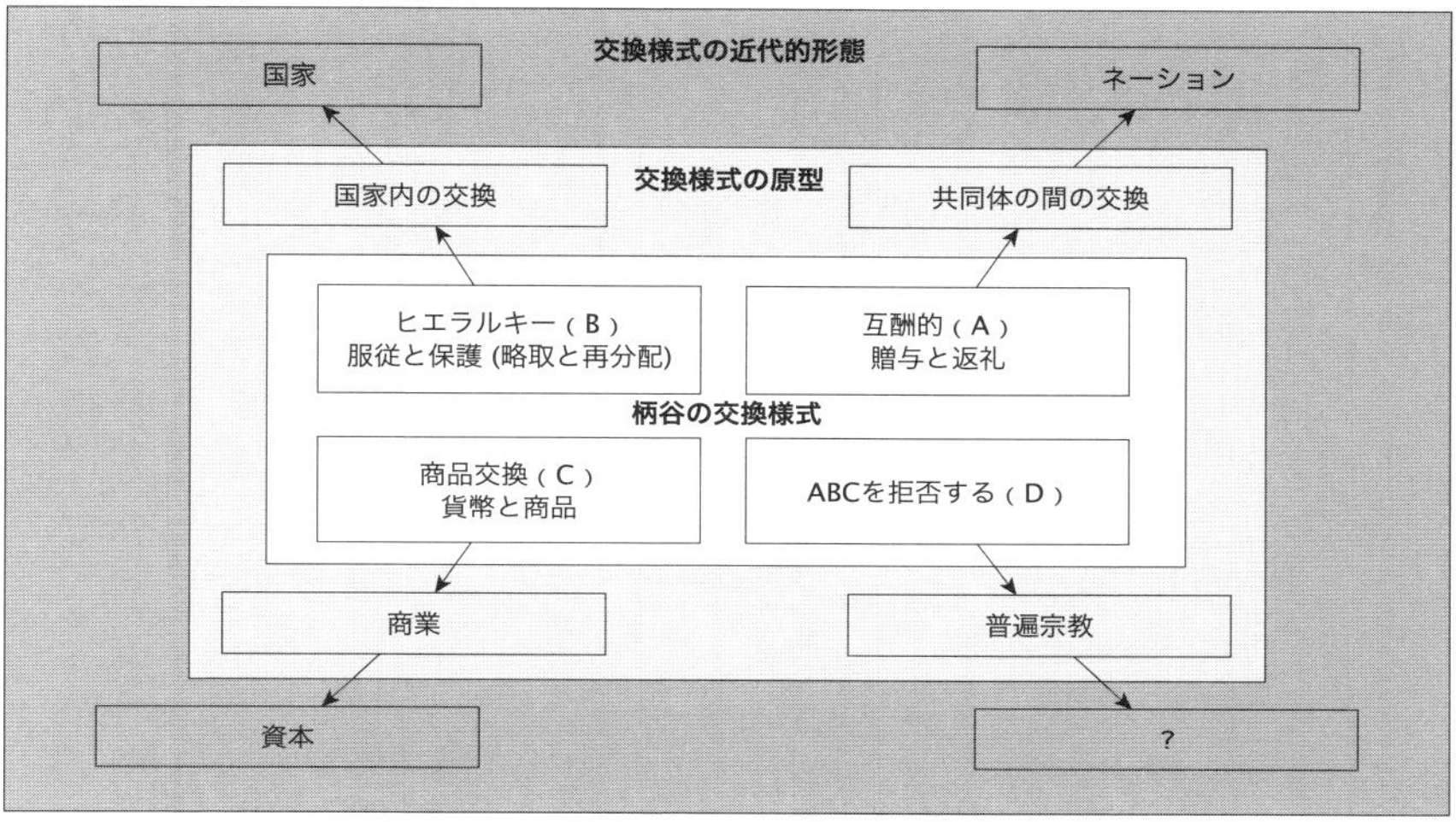

図４　柄谷行人の交換様式論

柄谷は『世界史の構造』（講談社）や『世界共和国へ』（岩波新書）などの著作で、世界の歴史をマルクスのような生産様式ではなく、「交換様式」から考察し直すことを提唱している。柄谷自身がより明確な説明を提供しているので、ここでは手短かに本稿に関わる点だけを紹介する（柄谷 2016）。柄谷によれば、歴史においては基本的な交換様式として互酬的交換Ａ、ヒエラルキーをもつ交換様式Ｂ、資本主義的交換Ｃ、そして実現はされていないが、つねに想像力としてのみ存在し、前三者を否定し、乗り越えるような交換様式Ｄがある。

重要なのは、それらの交換様式が歴史においてはつねに共存しながら、その力関係が変わるということである。例えば、古代における氏族的共同体の間では交換様式Ａが贈与とお返しという交換において支配的であったと柄谷はいう。次に中世の国家ができると、支配・被支配的交換が中心になる。それは、保護や安全と引き換えに王の支配下に入るという交換である。さらに、近代国家においては、以前から存在していた商業の発展した資本主義が支配的な役割を果たす。交換様式でいうと、Ｃの商品交換がそれに当たる。柄谷が注目しているＤの交換様式は普遍宗教の思想としてところどころ現われるが、長期的には実現されず、カント的な統制理念として重要な意味を持つとされる。(2)これらの関係を図4に図式化しておく。

ここで重要なのは、近代においてはそれぞれの交換様式が別な形で生まれ変わり、Bが近代国家、Aがネーションとして再現するという点である。そして、それらがお互いを強化しながら、その外部を持たないような制度あるいはボロメオの輪を形成する。それは、「TINA」(3)という表現で他でもいわれていることである。柄谷によれば、ここではそれぞれの交換様式が独自の性格を発揮しながらも、その一つを無くすことには意味がないという。そして、一九九〇年以降はその外部を想像すること、つまりDの交換様式を具体化させることが非常に困難になってきたとも言っている。

人間と人間の交換だけではなく、人間と自然の交換も含める柄谷の交換様式論が抽象的で広い視野から社会を見るものであるため、当然ながらこれを分析のツールとして具体的な状況に当てはめるのは難しい。にもかかわらず、不確かなままこれを今回の分析にあえて用いるのは、デジタル空間における変化がそれに匹敵するくらい根本的な問題であると考えるからである。逆にいえば、柄谷がデジタル技術を「情報社会」という範囲でしか取り扱っていないことを問題化し、その理論に挑戦してみようということでもある。(4)

3 デジタル空間の交換様式

(1) 商品として交換される情報

近代においては資本主義が支配的な交換様式になるが、今日のデジタル空間もまた例外ではない。Linuxなどのオープンソフト運動、Wikipediaのような知識の民主化、NapsterやPirate Bayのファイル交換システムによって可能になる資本や法律への挑戦など、サイバースペースにおいて多くのイニシアティヴが生まれてきた。しかし、半ばそれらへの反応として、近年法制化や商品化がよりいっそう進められてきたのもまた事実である。そこで商品交換の観点から二つの次元を具体的に見てみることにする。

一つは、物質的《マテリアル》次元においてデジタル空間へのアクセスが商品交換によってコントロールされていることである。ここでは具体的に論じられないが、デジタル空間は国家・軍・企業・ボランティアなど世界中の複数のエージェントから構築されている。例えば、リクエスト・フォー・コメンツ（RFC）という「コメント募集」を目的とするドキュメント形式は、ネットのプロトコルなどが多くボランティア・ベースで行われてきている制御手段である。しかし、具体的なユーザーと繋がる管理、例えばだれでもがネットにアクセスするときに与えられるIPアドレスやドメイン名の管理においては資本と国家の影響がきわめて強い。そして、近年それがいっそう強化されてきている。

インターネット・プロバイダーが商品交換においてユーザーのインターネット・アクセスを可能にしている場合には、そのプロバイダーから与えられるIPアドレスをもとに、都市レベル、少なくとも国家レベルまで個人の居場所を特定できるようになったことから、企業や国家による個人のコントロールが可能になった。ドメイン名においても同様で、国のドメイン（例えば「.jp」や「.de」）ができたことにより、ウェブサイトの内容などが、国ごとの法律で裁けるようにもなった。リチャード・ロジャースはそれを「ウェブのナショナル化」と呼んでおり、ローラ・デナルディスも同じような観点を持っている（Rogers 2013: 126; DeNardis 2014）。このような「デジタル空間の地域化」の傾向はプラットフォームの競合によってますます強化される。筆者もまた以前から「デジタル地域」などの言葉をもってこの傾向を整理してきた（Roth 2015, 2016）。ニック・スルニチェクはその競合によるプレッシャーのなかで、プラットフォームが「鎖国的」な傾向を見せていることを指摘し、さらにその傾向がインターネットの断片化を進めていると述べている（Srnicek 2018: 113）。

デジタル空間の地域化あるいは断片化はその空間のなかでの境界線を強化し、デジタル地域のなかでの自由な行動とは裏腹に、外部に対する厳しいコントロールを生み出す。と同時にその空間の区画によって資本主義的蓄積が可能になる（Karatani 2012）。このような論理はＤＶＤやゲームの地域コードやジオロケーションをベースにして、アップストアや他のプラットフォームにおいてユーザーの差異化のために適用されている。国家もまた、法律によってデジタル空間を制御できるように、国境をデジタル空間に適用しようとする。柄谷が言うように、国家と資本が密接な協力関係にあるのはまさにこのことを意味している。そして、デジタル空間の巨大さと日々の拡大を考えると、その差異化はほぼ無限に再生されると推測される。そして、その拡大にはユーザーがきわめて重要な役割を果たしているのだが、そのユーザーに焦点を当てる前に、一言この空間が膨大なエネルギー消費の上に構築されていることも無視できないと指摘しておきたい。つまりエネルギーが自然の搾取によって得られる限り、デジタル空間もまたその搾取によって成り立っていることを念頭に置く必要があるということである。推定にすぎないが、インターネットが消費しているエネルギーの量は現在全世界で生産されているエネルギーの一〇％とされている。その意味ではデジタル空間は無限ではない。

二つ目の次元はデジタル空間の商品化、とくにサービスやプラットフォームにおける商品交換である。多くの場合、デジタル空間はこれまでも存在していた民間のメディア空間と似たような仕組みでその商品化を進めている。つまりあるサービスを、ユーザーの資金（サービス料として）やその時間（広告に対する注目として）と交換するという仕組みである。YouTubeやアマゾンといったサービスからソフトウェアまで、そのモデルが用いられている。ただし、デジタルサービスやプラットフォームの構造はラジオやテレビなどのマスメディアの構造とは異なる。その大きな違いはコンテンツ提供の責任である。具体的にいえば、多くのプラットフォームがコンテンツの提供をほぼ全面的にユーザー（あるいは第三者）に任せているという点である。そしてユーザーがそのコンテンツをビジネスモデルにする環境もできている。しかし、重要なのは、プラットフォーム企業もまた、責任を負わないままに、そのコンテンツから利益を獲得していることである。

構造的にはこの関係は新しいものではない。「ライセンス」というものを考えると、かなり根本的な構造であるといえる。例えば、第三者のコンテンツ生産は、任天堂の「ファミコン」など初期のプラットフォームの時期から存在している。しかし、そのコンテンツでも生産前にはプラットフォームの運営側から多少のチェックを受けた。つまり、コンテンツはプラットフォームによりコントロールされていたのである。むろん今でもプラットフォームの管理者はコンテンツを拒否したりすることができる。最近のドキュメンタリー映画『The Cleaners』は、普段はユーザーに知られないまま行われているこのコンテンツ管理の作業に焦点を当てて、われわれが日常的に利用している「潔白な」ソーシャルメディアやプラットフォームがいかに苛酷な労働環境のなかで保たれているかを明らかにしている。

しかし、それでもデジタル・プラットフォームのコンテンツ管理とその役割は大幅に異なっている。別の観点からいえば、ネットにおけるコンテンツにおいて、ユーザーとコンテンツ企業の間にプラットフォームというクッションが設置されている。だから、たとえ違法であっても、コンテンツをアップロードする行為は企業が抗議するまで追及されることはない。抗議されたとしても、それはしばしば法的措置を通して（例えば著作権問題として）ではなく、プラットフォームに対する削除要請を通してでしかない。もちろんその反対のケースもあり、これまで大きな公判もあった。しかし、今となって重要なのは、プラットフォームにとってもユーザーにとっても、法的措置が真っ先にとられる心配が比較的少ないことである。

実際にLet'sPlayなど、デジタル文化の大部分がそのクッションを利用して成り立っているようである。著作権問題でも、ヘイトスピーチでも、以前はユーザーや企業が訴えない限り、コンテンツに対するフィルタリングは最低限度にしか行われなかった。その「無責任」や「無法」の状況に対し、近年著作権からヘイトスピーチまで、より具体的な規制や厳しいチェックを定める法律ができつつあることも事実である。例えば、ドイツではプラットフォーム企業に対してコンテンツの監督責任をより強く求める法律が作られている。(5)いずれにせよ、「家族のために」というイメージを作ろうとしてコンテンツを管理していた任天堂と違って、現代のユーザー参加型プラットフォームはコンテンツのコントロールの大部分を外部に任せるようになっているのである。ここで柄谷の「ボロメオの輪」を想起するなら、責任やチェックにおけるこのような「外注化」は、新自由主義的な資本主義の論理が国家の法律にサポートされ、より強化されている例として解釈できる。

これらの傾向とは反対に、ユーザーの創造力や参加を再評価する必要も指摘されている。ファンスタディーズでは以前から「製作者としての消費者」が指摘されているが、近年では、例えば大塚英志が日本における二次創作者やポップカルチャーのファン活動を、消費ではなく労働として再定義するべきであることを出張している（大塚 2016）。大塚によれば、「二次創作者の活動そのものを管理するビジネスモデルの有効性はこの時点（九〇年代初頭－筆者）で明確だった」（大塚 2016: 60）。「「送り手」の提供した情報系に「ユーザー」がフィードバックすることで「コンテンツ」が成長したり再生産されたりするのだが、そのフィードバックの行為は「無償労働」どころか、自分から金を払う「消費」でさえある」（大塚 2016: 63）。つまり、デジタル空間だけではなく、戦後のメディア文化の流れにおいて、創造力のみならず消費自体も労働として経済システムに呑み込まれるようになったと大塚はいうわけである。

このような流れが、コンテンツを簡単にアップし共有することを可能にするデジタル空間において飛躍的に強化されるといえる。しかし、一般の労働者と違って、この「労働者」としてのユーザーが持つ政治的な力は小さいのではないだろうか。シュタルダーはこの関係を「ポスト民主主義」と名付けている。ここでは、人びとはユーザーとしての参加は自由だが、その参加を可能にする枠組みあるいは制度自体を変える影響力は与えられていない（Stalder 2016, 209）。

いずれにせよ、プラットフォームは責任をユーザーやコンテンツ企業、そして立法による対策を余儀なくされる政府に押し付けることで、交換様式Cの論理で行われる商品交換のなかでつねに利益を得ると言うことができる。以前期待されていた自由な、それこそ互酬性を実現するような交換ないし共有は、一部を除いて「共有経済（シェアリング・エコノミー）」という名の下で少しずつ資本主義的な枠組みに取り込まれてきた。部分的には法律の力がそれを手助けしているとも言える。ユーザーとプラットフォームの関係を考察したジャロン・ラニアーはユーザーの権利を取り戻すために、ユーザーは自分たちのコンテンツやデータなどへの貢献に対し報酬を要求すべきだと述べている（Lanier 2013）。しかし、ラニアーや大塚が指摘している「新しい労働問題」（大塚 2016: 57）、つまりユーザーが参加すること（フィードバック、自作のコンテンツ、自分の行動のデータや個人情報を提供すること）を通して、たいていは気づかぬままに無償労働を提供しているという問題は交換様式Cの枠組みのなかで解決できる問題ではない。むしろ、柄谷の理論を考慮に入れた場合、それ以外の交換様式との関係にも注意を向ける必要がある。

（2）情報をめぐる支配と被支配

交換様式Cの枠の中で考える限り、多くのプラットフォームは参加するユーザーの行動ではなく、その数や活躍の量によって利益が左右される。これは、ジョディ・ディーンがいう「コミュニケーション的資本主義」の原則の一つである。ディーンによれば、それはコミュニケーションが資本蓄積の中心となった資本主義である（Dean 2018）。ネットワーク化され、パーソナライズされたメディアの出現により、コミュニケーション自体が蓄積の資源・ツールになったのである。このような資本主義の性格は、使用価値から交換価値へのシフト（メッセージから貢献へ）を促進し、より狭い範囲に限られたシンボルを出現させることによって、その枠組みを超えたコミュニケーションを成立させない傾向および計量的権力（リンク、ライクなど）を強化することにある。

ユーザーデータの重要性はよく知られている。フェイスブックやケンブリッジ・アナリティカのスキャンダルなどは多くの人の関心を集めた。そして、さきにも触れたように、ディーンなどはそのデータ収集を、資本主義的な枠組みをベースにしながら分析している。またラニアーはその資本主義的論理ないし交換様式Cの論理に即して、ユーザーのデータ提供に対して報酬を払うという解決方法も提案している（Lanier 2013）。実際に、この提案の現実化については、例えば米国の一部の政治家の間でも議論されているようだ。長期的には、ひょっとしたらこのようなモデルはデータ交換を資本主義モデルに還元することを可能にするかもしれない。ある意味でこれは、ラニアーやスルニチェクなど一部の批評家や学者が唱えている「資源」としてのデータという定義をベースにした考えといえる。例えばスルニチェクはユーザーデータは資源であり、企業はその収集あるいはデータマイニングを行い、そのデータを目的に合わせて分析し、利用すると述べている（Srnicek 2018: 58）。

しかし、ユーザーデータを資源だけに限定するという定義にはやや無理があるように思える。なぜなら、ユーザーデータは「自然のもの」ではなく、特定の人（個人）についての情報を含意しているからである。日々精密度を増している分析方法によって、個人および集団の嗜好や精神的状況についてきわめて細かい分析が可能になる。そして、すでに多くの理論家から指摘され批判されているように、その分析は分析する側の意図に合わせてユーザーにフィードバックされるため、ユーザーのコントロールが可能となる（例えばPariser 2011; 伊藤 2016）。このことは、オンライン広告がきわめて具体的にそのつどのニーズを反映することに如実に現われている。この反面にあるのは、通常パーソナライズ、フィルターバブル、エコーチェンバーなどの言葉で語られている個人をめぐる「狭い世界」のアルゴリズムによる構築である。

重要なのは、そのユーザーデータ収集の範囲が決まっていないだけではなく、その分析の目的もまた決まっていないということである。あるいは、明らかにされていないといった方が正確かもしれない。例えば、あるヴィデオやコメントについて、そのコンテンツが分析の対象になるのかどうか、あるいはどの瞬間にどの長さでどこから誰がアップロードしたかということの重要度は少なくともユーザーには明らかにされていないケースが多い。場合によっては、データを収集する企業（プラットフォーム）の方もそのデータを利用する方法や目的をまだ見つけていない可能性もある。いずれにせよ、今日のコミュニケーション的資本主義においては、行動を含めたユーザーについてのデータがきわめて重要になっている。その意味では、たしかにかつての「資源」に似ているのかもしれない。

しかし、そう考えると、自由で平等な交換であるはずの商品交換の枠組みが当てはまらなくなる。このような交換はむしろヒエラルキーが中心になる交換様式Bの論理に近いと思われるからである。つまり、プラットフォームを無償で利用することと引き換えに、ユーザーがコンテンツを作成し、サービス料を払い、広告を強制されるという商品交換的関係だけではデジタル空間を語ることができないということである。それとは別に、ユーザーはサービス・プラットフォーム・ソフトウェアを利用する場合、たいていはライセンスや利用許諾契約という法的装置を通して、自らのデータを無限に無条件で提供することに同意しなければならない。例えば、日本のプラットフォームとしてよく知られている「ニコニコ動画」をとってみれば、その利用規約（Terms of Use）には次のように書いてある（興味深いことに英語でのみ表示されている）。

> The Company shall identify and clarify the purpose for which the personal information and the User Information that it acquires from customers will be used, and shall not use personal information and User Information for any other purposes. Where the Company acquires personal information and User Information from customers, it shall use them for the following purposes:
>
> 〔…〕
>
> Tallying, analyzing and preparing statistical materials on attribution of personal information and User Information. (Statistical materials shall refer to materials processed so that individuals cannot be recognized or identified, and may be used or handled to conduct functions such as development of new

services. In addition, the statistical materials may be provided to allied parties.)
Conducting marketing surveys, planning, and conducting research and development.
（"Niconico Terms of Use", https://account.nicovideo.jp/rules/account）

このプラットフォームを利用しないという選択肢を考慮に入れれば、ユーザーとプラットフォームの関係はもちろん自由な意思によって成立する。だが、利用した瞬間からユーザーは自らのデータ共有や利用の内容・範囲・目的において、ある意味でそのプラットフォームの専制下に入るのであり、これではもはや商品交換と呼ぶことはできない。そのことはさきのラニアーの提案を考え直してみれば、明らかになる。もし商品交換であれば、それはプラットフォームを通して回収可能な個人の全データ（行動も含む）に対し、種類分けされたデータ価値をつける必要がある。これは非現実的といっていいような提案である以上に、人間そのものの数値化を加速化させる非常に不気味なヴィジョンにさえ思える。[6]

また、1節で引き合いに出したグーグルの例からもわかるように、この傾向は国家が持っていた個人管理の機能の一部が企業に譲り渡されることを意味している。以前から関係が近いといわれているケアと監視（伊藤 2016）が、同時に企業の管理下に入るということである。その例のひとつが自動販売機での子供の監視と消費者分析の構造との類似である。[7] 例えば、キリンビバレッジバリューベンダーと警視庁西新井警察署のコラボレーションで実現されたプロジェクトは、カメラを「隠した」自動販売機の設置を目的にしている（図5）。防犯だけではなく、客層のデータ分析にも同じような技術が使われている。

製造元の説明によれば、この次世代モデル acure（図6）は、機器を前にした消費者の年齢や性別を分析し、そのときの状況によって当事者に適切な飲み物の広告を出したり、薦めたりすることができる。むろん、この分析データは製造元に送られ、さらなる市場分析の材料になる。このケースが重要なのは、消費者の衣食住の行為

図５　新世代の監視システム。カメラは左から二番目のボトルの真中に埋め込まれている（友納 2018）

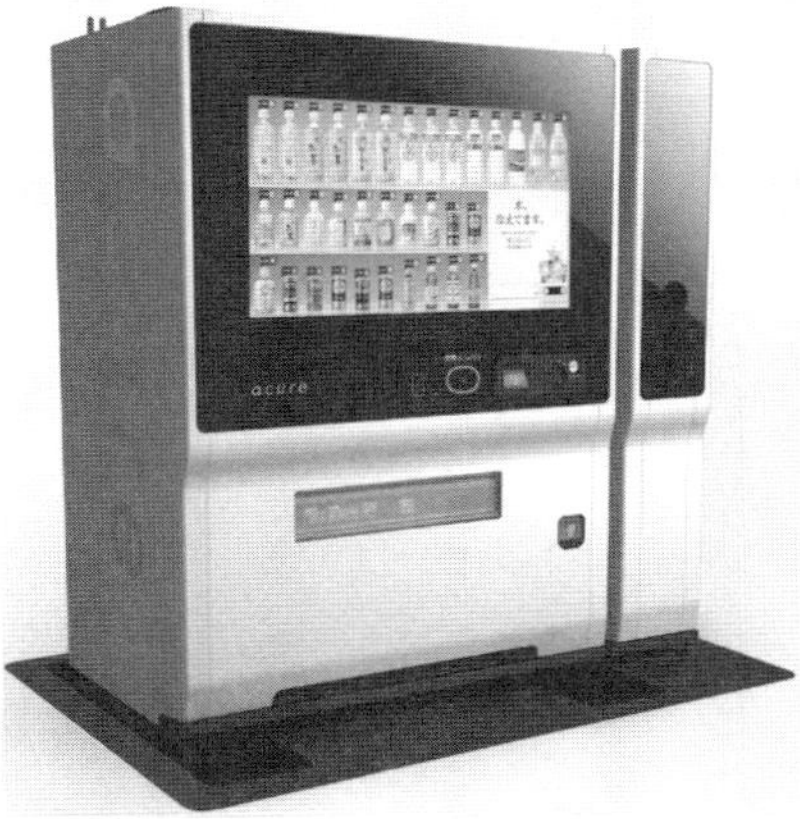

図６　cure next gen machine by JR Higashi Nihon Waters Business（http://www.jre-water.com/pdf/100810jisedai-jihanki.pdf）

が直接的にデータ収集と繋がっているということを意味するからである。しかも、通常のプラットフォームと違って、それが「ユーザー」の同意なしに行われている。

このような極端なケースは措くとしても、デジタル空間においては交換様式Bがきわめて重要な意味を持つことが明らかになった。ユーザーはあらゆるデータ収穫を含めてプラットフォームの利用条件に同意し、その支配下に入るような関係ができてしまうからである。

柄谷の言う交換様式Bとは搾取と再分配という交換のことであり、支配される代わりに安全と保護を手に入れるという交換論理をベースとする（Karatani 2012: 24）。だが筆者の見る限り、デジタル空間の場合にはその再分配および安全保護はやや異なった形で現れてくる。再分配という点では、回収され分析されたデータがユーザーに提供されるデジタル空間の切り取りとして行われ、情報の洪水をユーザーのために整理してくれるというメリットがある。これは膨大な情報を整理するのにもはや必要不可欠な装置である（Stalder & Mayer 2009: 124-125）。

また、安全性という点では、きわめて複雑な技術から成り立つデジタル空間において、たとえ技術を理解できなくとも、使いやすく「安心」できるような空間を提供することが交換の目的となっている（筆者自身もソーシャルメディアをめぐる数多くのスキャンダルを知りながら、大手企業だから大丈夫だろうと気楽に構えている）。一言でいえば、それは「便利」や「参加」の確保に繋がっている。そして、2節でも触れたように、このような様式Bに基づく交換が成立するためには、ユーザーがメディア・リテラシーを一旦停止することが条件となる。

むろん、このような関係はデジタル空間に限定されるわけではない。しかし、半ば無意識的に「アクセス」や「参加」のために同意するという条件はヒエラルキーを強化するだけでなく、プラットフォームがより多くのデータを回収することができるような回路を作ることになる。そして、コンテンツだけではなく、この様式Bに近い交換も結局はプラットフォーム企業の利益に繋がる。なぜなら、そのデータの分析は競争での強みになるとともに、他企業の市場分析の資料としても利用価値が出てくるからである。つまり、こうしたデータは企業がユーザーに対して個人的なサービスを提供するのを可能にすると同時に、そのデータ自体が別の利用価値を持ち、ユーザーとの交換とは無関係に、様式Cの交換を通して利益に替えられるのである。たとえば、スルニチェクによれば、アマゾンなど一部のプラットフォームは、サービスを「買う」ユーザーではなく、その行動によってさまざまなデータを提供するユーザーを獲得するために、サービス面での赤字を覚悟しているという（Srnicek 2018: 63）。その目的から見ると、こうしたプラットフォームは、はっきり規定されていないがゆえにより大きな利益が期待できるようなユーザーデータと、初めから様式B的な関係にあると言える。

デジタル空間におけるこのような交換はどのような言葉で語ればよいのか。搾取と再分配という柄谷の言い方はこの場合やや大まか過ぎるように思われる。と同時に、収集や収穫のような言い方もニュートラル過ぎる。さきに触れたスルニチェクの分析からも読み取れるように、プラットフォーム企業はユーザーを誘惑し、そのデジタル地域に入ったものからありとあらゆるデータを搾取するような関係を築き上げている。

メディア研究ではしばしば、能動的なメディア利用を表すために「メディアの我有化」（media appropriation/

Medienaneignung）という言葉が使われるが、筆者はあえて、企業の能動性と力関係を表すために「データの我有化」（data appropriation/Datenaneignung）という言葉を使うことにする。「メディアの我有化」と同様、それは直接的に元のデータを変換したり、ユーザーから物質的に何かを収奪するような行動ではない。そのプロセスにおいては、何かが奪われたと感じるようなフィードバックやコントロールはごく間接的であるために、いいかえれば、ユーザーからのデータ提供は「ついでに」半ば知らない間に行われるために、認知することが難しいのである。一般の資源と違って、データの（再）利用には際限がなく、それがまた便利さを高めているために、このような交換関係はあまり意識されない。しかし、そこから生まれる支配関係は決して軽視できるものではない。まさに伊藤守が言うように、「現在の政治的・経済的な分脈に規定された制御社会の下では、特定のアルゴリズムによって規定された情報流通のメカニズムが、人間の感覚知覚をコントロールし、画一化していく可能性が一層高まっている」のである（伊藤 2016: 36）。そして、そのコントロールが一番わかりやすくて表面化するのは、デジタル空間における交換様式Aの実現においてである。これを次項のテーマとしよう。

（3）互酬性に孕まれる諸問題

デジタル空間の一部は互酬性に基づく交換を理想として構築されている。サイバースペースなどの言葉によって描かれたヴィジョンは、その空間において情報や知識の民主化が可能になるだけではなく、政治も民主化されるという理念をもとに追求されてきたものである。その可能性はいまだ消えていない。一部のデジタル空間においては実現もしている。そして、それをもとにして、資本主義や国家の権力に抵抗する試みも数多くある。しかし他方、企業や国家の影響はきわめて強大で、多くの空間を支配しているというのもまた事実である。さきに触れたシェアリング・エコノミーがその一つの象徴である。

ところで、柄谷交換様式論のなかで、交換様式Aが近代においてはネーションとして再現されると述べられていることはかなり重要である。柄谷はまた、そのネーションは交換様式BやC、とりわけCがもたらす小問題や差異を緩和するような働きをするとも述べている。つまり交換様式Aに基づいて想像された共同体としてのネーションは、それに属する人びとが一定程度平等であることを自覚できるような機能を持つがゆえに、BとCの論理で行われる交換が生み出す経済的不平等やヒエラルキーを「隠蔽する」ことになる。その意味で、ネーションはBとCをサポートし、それらと共犯関係にあると柄谷は言う。

デジタル空間でも同じような傾向が見られるが、その場合ネーションという一つの枠組みではなく、むしろ複数の方向において想像された共同体が構築されている。ある面ではそれはアンダーソンの「想像の共同体」と似たような構造を持っている。具体的には、コンテンツの受容やプラットフォームの経験を共有しているという前提で想像される共同体である。

コンテンツの可能性と範囲はネットフリックスやアマゾンプライムからオンラインゲームまでトランスナショナルなコンテンツの提供によって拡大している。そして、ツイッター、フェイスブック、ユーチューブ、ニコニコ動画などのプラットフォームを経験すること自体（あるいはその経験を共有しているという想像）がそれに寄与している。同時に、それらのプラットフォームが可能にしている共有面においても、共通する経験を強化することが可能である。あるコンテンツをネタにして、認識される形でリミックスすることでできるミーム（遺伝子や模倣子）という文化がその共有とコンテンツにおける共通の経験を最大限に融合させているように見える。シュタルダーが「参照性」（Referentialität）をデジタル文化の特徴とみなすのも、おそらくそれと無関係ではないだろう（Stalder 2016）。

さらに、そのコンテンツやプラットフォームへの参加が可能であるということ自体も共同体の一つの柱をなしていると筆者は考える。つまり、「参加できる」という可能性で結びついている共同体である。アクセスに必要な道具などさえ揃えば、誰でもがデジタル空間に参加し、自ら行動を起こし、コミュニケーションをとることができるという前提において、想像の共同体は国家を超える。さらに、デジタル空間における共同体はたんなる想像ではなく、プラットフォーム、とりわけソーシャルメディアなどの数値化（友達の数、参加者の数、閲覧数、検索結果の数など）によって明らかにされるような「データに基づく想像」をベースにしている。

しかしながら、インターネットの一つの理想でもあったこのようなサイバースペースの住民という感覚から生まれる想像の共同体は、その大きな可能性を有しながらも、他方で柄谷のいうネーションの機能を失うわけではない。その共同体は現実の経済的政治的諸問題を隠蔽することにもなるからである。ディーンが「透明性・平等・参加」という言葉でデジタル空間に期待する人びとが、結局はコミュニケーション的資本主義を維持することになると出張していることは、その意味で理解できる。

「参加できる」という期待や経験から想像された共同体は、「創造力」や「自己表現」なるものによって支えられている。例えば、アンドレアス・レクヴィッツは創造力がイデオロギーとして働いていることを出張する（Reckwitz 2014）。大塚は「強制される感情の発露」が「生」の発露にまで届いているという（大塚 2016: 74）。ディーンもまた、一瞬の騒ぎに参加することが「自分が関わっている」ことを実感させ、またそれが理性に基づく議論より容易に拡散されることを指摘している（Dean 2018）。実際にはまだ参加できない人たちも大勢いることは忘れてはならない。しかし、ものが想像される共同体である以上、「参加できる」可能性さえあれば十分だと言うこともできる。

いうまでもなく、想像と実践の間には大きな違いがある。個人の参加可能なデジタル空間はプラットフォームの論理、アルゴリズムのような技術、また法律などの要因によって分断されている。むろん、Wikipedia などのように、能動的に共同体を形成するケースも多くあるとはいえ、それよりもアルゴリズムによって半ば暗黙のうちに設置される境界線の方が多いように見える。例えば、先ほども引用したロジャーズの「ナショナル・ウェブ」に関していえば、デジタル空間に入るときだれもに与えられるＩＰアドレスは、いまや地域や都市レベルまでユーザーの居場所を特定できるところまできており、それに合わせてコンテンツが提供されたり、あるいは（場合によっては法律に基づいて）排除されたりする。

居住地をはじめとする多くのユーザーデータが回収され、それがパーソナライズされた経験を提供するために使われる。人びとはデジタル空間に対してそれぞれ異なった関心や環境を持っているが、そのなかでは同じ背景や発想をもつ者どうしが接近し合うことになる。この意味で、大きな共同体とは別な次元で、地理・興味・経済的背景などをもとにして「小さな共同体」が形成され、経験され、想像される。重要なのは、このような分断とそれに伴う境界線が複数存在するということである。そして、それはまた互酬性に基づく共同体の形成やその想像に大きな影響を与えている。チャンはこのように分断されたデジタル空間を「シャーレの集まり」に例える（Chun 2018）。アルゴリズムなどによりユーザーは趣味や意見やイデオロギーによって分けられ、それぞれのシャーレには「同志」のみが集められる。つまり、交換様式BとC、つまりヒエラルキー・コントロールと資本主義的商品交換の論理が適用されるということである。その結果、シャーレ内に留められる限り、それぞれの共同体がたとえ批判的反抗的であっても、全体においては無力となり、その過程でユーザーの画一化も進行する。

チャンによれば、伊藤の言うような制御がすでにデジタル空間においては確立されているという。北野はさらに範囲を広く設定し、「日常のコミュニケーションから新しい軍事オペレーションまで、私たちは、制御なるものに自らの周りを取り囲まれている」という（北野 2014: 18）[8]。他方シュタルダーはまだコモンズなどに基づく共同体の可能性を捨てられないと言っている。筆者には、将来そのどちらかがより強化されていくのかは、現時点では確定できないように思われる。しかし、ユーザーがその特徴ごとに「グループ化」されることは、共同体の経験を大きく左右すると考えられる。国境が想像の共同体を可能にするのと同じように、デジタル空間もまた大きな共同体の想像と並行して、技術・地理・思考などに基づく複数の境界線からなる「地域限定」の小さな共同体の想像を可能にするからである。重要なのは、それらの共同体がデジタル空間を支える大手企業によって可能

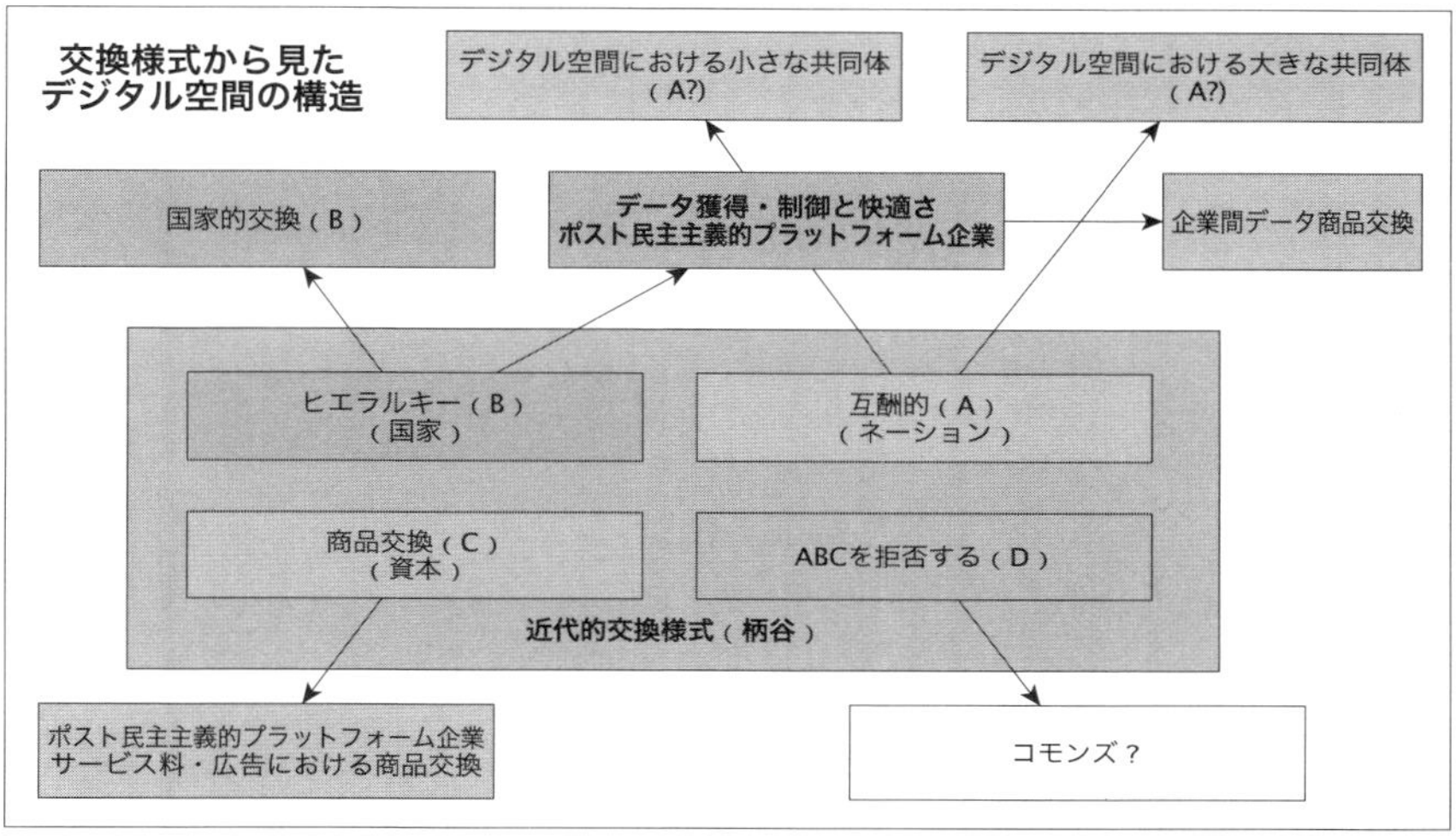

図７　デジタル空間における交換の構造

になっているということである。

4　ポスト構造主義の陰で進行する事態

以上、柄谷の交換様式論を参考にしてデジタル空間を考察してみたが、デジタル空間においても柄谷のいう資本・ネーション・国家から成る制度が機能している。しかし、図７で示すように、その構造には大きなズレが生じている。

デジタル空間を柄谷の交換様式論を使って整理すると、ヒエラルキーの様式Bがより大きな影響範囲を持つことがわかる。しかも、（実質的に企業の影響が以前から無視できないにしても）従来国家の特権だった交換様式が「データの我有化」というかたちで企業とユーザーの間にも成立するようになった。その関係がデジタル空間の分断においても重要となり、小さな共同体の可能性のベースとなっている。つまり、柄谷が独立した力として構想した国家と共同体はデジタル空間において企業に（より）大きく影響されるようになっているのである。最近の法案などから、国家が企業の力を必死に抑えようとしていることが見て取れるが、はたして膨大で国際的なインフラストラクチャーを前にその試みはどこまで通用するだろうか。

筆者はここではあえて交換様式Dについては触れなかった。それは現時点では筆者の力不足のため今後の課題としたい。それにしても、以上の分析から複雑で多面的なデジタル空間の構造を理解するために、柄谷の交換様式論が有効なツールを提供していることが明らかになったのではないだろうか。筆者の考えでは、複雑で膨大なるがゆえに、デジタル空間を構造的な観点から考察することは非常に重要となる。「世界のなかの〈ポスト３・11〉」が問題になるのであれば、なおさらである。

参考文献

Chun, Wendy Hui Kyong（2003）"Orienting Orientalism, or How to Map Cyberspace," *Asian America.Net: ethnicity, nationalism and cyberspace*, Rachel C. Lee and Sau-ling Cynthia Wong eds., pp.3-36, New York and London: Routledge.

——（2018）"Keynote on Digital 'Cultures': Social Media Petri Dishes and Model Organisms," *DIGITAL CULTURES: Knowledge / Culture / Technology*, Leuphana University Lüneburg.

Dean, Jodi（2018）"Keynote on Politics, Economy, and Culture in Society of Affect: Is There Any Future for Global Capitalism?" *Cultural Typhoon 2018*, Kyōto: Ryūkoku University.

DeNardis, Laura（2014）*The Global War for Internet Governance*, New Haven: Yale University Press.

伊藤守（2016）「デジタルメディア時代における言論空間――理論的探求の対象としての制御・情動・時間」『マス・コミュニケーション研究』（*Journal of mass communication studies*）、第八九巻第二号、四三頁。

Karatani, Kōjin（2012）*Auf der Suche nach der Weltrepublik - Eine Kritik von Kapital, Nation und Staat*, trans, by Martin Roth, Leipzig: Leipziger Universitätsverlag.

柄谷行人（2016）「ジョ・ヨンイル著『世界文学の構造』について」、曺泳日『世界文学の構造』岩波書店。http://www.kojinkaratani.com/jp/pdf/20171207_jp.pdf.

北野圭介（2014）『制御と社会』人文書院。

Lanier, Jaron（2013）*Who owns the future?* London: Penguin Books.

大塚英志（2016）『感情化する社会』太田出版。

Pariser, Eli（2011）*The Filter Bubble. What the Internet Is Hiding from You*, London: Viking.

Reckwitz, Andreas（2014）*Die Erfindung der Kreativität : zum Prozess gesellschaftlicher Ästhetisierung*, 4. Aufl., Berlin: Suhrkamp.

Richter, Steffi（2015）"Review of Karatani, Kojin, The Structure of World History: From Modes of Production to Modes of Exchange," *H-Asia* | *H-Net*, April. https://networks.h-net.org/node/22055/reviews/67387/richter-karatani-structure-world-history-modes-production-modes.

Rogers, Richard（2013）*Digital Methods*, The Mit Press.

Roth, Martin（2016）"Herausforderungen für die Japanforschung im Zeitalter der digitalen Medien," Steffi Richter, Philip Clart & Martin Roth eds., *100 Jahre Ostasiatisches Institut an der Universität Leipzig, 1914–2014*, pp.145–164, Leipzig: Leipziger Universitätsverlag.

——（2018）"The Suspension of Media Literacy," *5 Designing Media Ecology*, 8: 54–67.

Roth, Martin E（2015）"At the edge of a 'digital area' – locating small scale game creation," *Asiascape: Digital Asia*, 2（3）: 183–212.

Srnicek, Nick（2018）*Plattform-Kapitalismus*, Hamburg: Hamburger Edition.

Stalder, Felix（2016）*Kultur der Digitalität*, Frankfurt（Main）: Suhrkamp.

Stalder, Felix, & Christiane Mayer（2009）"Der zweite Index – Suchmaschinen, Personalisierung und Überwachung," Konrad Becker & Felix Stalder eds., *Deep Search: Politik des Suchens jenseits von Google*, pp.112–131, Innsbruck / Wien / Bozen: Studien Verlag.

友納一樹（2018）「自販機が人々の安全を守る?: キリンが「みまもり自動販売機」を発表」GetNavi web（ゲットナビ）、二〇一八年七月四日 https://getnavi.jp/life/276175/

注

(1) 本稿は多くの議論から刺激を受けた。*5 Designing Media Ecology* のために書いたエッセイに対し水越伸氏から重要なコメントをいただいた。また、吉田寛氏が立命館大学で開催したワークショップ「遊び化する労働――参加型文化における遊びと情動」に際して、この論文のベースとなるアイディアについて伊藤守、北野圭介、井上明人、ファニー・バルナバーの諸氏や他の参加者から重要なアドバイスをいただいた。シュテフィ・リヒター、小林敏明、ペーター・ミュールエーダーの諸氏との議論からも学ぶところがあった。ここに皆さんへの感謝の意を表しておきたい。

(2) これに関しては柄谷思想をより広い視野で整理しているシュテフィ・リヒターの論文（Richter 2015）を参照。

(3) ＴＩＮＡとは「There Is No Alternative」の略号で、オルターナティヴがもはや存在しないという主張のこと。

(4) ちなみに、筆者はかつて柄谷行人の『世界共和国へ』を独訳出版したこともあり、それが本稿を執筆した動機にもなっている（Karatani 2012）。

(5) たとえばドイツでは、二〇一七年にヘイトスピーチやフェイクニュースなどに対する処置を企業に強制するための「ネットワーク執行法」（*Netzwerkdurchsetzungsgesetz*：NetzDG）という法律が作られている。

(6) この数値化は、ホルクハイマーとアドルノが主張する啓蒙の問題の延長線上でも考えることができる。

(7) 自動販売機の問題は北野圭介氏からご指摘いただいた。

(8) 北野の制御論を本稿と照らし合わせる作業はまだ今後の課題にせざるを得ない。

エピローグ

坪井秀人（編者代表）

本書の成り立ちについてまず述べておきたい。本書は、私が現在勤務する京都の国際日本文化研究センター（日文研）が二〇一七年十一月にドイツのライプツィヒ大学において開催した第二四回・海外シンポジウムでの報告と議論を母体として編まれた。同年十一月九日から十一日の三日間、ライプツィヒ大学附属図書館アルベルティーナの講堂において"Japanese Studies after 3.11"（「「3・11」以後の日本研究」）というテーマで開かれたシンポジウムである。このシンポジウムは日文研とライプツィヒ大学東アジア研究所との共同開催となるもので、日文研創立三〇周年記念事業を兼ねていた。

〈海外シンポジウム〉は日文研が一九九五年以来毎年一回、日本の国外で開催してきた企画であり、これまで中国その他のアジア諸国やアメリカ合州国、ヨーロッパ、オセアニアで開催してきたが、ドイツで開くのはこのときが初めてであった。しかもこのときの〈海外シンポジウム〉は、一つの主題をめぐって集中的に議論を行うことを目的としたことで、従来の海外の日本研究機関との研究交流を主眼とするキャラバン的な企画とは明らかに一線を画したものであった。当時海外研究交流室長という立場にあってこの企画の責任者を任された私は、日文研の創立三〇周年を記念する重要な事業であればこそ、日本国内に閉じられた日本研究（そもそも日本国内に〈日本研究〉など存在したことはないのだが）の実績を顕彰するのではなく、その三〇年を含む日本の戦後あるいは近代を批判的に総括する議論の場を作り出さなければならないという思いに強く動かされていた。

本書の成り立ちの原点を知っていただくために、このシンポジウムのために用意した趣旨文を要約して掲げておこう。もともとは英文で発表したものだが、今回あらためて日本語に訳し戻した。

二〇一一年三月十一日の東日本大震災とそれに引き続いて起こった原子力発電所の事故は戦後日本の歴史の総体を批判的に再考するための重要なターニング・ポイントになったといわれている。高度経済成長期、ヘゲモニーを握った政治家、官僚、産業界（特にエネルギー産業）の〈三位一体〉は日本列島に深刻な環境破壊を招くとともに地方と都市とのあいだに修復しがたい断絶をもたらした。日本の戦後民主主義も、皮肉なことに、今日に至るまで日本を占領し続けているアメリカ合州国と自らとの共同制作としてこのヘゲモニーを強力に支えてきたのだった。

３・11現象という問題性は戦後日本の矛盾と葛藤を一挙に前景化させ、それによって知識人たちもこの危機的な状況に向き合わざるを得なくなった。文学・歴史・映画研究・宗教学・メディア研究などの分野の日本研究・東アジア研究の研究者たちにとっても、こうした問題をどのように克服すべきなのかに取り組むことは喫緊の課題となってきたのである。

ライプツィヒ大学で開かれるこのシンポジウムでは、トランスナショナルな視点から学術的協力の可能性を探求するために、３・11災害という現象をめぐるさまざまな問題について考察を加えたい。

このような構想の下で共同研究の相方としてなぜライプツィヒ大学が選ばれたかについても記しておかなければならない。この点については本書の「プロローグ」でシュテフィ・リヒターも少し触れているが、その創立時のいきさつから比較的保守的な日本研究の拠点と〈少なくとも〈世間〉からは〉見なされてきた日文研から、ドイツでも最も批判的な日本学（Japnanologie）そしてカルチュラル・スタディーズの牙城であり続けてきたライプツィヒ大学東アジア研究所にパートナーになってくれと申し入れてきたのだから、戸惑いはあったと思う。

リヒターは長年の友人なので、彼女が今は昔、日文研の設立に対して批判的な文章を書いていることももちろん知っていた。友好的で何度も日文研に来ている研究者ではなく、彼女が持っているような芯のある批判精神を私たちの組織に吹き込むことが重要だと考えたのだ。しかしそれはあくまで日文研内部の話。それよりも日文研も含めて日本の研究組織が3・11という未曾有の経験に対して内向きな議論に終始しがちである状況を打開するためには、これまでのライプツィヒ大学の取組みが刺激を与えてくれるだろうという期待が大きかったのだ。ライプツィヒ大学の日本学研究室はフランクフルト大学（正式にはヨハン・ヴォルフガング・ゲーテ大学フランクフルト・アム・マイン）と共同で3・11に関するオンラインのアーカイヴを作成し、現在に至るまで発信を続けてきた実績がある。リヒターはフランクフルト大学のリゼット・ゲーパルトと二〇一二年に *Japan nach "Fukushima": Ein System in der Krise*（『フクシマ後の日本――危機のなかのシステム』、Leipziger Universitätsverlag, 2012）、二〇一三年には *Lesebuch "Fukushima": Übersetzungen, Kommentare, Essays*（『フクシマ・リーダー――翻訳・批評・エッセイ』、EB-Verlag, 2013）という書物を編集公刊している。シンポジウムのテーマに取り組むパートナーとしてこれ以上の相手は考えられなかったわけである。私は一年前の二〇一六年の秋にもライプツィヒを訪れて、ライプツィヒ大学の企画責任者であるリヒターと本書のもう一人の編者であるマーティン・ロートと打ち合わせを行い、こうしたライプツィヒの取り組みに学び、彼らと議論を重ねながらシンポジウムの準備を進めた。

ライプツィヒ大学でのシンポジウムは、柄谷行人による"The Unconscious of Constitution"というテーマによる基調講演で始まった。柄谷氏の講演も含めて、ほぼすべての報告は英語で行われた。その後二日間にわたって計四つのパネル・ディスカッションが行われたが、最初のパネルは New Generation Panel（新世代パネル）と題して、日本から総合研究大学院大学（総研大）の大学院生二名、ドイツからはライプツィヒ大学の大学院生二名が報告した。それに続く三つのパネルは"Globalization, Media and Movement"（「グローバリゼーション、メディア、運動」）、"Politics and Intellectual Situation after 3.11"（「3・11以後の政治と知の状況」）それに"Crisis and Representation"（「危機と表象」）と題してメディア、ポップカルチュア、宗教、文学などの分野を横断する形で構成され、インターディシプリナリーな議論が行われた。報告者とディスカサントは日本とドイツの他にフランス、スイス、カナダ（当時）の研究者によって構成された。以下に報告者とディスカサント、報告のタイトル（原題のまま）を掲げておく。

【新生代パネル（New Generation Panel)】

・フェリックス・ヤヴィンスキ（ライプツィヒ大学）
"Criticizing the 'Nuclear Village' – Nuclear Laborers in Predicament"
・田村美由紀（総研大）
"The Struggle between the Body and Words: Reading Yoshimura Man'ichi's Works"
・フランツィスカ・ヨーン（ライプツィヒ大学）
"Criticising the 'Nuclear Village' – Scientists in Predicament?"
・長瀬海（総研大）
「3・11以後、なぜ高橋源一郎はやがて沈黙してしまったのか」
・モデレーター：パトリシア・フィスター（日文研）
・ディスカサント：マルクス・リュッターマン（日文研）、ドロテア・ムラデノヴァ（ライプツィヒ大学）

セッション1**【グローバリゼーション、メディア、運動（Globalization, Media and Movements)】**

・伊藤守（早稲田大学）
「ポストメディア時代の日本社会とメディア権力」
・山田奨治（日文研）
"Play, Pray, and Sell: Murakami Takashi's 〈Buddhist Art〉 in Post-3.11 Context"
・ファビアン・シェーファー（フリードリヒ・アレクサンダー大学エアランゲン／ニュルンベルク）
"Detecting Political Bots on Japanese Twitter: Internet Right-Wingers and Abe's Hidden Nationalist Agenda in Japan's 2014 General Election"
・モデレーター：坪井秀人（日文研）
・ディスカサント：マーティン・ロート（ライプツィヒ大学）

セッション２【３・11以後の政治と知の状況（Politics and Intellectual Situation after 3.11)】
・磯前順一（日文研）
"Translation, Mysterious Others and Transference: Religious Subjectifications from the Experience of Northeast Japan Disaster"
・松田利彦（日文研）
"Earthquakes and Foreign Minorities in Japan – with Special Attention to the Comparison of Tohoku Earthquake with Hanshin-Awaji Earthquake"
・ミツヨ・ワダ＝マルシアーノ（カールトン大学〔当時〕、現・京都大学）
"Learning from Animals: Reconsidering Speciesism in post 3.11 Japan"
・佐藤弘夫（東北大学）

"The Watchful Gaze of the Dead"
・モデレーター：シュテフィ・リヒター（ライプツィヒ大学）
・ディスカサント：ラジ・シュタイネック（チューリヒ大学）

セッション3【危機と表象（Crisis and Representation）】
・坪井秀人
"Living with the Living: Discourse on the Dead in Post-Fukushima Japan"
・アンヌ＝バヤール坂井（フランス国立東洋言語文化研究所〔INALCO〕）
"Writing by Circumventing the Unrepresentable: the case of Post March 11 literature"
・木村朗子（津田塾大学）
"Precarious life after Fukushima"
・シュテファン・ケーン（ケルン大学）
"3/11 and the crisis of representation? Reflections on the potential and limits of writing about a nuclear catastrophe?"
・モデレーター：磯前順一
・ディスカサント：シュテフィ・リヒター

なお、これらのパネル・ディスカッションの合間に船橋淳監督をお招きして映画『フタバより遠く離れて』（*Nuclear Nation*）のスクリーニングを行い、ミツヨ・ワダ＝マルシアーノがモデレーターとなって監督とのトークも行い、大変な盛況であった。会全体としてもヨーロッパを中心に各地から、オーディエンスとして、各日七〇名から八〇名ほどの研究者の参加があり、日本国内で行う企画とはまた別種の熱気をもたらしてくれていた。

これらの企画の最後にラウンド・テーブルを行い、船橋淳監督それにオーディエンスも含めて参加者全員でシンポジウムの総括を行った。その総括では、タイトルに掲げられているにもかかわらず、３・11以後の日本研究（Japanese Studies）を問い直すという考察が全体としては不十分であったこと、ジェンダー・バランスに問題があったことなど、幾つかの課題が指摘され、率直な意見交換ができた。本書も、そうした批判や反省を踏まえながら、このシンポジウムの成果を中心に編まれたものである。本書の「プロローグ」で、シュテフィ・リヒターが、こうした本には珍しく、本書の発想をきびしく問い直す姿勢を示しているのは、何よりも本書の基礎をなすシンポジウムの企画に対して、ラウンド・テーブルの時に指摘されていた種々の課題を継続的に深めることを再確認する必要があったためであると思われる。

シンポジウムの成果を活字にしてさらに幅広く公開することは、この会の期間中から話し合われており、終了後一カ月ほど経った二〇一七年の暮れ頃から原稿依頼と編集の作業を開始した。新曜社が出版を快く引き受けてくださり、日文研からも出版助成を受けられることになり、出だしは順調そうに見えたが、ほぼすべて英語で報告されたペーパーをあらためて日本語の論文として提出し直してもらうことは、日本以外の研究者が参加する国際的な出版となることもあり、それほど容易なことではなかった。論文によっては私が翻訳の手配を行ったが、短期間で翻訳を行わなければならないという事情があったこともあり、翻訳によっては著しく精度の低いものも含まれていた。私たち編者としてはできるかぎり多くの報告を論文化し掲載することを目指したが、右の翻訳の質の問題に直面して、幾つかは掲載を見送らざるを得なかった。寄稿を前提に準備してくださっていた方たちには申し訳ないことであった。

しかし、このように難産であったとはいえ、私個人はこの本の編集に関われたことに大きな喜びと興奮を感じている。前掲のゲーパルト／リヒターの『フクシマ・リーダー』なども問題視するように、３・11以後の日本社会は〈ポスト・フクシマ・ナショナリズム〉の状況に陥ったまま停滞しており、東日本大震災直後さまざまな議論が巻き起こったアカデミズムの世界もその新手のナショナリズムに対してほとんどなすすべもなく、大方は沈黙を決め込んでいるというのが現状ではないだろうか。

もちろん、例えば本書の第三部〈表象の可能性と不可能性〉でも分析対象として少なからぬ用例が取り上げられているように、文学の分野では3・11と以後の経験を踏まえて多数の作品（散文、韻文を問わず）が書かれてきており、〈震災後文学〉というジャンルが形成されている。この第三部に寄稿している木村朗子は『震災後文学論――あたらしい日本文学のために』（青土社、二〇一三年）と、このシンポジウムの後に刊行した『その後の震災後文学論』（青土社、二〇一八年）という二冊の著作を刊行して、このジャンルを通してポスト3・11の状況に対する批評を文学の側から牽引してきた一人だが、古典文学研究者としての視野から、小説テクストを徹底的に読み解くことを通して、この状況において小説が果たしうる可能性を拡げようとしている。

第三部所収の論考で取り上げられている吉村萬壱らの小説、あるいは多和田葉子などが書き継いできた小説がそうであるように、〈震災後文学〉は未来小説や代替歴史《オルターネイト・ヒストリー》の語りの形態を取ることが多い。そのことはしかし、本書が刊行される時点で震災後十年にも満たない時間のなかで、日本の社会がある種の重苦しい空気によって互いが互いを沈黙させるような圧力を醸成していることを逆にほのめかしてもいるのではないだろうか。過去や現在に対して真率に語ることを抑圧しているために、フィクションや未来という時間による語りを借りてしか〈本当のこと〉が言えなくなってきているともいえるのである。

二〇一一年三月十一日以後、日本の社会がそれ以前と以後とで大きく変化したことは誰しもが実感としては持っていた。だが、それが何なのかという問いに対して語り書く試みはそれなりになされてきたとはいえ、十分であったとは言いがたい。それはいまだ〈3・11〉の衝撃とトラウマが深く、日本国内のすみずみに〈喪の時間〉（Trauerzeit）が染みこんで、その浸透を人々が受け入れてきたということが大きいだろう。

ヨーロッパやアメリカの日本研究者は、震災後、むしろ日本の研究者に先んじるぐらいに、それほど間を置かずに被災地の現場に入って積極的にリサーチを行ってきた。欧米の日本やアジア関係の学会（具体的にはアジア研究協会（ＡＡＳ）やヨーロッパ日本研究協会（ＥＡＪＳ）など）で、〈３・11〉関係のパネルが次々に出てくるのを見て、私なども感銘を受けてきた。と同時に、どことなく震災の経験が時間をおかずに学問的対象にアップされていく風景に割り切れない思いを抱いていたことも事実である。今回のシンポジウムでも、日本からの研究者のなかから、震災のことを議論するのはまだ時期が早いという実感があるという発言もあり、ヨーロッパの研究者との間に微妙な温度差を感じる瞬間もあった。だが、そうした割り切れなさと、滞留する〈喪の時間〉を受け入れる感覚が〈ポスト・フクシマ・ナショナリズム〉を支えてきてしまったことも、これも一面の真理であろう。そうした自己批判的な視座は日本の狭いアカデミアのなかだけではほとんど見えてこない。〈ヨーロッパと日本の対話〉に根ざした本書のねらいも、このような微妙なずれを対話へと止揚していくことの可能性に賭けるところにある。

〈震災後文学〉というジャンルの定義に関わる議論は木村自身や本書所載のアンヌ＝バヤール坂井が取り上げているところだが、「プロローグ」でシュテフィ・リヒターが批判的な考察を加えているように、それにもまして〈ポスト３・11〉の〈ポスト〉とは何なのか、という課題が、やはり本書自身にものしかかる。それを免れることはできないのだが、いまはここに集まったさまざまな思考と言葉の格闘から、それを読者に読み取っていただくとしか答えられないことを腑甲斐なく思う。

ただ、上記したように、過去と現在を未来からしか語り得ないような不気味な日本の社会状況は、二〇一一年三月十一日を始点としてとらえるだけでは十分ではない。このことを私たちはいまいちど確認しておく必要があるだろう。例えば本書でいえば佐藤弘夫の論考などが論及していることだが、東北という場所が死者と向き合ってきた〈３・11〉以前の歴史的地層のことを無視しては語れない。そしていうまでもなく、戦後のエネルギー政策の展開を見据えながら〈3・11〉と〈ポスト3・11〉の問題と対峙しない限り、私たちの試みは、新しく跋扈するナショナリズムに対抗する力を持ち得ないだろう。

二〇一一年という時期がそうした歴史的思考において意味を持つのは、一九八九年以後のポスト冷戦の始まりとともに、日本でも欧米でも新自由主義や歴史修正主義、そして新しい形のナショナリズムの反動の時代も押し寄せたという歴史の流れが色濃く影を落としているからだ。〈ポスト3・11〉において現在を語ることが困難となり、未来からの視線、つまりは虚構の視線を先取りしなければならなくなっていることは、トランプ合州国大統領の誕生以後に世界中で汚染が進んでいる〈ポスト真実〉や反知性主義というものの潮流と無関係に考えるべきではない。〈ポスト真実〉に関わっては、トランプが手法として乱用した〈もう一つの事実〉、すなわち〈代替歴史〉ならぬ〈代替事実〉によって、私たちの現在の時間が容易に権力やメディアによって書き換えられてしまう不気味さのことを念頭に置き、それを歴史的なコンテクストを導入して批判していかなければならない。それもまた前世紀以来の歴史修正主義の遺産、あるいはそのヴァージョンアップなのだから。

〈3・11〉を語るとき、それが文学であろうと歴史であろうと、あるいは映像であろうと、死者とどう触れあうのか、死者と距離をどう取るのかという課題を抜きには語れない。そのことについては本書のなかから、論考相互のあいだに少なからぬきしみとひずみの音が立てられていることを聞き取ることができるだろう。しかし、そのきしみやひずみこそが、私たちが行おうとした〈対話〉のかたちなのだ。そしてその死者とはなにも死んだ人間に一元化されるわけではない。ミツヨ・ワダ＝マルシアーノが本書で論じているように、動物の死の視点も成り立つだろうし、生者と死者にかかわらず、女性や子ども、そして外国人というマイノリティの視点から学ぶべきことは少なくない。〈対話〉とはすでにそこにいる者たちの間でだけ完結するものであってはならない。〈対話〉とは対話する相手に出会い、対話する相手を探すことでもある。願わくば、その相手が、この本を手に取ってくださる読者のあなたであることを。

最後になったが、本書の構想段階から相談にのっていただき、種々困難な状況のなかでねばり強く編集作業に関わって実現までこぎ着けてくださった新曜社の渦岡謙一さんに編者を代表して感謝を申し上げたい。

＊本書の出版にあたっては、一般財団法人 国際日本文化研究交流財団より、国際日本文化研究センター・海外シンポジウム事業の成果出版として助成を受けた。

著者紹介（執筆順）

柄谷行人（からたに こうじん）
思想家。著書：『定本 柄谷行人集』（全5巻、岩波書店、2004年）。

佐藤弘夫（さとう ひろお）
東北大学大学院文学研究科教授。専門：日本思想史。著書：『死者の花嫁――葬送と追想の列島史』（幻戯書房、2015年）。

磯前順一（いそまえ じゅんいち）
国際日本文化研究センター教授。専門：宗教学、批判理論。著書：『死者のざわめき――被災地信仰論』（河出書房新社、2015年）。

フェリックス・ヤヴィンスキ（Felix Jawinski）
ライプツィヒ大学東アジア研究所日本学科教員。専門：日本学、知識社会学、労働問題。論文：”Atomkraft und Yakuza: Eine kleine Einfuhrung in das Feld der AKW-Arbeit,“ in Re:Visions. DOI: 10.21428/14356, 2017.

松田利彦（まつだ としひこ）
国際日本文化研究センター教授、総合研究大学院大学文化科学研究科国際日本研究専攻教授。専門：近代日朝関係史。著書：『東亜聯盟運動と朝鮮・朝鮮人』（有志舎、2015年）。

ミツヨ・ワダ・マルシアーノ（Mitsuyo Wada-Marciano）
京都大学大学院文学研究科教授。専門：映画、メディア文化研究。編著：『〈ポスト3.11〉メディア言説再考』（法政大学出版局、2019年）。

アンヌ・バヤール＝坂井（Anne Bayard-Sakai）
フランス国立東洋言語文化大学日本研究学部教授。専門：日本近現代文学。編著：『谷崎潤一郎集』（ガリマール社、クワルト叢書、2011年）。

木村朗子（きむら さえこ）
津田塾大学教授。専門：日本文学。著書：『その後の震災後文学論』（青土社、2018年）。

田村美由紀（たむら みゆき）
総合研究大学院大学博士後期課程在学。専門：日本近現代文学。論文：「傷ついた男性性を問い直す――谷崎潤一郎「残虐記」におけるクィアな欲望の動態を手がかりに」（坪井秀人編『戦後日本文化再考』三人社、2019年刊行予定）。

長瀬 海（ながせ かい）
桜美林大学非常勤講師。専門：日本文学（近現代）。著書：『戦後を読みかえる 3』（共著、臨川書店）。

山田奨治（やまだ しょうじ）
国際日本文化研究センター教授。専門：情報学、文化交流史。著書『東京ブギウギと鈴木大拙』（人文書院、2015年）。

編者紹介
坪井秀人（つぼい ひでと）
国際日本文化研究センター教授。専門：日本近代文学・文化史。著書：『声の祝祭——日本近代詩と戦争』（名古屋大学出版会、1997 年）。

シュテフィ・リヒター（Steffi Richter）
ライプツィヒ大学東アジア研究所日本学科主任教授。編著：*Contested Views of a Common Past: Revisions of History in Contemporary East Asia*, Frankfurt/M., New York: Campus-Verlag, 2008.

マーティン・ロート（Martin Roth）
ライプツィヒ大学東アジア研究所日本学科准教授。専門：日本研究、メディア研究。著書：*Thought-Provoking Play: Political Philosophies in Science Fictional Videogame Spaces from Japan*, Pittsburgh: ETC Press, 2017.

世界のなかの〈ポスト 3.11〉
——ヨーロッパと日本の対話

初版第 1 刷発行　2019 年 3 月 15 日

編　者　坪井秀人，シュテフィ・リヒター，マーティン・ロート
発行者　塩浦　暲
発行所　株式会社　新曜社
〒 101-0051　東京都千代田区神田神保町 3-9
電話（03）3264-4973（代）・FAX（03）3239-2958
E-mail：info@shin-yo-sha.co.jp
URL：http://www.shin-yo-sha.co.jp/
印　刷　長野印刷商工（株）
製　本　積信堂

ISBN978-4-7885-1620-5　C1010

好評関連書

津田大介・小嶋裕一 編
［決定版］原発の教科書
推進・反対の二項対立を超え、正確な知識に基づく前向きな議論のためのスタンダード。
A5変判368頁 本体2400円

金菱 清 編／東北学院大学震災の記録プロジェクト
3・11 慟哭の記録 71人が体感した大津波・原発・巨大地震
被災者みずからが書き下ろした震災エスノグラフィー。「人類史に残る記録」と大反響。
四六判560頁 本体2800円

金菱 清（ゼミナール）編／東北学院大学震災の記録プロジェクト
呼び覚まされる 霊性の震災学 3・11 生と死のはざまで
タクシードライバーが語る幽霊現象が大反響をよんだ、災害関連書のベストセラー。
四六判200頁 本体2200円

金菱 清 著
震災メメントモリ 第二の津波に抗して
被災者を襲う第二の津波とは？ 彷徨える魂を救い出し、遺族の将来を再建するには？
四六判256頁 本体2400円

村田厚生 著
福島第一原発事故・検証と提言 ヒューマン・エラーの視点から
ヒューマン・エラーの視点から、限界のない原発事故とどう向き合うべきかを問う。
四六判144頁 本体1400円

新形信和 著
日本人はなぜ考えようとしないのか 福島原発事故と日本文化
あの未曾有の大事故の根本原因が現代日本文化にあることを説得的に説く「憂国」の書。
四六判212頁 本体1800円

木村朗子 著
乳房はだれのものか 日本中世物語にみる性と権力
中世物語に描かれた女性とその信仰世界の斬新な読み直しを通して女性の歴史に新展望。
四六判368頁 本体3600円

（表示価格は税別です）